继续(网络)教育系列规划教材

JIXU(WANGLUO) JIAOYU XILIE GUIHUA JIAOCAI

广告管理

Advertising Management

主　编　艾进

副主编　刘轶

"中央高校基本科研业务费专项资金"（JBK130824）、四川省教育厅"西部旅游
发展研究中心"、四川省科技厅"软科学"规划项目（2013ZR0193）共同资助。

西南财经大学出版社
Southwestern University of Finance & Economics Press

继续（网络）教育系列教材
编审委员会

总　序

随着全民终身学习型社会的逐渐建立和完善，业余继续（网络）学历教育学生对教材的质量要求越来越高。为了进一步提高继续（网络）教育的人才培养质量，帮助学生更好地学习，依据西南财经大学继续（网络）教育人才培养目标、成人学习的特点及规律，西南财经大学继续（网络）教育学院和西南财经大学出版社共同规划，依托学校各专业学院的骨干教师资源，致力于开发适合继续（网络）学历教育学生的高质量优秀系列规划教材。

西南财经大学继续（网络）教育学院和西南财经大学出版社按照继续（网络）教育人才培养方案，编写了专科及专升本公共基础课、专业基础课、专业主干课和部分选修课教材，以完善继续（网络）教育教材体系。

本系列教材的读者主要是在职人员，他们具有一定的社会实践经验和理论知识，个性化学习诉求突出，学习针对性强，学习目的明确。因此，本系列教材的编写突出了基础性、职业性、实践性及综合性。教材体系和内容结构具有新颖、实用、简明、易懂等特点；对重点、难点问题的阐述深入浅出、形象直观，对定理和概念的论述简明扼要。

为了编好本套系列规划教材，在学校领导、出版社和各学院的大力支持下，成立了由学校副校长、博士生导师丁任重教授任主任，出版社社长、博士生导师冯建教授以及继续（网络）教育学院陈顺刚院长和唐旭辉研究员任副主任，其他部分学院领导参加的编审委员会。在编审委员会的协调、组织下，经过广泛深入的调查研究，制定了我校继续（网络）教育教材建设规划，明确了建设目标。

在编审委员会的协调下，组织各学院具有丰富继续（网络）教育教学经验并有教授或副教授职称的教师担任主编，由各书主编组织成立教材编写团队，确定教材编写大纲、实施计划及人员分工等，经编审委员会审核每门教材的编写大纲后再进行编写。自2009年启动以来，经几年的打造，现已出版了70余种教材。该系列教材出版后，社会反响较好，获得了教育部网络教育教材建设评比金奖。

下一步根据教学需要，还将做两件事：一是结合转变教学与学习范式，按照理念先进、特色鲜明、立体化建设、模块新颖的要求，引进先进的教材编写模块来修订、完善已出版的教材；二是补充部分新教材。

希望经多方努力，力争将此系列教材打造成适应教学范式转变的高水平教材。在此，我们对各学院领导的大力支持、各位作者的辛勤劳动以及西南财经大学出版社的鼎力相助表示衷心的感谢！在今后教材的使用过程中，我们将听取各方面的意见，不断修订、完善教材，使之发挥更大的作用。

西南财经大学继续（网络）教育学院

2014 年 2 月

前　言

　　经济发展的历程经历了从农业到工业、从工业到服务业等不同阶段，经历了由商品唯一论到商品与服务结合论的不同认识阶段。现在则是强调商品、服务与体验①。"体验"这一名词正越来越广泛地被使用。"体验"一词有着非常宽泛的含义，最初对"体验"进行界定的是哲学、美学和心理学，随后经济学和管理学也开始关注。1970年，美国未来学家托夫勒（Toffler）②把"体验"作为一个经济术语来使用，这标志着体验开始进入经济学的研究范畴，而市场营销对体验进行研究的时间就更晚一些。早期的研究主要集中在情感体验、消费体验、服务体验等方面③，而体验真正成为一个热门研究方向的标志是美国学者派恩和吉尔摩的《体验经济》以及美国体验营销大师施密特（Schmitt）④的《体验营销》的出版。

　　众多的学术研究指出，体验的设计水平反映着体验经济和体验管理的发展水平。外观体验设计、运作流程设计、管理流程设计都是体验设计的体现和主要任务。体验管理从关注企业员工的内部体验，到外部产品设计、改造以及落实企业形象识别系统（Corporate Identity System），从连续不断的企业内部营销入手，来激发员工与顾客的生活与情境的感官认知，塑造心理和意识的情感共鸣，引导思考过程，促进行动和关联行为的产生，从而达成购买产品和服务的目的，进而达到顾客满意度和购后意向的提升。因此体验管理的理念，在某种程度上相当于以往的对顾客购买过程的引导和管理。这具体反映在了沟通方式、沟通频率、沟通深度、卖场氛围，以及售前、售中、售后资源投放量等营销广告管理的工作上。

　　本书是西南财经大学广告专业成人（网络）教材系列中的一本新教材。本书在吸取国内外广告学著作精华的同时，结合当今时代所处的背景——体验经济，以新的视角——体验经济的相关理论来对现代广告的相关知识进行新的诠释，这一点是以前的广告类教材从未有过的。本书分为 15 章，包括：体验经济及其影响；广告管理概论；广告的用途；广告策划的程序与内容；广告心理；广告表现策略；广告创意；广告营销管理：营销 STP 战略与广告；广告调查；广告组织；广告媒体及策略；广告效果

---

　　① 约瑟夫·派恩，詹姆斯·吉尔摩. 体验经济［M］. 夏业良，等，译. 北京：机械工业出版社，2002：89.

　　② 阿尔文·托夫勒. 未来的冲击［M］. 蔡伸章，译. 北京：中信出版社，2006.

　　③ 黄燕玲. 基于旅游感知的西南少数民族地区农业旅游发展模式研究［D］. 南京：南京师范大学，2008.

　　④ Schmitt B. H. Experiential Marketing：How to Get Customers to Sense, Fell, Think, Act, Relate to Your Company and Brands［M］. New York：The Free Press, 1999.

评价；广告的制作；广告与整合营销传播；广告法规管理。本书与当前的广告业发展现状紧密结合，列举了大量生动的广告案例并配以图片，有助于读者加深对本书所述内容的理解。

参加本书编写的作者有：艾进、刘轶。本书由艾进博士担任主编并进行总体构思策划。同时，本书的编写工作受到了西南财经大学出版社相关同志的大力支持，在此特表示感谢。

编者

2014 年春于成都光华园

目 录

1 体验经济及其影响 ·· (1)

  1.1 体验经济的到来 ··· (1)

  1.2 体验经济下的广告趋势 ·· (8)

  1.3 星巴克的体验营销广告 ·· (12)

  1.4 《印象·刘三姐》的桂林漓江目的地广告 ················ (15)

  本章小结 ·· (18)

2 广告管理概论 ·· (20)

  2.1 广告的定义与职能 ··· (20)

  2.2 广告的历史演变 ·· (24)

  2.3 广告的分类 ··· (32)

  2.4 广告管理的定义和范围 ·· (35)

  2.5 广告与营销管理 ·· (40)

  2.6 广告管理的机构和相关法规 ·································· (43)

  本章小结 ·· (44)

3 广告的用途 ··· (46)

  3.1 广告的社会作用 ·· (46)

  3.2 广告的经济作用 ·· (49)

  3.3 广告对企业经营的作用 ·· (53)

  3.4 广告效果 ··· (56)

  本章小结 ·· (60)

4 广告策划的程序与内容 ·· (62)

  4.1 现代广告策划概述 ··· (62)

  4.2 广告策划的内容和工作流程 ·································· (66)

  4.3 广告预算编制 ·· (70)

  本章小结 ·· (75)

5 广告心理 ··· (77)
　5.1 广告心理概述 ··· (77)
　5.2 广告心理过程 ··· (80)
　5.3 广告诉求的心理基础 ······································ (90)
　本章小结 ·· (95)

6 广告表现策略 ··· (97)
　6.1 广告表现概述 ··· (97)
　6.2 USP 策略的评价及其应用 ·································· (99)
　6.3 品牌形象策略的评价及其应用 ····························· (103)
　6.4 定位策略的评价和应用 ···································· (107)
　6.5 其他创意策略的评价及应用 ································ (111)
　本章小结 ·· (115)

7 广告创意 ·· (117)
　7.1 广告创意的原则 ·· (117)
　7.2 广告创意的方法 ·· (123)
　7.3 广告创意的程序与表现技巧 ································ (129)
　7.4 中国广告创意的问题 ······································ (133)
　本章小结 ·· (135)

8 广告营销管理：营销STP战略与广告 ······························ (137)
　8.1 广告与市场细分 ·· (137)
　8.2 广告与目标市场选择 ······································ (141)
　8.3 广告与市场定位 ·· (145)
　本章小结 ·· (148)

9 广告调查 ·· (149)
　9.1 广告调查概述 ··· (149)
　9.2 广告调查的程序 ·· (151)
　9.3 广告调查的方法 ·· (153)

9.4 广告调查的内容 ··· (156)
本章小结 ··· (162)

10 广告组织 ·· (164)
10.1 广告公司概述 ··· (164)
10.2 广告公司的组织结构 ······································ (169)
10.3 广告公司的组织职责 ······································ (176)
10.4 企业内部广告组织的结构 ································· (180)
本章小结 ··· (184)

11 广告媒体及策略 ·· (186)
11.1 媒体概述 ··· (186)
11.2 常规媒体的特色与发展趋势 ······························ (190)
11.3 自制媒体的特色与发展趋势 ······························ (195)
11.4 广告媒体战略 ··· (204)
本章小结 ··· (207)

12 广告效果评价 ·· (208)
12.1 广告效果测评概述 ··· (208)
12.2 广告心理效果测评 ··· (215)
12.3 广告的促销效果测评 ······································· (219)
12.4 广告的社会效果测评 ······································· (222)
本章小结 ··· (225)

13 广告的制作 ·· (226)
13.1 平面印刷广告的制作 ······································· (226)
13.2 电子媒体广告的制作 ······································· (231)
13.3 其他媒体广告的制作 ······································· (234)
本章小结 ··· (236)

14　广告与整合营销传播 ································ (238)

14.1　整合营销传播理论 ···························· (238)

14.2　广告与整合营销传播的关系 ················ (243)

本章小结 ·· (251)

15　广告法规管理 ································ (252)

15.1　广告法规管理的含义与必要性 ·············· (253)

15.2　我国广告管理的法规和机构 ················ (254)

15.3　广告法规管理的主要内容 ·················· (268)

15.4　中外广告法规管理 ························ (270)

15.5　我国广告法规管理的现状 ·················· (279)

本章小结 ·· (279)

1   体验经济及其影响

本章提要：

在体验经济时代，广告不再是作为展示商品和服务的工具，从广告中获得体验成为一种新的导向。为了求得良好的销售，广告主越来越关注目标受众的心理需求，希望广大受众能够从以体验为核心价值诉求的广告作品中充分地感知品牌能够带给他们的各种利益，从而在得到美好体验感受的同时，增加对产品的购买或重复购买。本章从体验经济的角度来探索现代广告的发展趋势——体验广告的发展。

1.1   体验经济的到来

如果你走进广州地铁，你就会突然发现自己进入了一个麦当劳的世界。迎面而来的是地铁的进口处的一则广告，广告语很特别——"想吃只需多走几步"，似乎人们是为了吃麦当劳才往车内走。事实上，车门一开，谁又不是在往里走呢？接着在地铁的车门边，一左一右是两幅以汉堡包为画面的大型广告。广告语说道："张口闭口都是麦当劳"。随着车门的一开一合，整个广告就好像一张嘴巴在一张一合吃麦当劳。进入地铁，车内的对门位置，一包薯条占据广告画面一侧："站台人多不要紧，薯条越多越开心！"就连我们在车上挤来挤去的这种滋味，它都知道！车窗上也有广告："越看它越像麦辣鸡翅？一定是你饿了！"广告画面是一块麦辣鸡翅，烤得橙黄橙黄的，非常诱人。在座位的上方，原先各站点的指示牌也被麦当劳的指示牌取代了，广告语则是"站站都想吃"，每一个"站台"都是麦当劳在中国推出的产品，逐个相继标出，并用连线串起——巨无霸、薯条、麦辣鸡翅、麦乐鸡、麦香猪柳、板烧鸡腿、奶昔、圆筒冰淇淋、麦辣鸡腿汉堡、开心乐园餐。

这就是 2002 年 11 月麦当劳在广州地铁上大规模推出的一种新型广告——体验广告。这种广告就是将体验符号化，通过各种媒介传播出来，这种形式让人耳目一新。因为每一则广告都是经过精心设计、周密策划而来的，包括广告张贴的位置以及广告语的创意，无论哪一幅都做到了把握住消费者的体验情绪、刺激感觉、传播感受、影响思维、促使行动。在牢牢地抓住消费者"眼球"的同时，又为人们提供更多值得回味的情境和氛围。广告画面设置的是人们能够轻松体验到的内容，广告语则替我们把我们的体验情绪都说出来了，就像一个老朋友把我们的心里话一一说出来，非常中听。所以，麦当劳广告无论放到哪里，就说的话，我们也能体验到麦当劳的无处不在。渐渐地，麦当劳产品在我们的脑海里留下了深刻印象。体验广告的互动性最容易使人产生强烈的共鸣，进而产生购买产品的冲动。

1.1.1 体验经济的产生背景和实例解读

我们现今的管理学体系有着这些视角：第一是从生产运作的角度切入到企业整体管理和运行。这实质上是一种以生产为主要目标整合企业相关资源进行管理的理念。在这种理念的指导下，企业一切管理行为和措施都围绕着如何生产出更好更多的产品，即提升生产效率来进行安排和制定。而企业营销和广告管理等工作的基本出发点就是体现企业的产品质量，帮助完成其生产能力所对应的销售目标，有效沟通企业对市场的产品信息。第二是从成本管理和资本运作的视角对企业进行开源节流的管理理念。在这种理念的影响下，产品和服务成本根据具体企业确定的产品和服务的种类来核算，而成本的其他部分又演绎出关于企业定位以及产品的定位，并最终整合企业营销资源，分配在营销组合（即产品、定价、促销和渠道）的各个方面。第三是从企业文化与组织价值观的视角来安排企业管理的各个职能与流程。这个企业为什么而存在？企业的使命是什么？而由此使命所决定的企业内部和外部行为准则、流程与制度将分别与企业的主流价值观或企业主要管理者的价值观进行匹配，并由此演绎出企业的各项管理风格与管理细节。当然还有所谓人力资本视角与市场营销视角。

在这些视角中，管理者总是将自我认识的市场和管理重心进行解读和资源配置，却往往忽略了消费者的视角与参与。正如不少攻击科特勒市场营销体系和观念的学者都认为，现今的营销是披着市场需求外衣的生产销售导向的骗局，其实质是一种以某一管理职能为主导的管理思路。因为在这个体系中并没有任何体现消费者参与和提出意见的环节，它忽略了消费者的个体意愿，孤立了企业各个职能部门，是真正的"营销近视"。也正如早在 1986 年美国学者 Cropton 和 Lamb 所质疑的那样，我们现今的管理未能解决两个重要的问题，即我们（管理者）为什么要做现在所做的一切以及我们现在做的和五年前有什么不一样。

当然也许有人会质疑现今管理视角究竟有什么不妥。毕竟市场中各个企业仿佛都已经实施或正在进行这样的管理。美国人总是喜欢这样说："If it is not broken, keep it."

然而事实真是这样吗？

2012 年 11 月 7 日，管理学界赫赫有名的竞争力大师迈克尔·波特（Michael E. Porter）（图 1.1）的著名管理咨询公司摩立特集团宣布破产，公司负债约 5 亿美元。

1979 年波特在《哈佛商业评论》中发表论文指出：产业内的竞争状况由五项外力决定，它们是新进者的威胁、替代性产品的威胁、供货商的议价能力、顾客的议价能力及产业内部的竞争对手。波特由此制定了由上述五力的合力来决定企业最终的获利潜力的五力竞争模型。

波特的竞争理论赢得了世界管理学界极大的认可与推崇。波特本人也因此在世界管理思想界被誉为是"活着的传奇"，被评为当今全球第一战略权威，也是商业管理界公认的"竞争战略之父"，在 2005 年世界管理思想家 50 强排行榜上位居第一。

图 1.1 迈克尔·波特（Michael E. Porter）

图片来源：百度图片

1983 年波特创立了摩立特集团。公司专门为企业主管和各国政府提供管理咨询服务。摩立特集团红极一时，与著名的管理咨询公司贝恩公司及波士顿顾问集团分庭抗礼。在帮助众多的世界 500 强企业进行战略布局和战略制定的工作外，摩立特还接受利比亚提供的 300 万美元，以协助卡扎菲提升世界形象，改善国际声誉。

然而，摩立特集团还是在新的经济形势下水土不服，逐渐衰落了。究其原因，可以得知波特竞争力模型理念的实质是以结构性障碍来保护企业自身免于竞争的冲击。而在今天新的经济形势下，企业之间的竞争已非当年的企业战争，未必要对手失败才能造就本身的成功。双赢、共赢和多赢已经是今天企业之间产业内部的主旋律。还有，根据苹果和亚马逊等企业的成功经验，今天企业必须以不断创新为手段来为客户提供更多的附加值。因此，以创新的理念找到新方法来讨客户欢心才是竞争中的胜利之道。而波特的公司也好，模型也罢，都未能与时俱进地体现上述变化。

是的，今天迅猛的市场变化已经使得昨天的知识和技能不断过时。相对独立的职能管理模式已经不再适应当今日新月异的变化，并且阻碍了公司中各个部门共同参与到提升顾客满意度的工作中去。1994 年，一本名为《基业长青》（Build to Last：Successful Habits of Visionary Companies）的管理学著作横空出世。书中跟踪并记录了众多百年老店式的成功企业。在收集整理和提炼这些企业管理共性之后，作者指出，它们的企业文化是强大的，经营远景是明确的，同时企业管理制度是统一且坚持的，因此具备核心竞争力，企业也因此才能达到"基业长青"。此书一出便引起了管理学界的共鸣，一时之间，核心竞争力一词成为热词，受到广泛认同并推崇，被《福布斯》评为 20 世纪 20 本最佳商业畅销书。然而，时隔四年，1998 年有人对该书所提企业进行回访后发现，这些公司中 80% 并不盈利，而其中 40% 已经宣布破产或被并购。由此，有人建议另著一部与此书内容相反的书——名曰《基业常变》（Build to Change）来反映当今市场变化的激烈形势，因为当今市场唯一不变的就是变化。

然而，如何去把握现今这些瞬息万变的变化规律？又如何提炼其对今天管理者的参考与启示？也许我们应该在最近的学术研究和具体企业管理的成功案例中去找寻这些

图 1.2　《基业长青》一书的封面

图片来源：百度图片

答案。

2006 年普渡大学的两位韩国学者 Young 和 Jang 在针对香港地区中档餐饮行业的调研中发现：从消费者的角度出发，中档餐饮企业的菜品品质主要体现在菜品的呈现方式、菜单的选择性、健康的选择、菜品的味道、原材料的新鲜程度以及菜品的温度这六个方面。这就是说一个餐馆如需提升其菜品品质，不需要做其他的尝试，在上述六个方面展开有效工作即可。进一步研究还发现，餐馆的管理者如需提升其顾客满意度，并不用全面开展以上六个方面的工作，他们只需做三件事——增加菜单菜品的选择性、提供更多的健康方面的菜品制作选择以及更强调其菜品原材料的新鲜程度即可。这也就解释了为什么日本伊藤洋华堂的快食部重视展示菜品的制作过程、提供其原材料的呈现并告知健康的餐饮知识，而其结果是高满意度的顾客消费过程和评价。研究还发现，如果餐馆需要有效提高顾客用餐后的这些行为意向的比例，如更多地告知其他人本餐馆的正面信息、推荐其他人来消费、自己多次重复消费等，管理人员也只需做三件事。这些事分别是：提供更多的菜品选择、更好地展示其原材料的新鲜程度，以及提供适当温度的菜品。

让我们再看看一个五星级酒店的例子。在一项针对四季酒店、凯悦酒店和万豪酒店顾客的研究中发现，这些五星级酒店的顾客更关注这些方面：

（1）我们合理的需求能否被尽量满足？

（2）我们旅行的压力是否能得到全面的舒缓？

（3）酒店是否拥有难忘的装修和特色服务？

（4）酒店提供的服务是否值得信赖？

针对上述这些顾客的关注点，四季酒店开发制作了一系列名为"NOT THE USU-AL"的平面广告（图 1.3）。

图 1.3 四季酒店的"NOT THE USUAL"广告

四季酒店的广告中并没有涉及豪华装修的客房以及独特的建筑外观这些大多数酒店广告使用的元素。广告别具匠心地从一位正在泳池水下的顾客视角去展示并感受其所见：洁净的池水显示出酒店设施设备的完善；笑容可掬的服务人员一手端着饮料，一手拿着浴巾，在顾客出水上岸之前就已经恭候在池边。这是怎样的关心、怎样的服务啊！广告下面还用小字体写着"NOT THE USUAL"，而没有用"UNUSUAL"一词。是啊，对于四季酒店而言，这些细节并不是那么不得了，仅仅是"不那么平常"（NOT THE USUAL）而已。

当然还有许许多多其他各行各业的例子，它们的共性在于提醒我们今天的消费特征：今天我们吃的，玩的，买的，住的以及所有的消费产品和服务，其重心已经不再是产品和服务本身。正如顾客评价餐馆的菜品已经不再仅仅是味道和分量，评价酒店也不再仅仅是房间和服务员外观印象。今天的消费过程比最终产品或服务本身更为重要；消费者往往更加强调通过产品的物质价值、服务的附加价值去获得自身的精神价值。

用一句话来总结：今天消费的过程——体验，已经成为一种产品。其重要程度已经超越其所依附的产品或服务本身！

1.1.2 体验经济的来临

1970 年，著名未来学家阿尔文·托夫勒（Alvin Toffler）在《未来的冲击》一书中提出：继服务业之后体验业将成为未来经济发展的支柱，但是这一说法在当时没有得到足够的认可，并逐渐被经济理论界淡忘。直到 1998 年美国经济学家 B. 约瑟夫·派恩（B. Joseph Pine Ⅱ）与詹姆斯·H. 吉尔摩（James H. Gilmore）在《哈福商业评论》

7/8 月号上撰文《欢迎进入体验经济》，并随后于 1999 年出版《体验经济》一书，专门对体验经济进行论述，才引起了人们的关注。《体验经济》一书阐述了体验经济的含义和价值、体验经济活动的类型和阶段以及体验经济产品的设计。

派恩和吉尔摩对"体验经济"的解释为："它是一种企业以服务为舞台，以商品为道具，以消费者为中心，创造能够使消费者参与、值得消费者回忆的活动的经济形态。"他们认为，继农业经济、工业经济、服务经济之后，体验经济已逐渐成为第四个经济发展阶段。派恩和吉尔摩把体验经济同产品经济、商品经济和服务经济做了如下比较（表 1.1）：

表 1.1　　　　　　　　　　　　　　　不同经济类型的比较

经济提供物	产品	商品	服务	体验
经济	农业	工业	服务	体验
经济功能	采掘提炼	制造	传递	舞台展示
提供物的性质	可替换的	有形的	无形的	难忘的
关键属性	自然的	标准化的	定制的	个性化的
供给方法	大批储存	生产后库存	按需求传递	在一段时期后披露
卖方	贸易商	制造商	提供者	展示者
买方	市场	用户	客户	客人
需求要素	特点	特色	利益	突出感受

在他们看来，体验就是以商品产品为媒介激活消费者内在心理空间的积极主动性，引起消费者的热烈反响，创造出消费者难以忘怀的活动。于是体验经济要求经营者的首要任务是把整个企业运作过程当做一个大戏院，设置一个大"舞台"。这个"舞台"的表演者就是消费者自己，他们感同身受地扮演人生剧中的一个角色，沉醉于整个情感体验过程之中，从而得到满足，进而心甘情愿地为如此美妙的心理感受支付一定的费用。因此，无形的体验能创造出比产品或服务本身更有价值的经济利益。在体验的过程中，消费者珍惜的是因为参与其中而获得的感觉，当产生体验的活动结束后，这些活动所创造的价值会一直留在曾参与其中的个体的记忆里，这也是其经济价值高于产品或服务的缘故。换言之，企业在体验经济中所扮演的角色已经从实体产品提供者转变成体验创造的催生者，这种以体验为主的经济形态称为体验经济。时代发生变化了，人们的经济消费形态也就势必跟着变迁。

体验事实上是当一个人达到情绪、体力、智力甚至是精神的某一特定水平时，他意识中所产生的美好感觉。如果体验经济的实质是产生美好的感觉，那么，体验经济的发展以及人们对它的认识，将是人类在 21 世纪经济生活的一场最为深刻的革命——因为人类有史以来的经济活动都是以谋取物质利益为直接目的，而体验经济却是以产生美好感觉为直接目的，它突出了表演性，这是一个值得人们瞩目和思考的变化。

1.1.3 顾客体验的构成维度

伯恩德·H. 施密特在他写的《体验式营销》（Experiential Marketing）一书中，从心理学、社会学、哲学和神经生物学等多学科理论出发，把顾客体验分成感官（sense）体验、情感（feel）体验、思考（think）体验、行动（act）体验和关联（relate）体验五种类型，并把这些不同类型的体验称为战略体验模块（Strategic Experience Modules，SEM），如表 1.2 所示：

表 1.2   消费体验的构成维度

体验模组		刺激目标与方式
个人体验	感官体验	以视觉、听觉、嗅觉、味觉与触觉等感官为媒介产生刺激，并由此激励消费者去区分不同的公司与产品、引发购买动机和提升其产品价值。
	情感体验	刺激顾客内在的情感及情绪。大部分自觉情感是在消费期间发生的。情感营销需要真正去了解什么刺激能触动消费者内在的情感和情绪，并在消费行为中营造出特定情感以促使消费者的自动参与积极性。
	思考体验	刺激的是消费者的思考动机，目标是创造消费者解决问题的体验。通过知觉的注意和兴趣的建立来激励顾客进行集中或分散的思考，积极参与消费过程，更好地进行情感转移。
共享体验	行动体验	影响身体行为的体验，强调互动性。涉及消费者身体的体验，让其参与到消费的过程中并感受其行为带来的刺激。
	关联体验	关联体验包括体验的感官、情感、思考与行动等各个方面。关联影响不同个体的交流沟通，并结合个体的各自体验，它让个体与理想自我、其他人或是所处文化背景产生关联。关联体验之所以能成为有效的体验是由于特定环境中的社会文化对特定的消费者产生相互的作用。

资料来源：作者整理自 "Experiential Marketing"（Schmitt，1999）。

施密特所提出的策略体验模组量表，可用于评价消费者对各体验形式的体验结果，并可以得知特定体验媒介是否能产生特定的体验形式。

除了施密特对体验维度构成做了研究之外，其他一些学者也做了大量相关的研究，如派恩、吉尔摩根据顾客的参与程度（主动参与、被动参与）和投入方式（吸入方式、沉浸方式）两个变量将体验分成四种类型——娱乐（entertainment）、教育（education）、逃避现实（escape）和审美（estheticism）。其中，娱乐体验是一种顾客感觉吸引体验，它是一种最古老的体验之一；教育体验包含了顾客更多的积极参与——要扩展一个人的视野、增加他的知识，教育体验必须积极使用大脑和身体；逃避现实的体验是指顾客完全沉溺其中，同时也是更为积极的参与者；审美的体验是顾客沉浸于某一事物或环境中，而他们自己对事物环境极少产生或根本没有影响，因此，环境基本上未被改变。派恩和吉尔摩认为，单一的体验类型很难使顾客体验丰富化，最丰富的顾客体验应该包含四种顾客体验的每一类型，这四种类型顾客体验的结合点就是所谓"甜蜜的亮点"。

1.2　体验经济下的广告趋势

1.2.1　体验式广告

在国内从麦当劳在广州地铁上推行的体验广告开始，有关体验式广告的一些研究便相继展开并且不断深入。现在，体验式广告创意被越来越多地运用于各类广告作品和广告媒介中，并且离我们的日常生活越来越近，甚至是普通的日用品广告也不甘落后，迎头赶上体验式广告的潮流。

体验式广告是将传统广告中以产品功能或服务质量为主要的诉求点，转变为以消费者体验为主要诉求点，通过一系列与体验层次和维度相关的设计（将无形的、不能直接被感觉或触摸的广告体验进行有形展示，或使用一些可视可听的、与体验有关的实物因素等扩大广告的展示效果）帮助消费者正确地理解以及评价企业产品和服务信息的广告形式和理念。体验式广告或通过营造某种戏剧性的情节和相应的环境氛围来表现体验过程，从而激起消费者的需求和欲望；或通过夸张的艺术手法的运用来获得受众的注意和认同；或通过给受众留下充分的想象空间，凸显其非常个性化的体验感受，引发消费者对品牌的忠诚与热爱。总之，有特色的体验诉求和有效的表达会让诉诸目标受众体验心理的广告卓有成效。而广告体验者在一定的物质或精神激励的刺激下，会主动地、深入地、全面地去了解或试用某个需要做广告推广的产品。

1.2.2　广告中的各种体验维度的运用

按照伯恩德·H. 施密特（Schmitt）的观点，体验营销的核心是 SEMs 理论：感官、情感、思考、行动、关联。它们既可以单独运用在营销中，也可以两个或全部组合在一起运用。体验广告中，广告创意策划人员围绕体验营销的五个维度进行广告的设计。在体验式的广告中，消费者同样得到感官、情感、思考、行动和关联方面的体验。

1. 广告的感官体验

在广告中，感官体验是消费者接受广告信息过程中最本能的行为，也是引起广告注意、产生兴趣、达到购买目的的最简单的方法，因此，它在广告中往往可以促使消费者直接产生购买行为。感官体验是通过视觉、听觉、触觉、味觉和嗅觉建立感官上的体验，是体验的第一个环节。

最常见的影视广告主要是以视听语言作为传播媒介的，影视广告中画面和声音是展示广告创意的必备手段，它们共同发挥视听广告的宣传功效。对于视听媒体而言，单纯画面常常很难表达一些非直观、抽象的信息，这时声音就可以帮助画面完成创意者的既定想法。同时，画外音又可以扩大画面的信息量，给予画面深层次的诠释，也为广告创意提供更加广阔的空间。另外，声音又可以强化情绪的转变，从听觉上起到突出作用，它比画面的表达显得更加隐蔽。有了这种声音与画面互补式的感官体验，影视广告才如此地吸引广大消费者。①

广告策划者不能局限于传统媒体，应在每一个与消费者的接触点上去思考——广告除了给消费者视听体验外，还可以延伸到消费者的触、嗅、味觉的体验中去。宝洁公司曾为一种新的洗发水展开广告攻势，他们在公共汽车站亭张贴出能散发香味的海报。这种新的去屑洗发水带有柑橘香味，旨在吸引更多的青少年和女性受众。由盛世公司设计的芳香海报上，一位年轻女子一头秀发随风飘扬，上面还有"请按此处"的字样，按一下该处，一股带有香气的雾状气体便随之喷出。海报底部，一条宣传语写着："感受清新柑橘的芳香。"美国市场上第一个天然植物洗发露——伊卡璐草本精华洗发露，其策划者利用消费者使用产品的感觉，做了一则"白胡男友"篇的电视广告：一位女郎走进浴室，开始洗长发。洗发露的清香和柔滑让她忘记了洗发的时间，也忘记了在客厅等她的帅气男友。等她心满意足地闻着秀发香味迈出浴室时，才发现男友已经变成了老头，而她在秀发的映衬下却愈发楚楚动人。策划者威尔斯在广告中突出的不是产品能够使头发亮丽的功能，而是使用产品的感觉—— 一种充满生机的体验。

2. 广告的情感体验

广告应运用不同消费情景引发顾客的联想，让他们体验到那种情感，从而决定是否采取行动。情感体验广告的诉求是要触动消费者内心的情感，目的在于创造喜好的体验，引导消费者从对广告对象略有好感到产生强烈的偏爱。广告可引出一种心情或者一种特定情绪，表明消费过程中充满感情色彩。这种广告诉求的运作需要真正了解什么刺激可以引起某种情绪、使消费者自然地受到感染并融入这种情景中来。

通常可以利用的正面、积极的情感包括爱情、亲情和友情以及满足感、自豪感和责任感等。或是在诉求点上追求消费者的情感认同，但需要注意的是情感体验广告不能仅仅把诉求点放在产品本身上，还要将对消费者的关怀与产品利益点完美结合，获得广大消费者的共鸣。德芙巧克力的电视广告，以流动的丝绸来突出巧克力的爽滑口感。体验营销要触动顾客的内心情感，其目的在于创造喜好的体验，引导顾客从对某品牌略有好感到强烈地偏爱。新加坡航空公司是世界上前十大航空公司和获利最多的航空公司之一。新航以带给乘客快乐为主题，营造一个全新的起飞体验。该公司制定严格的标准，要求空姐如何微笑并制作快乐手册，要求以什么样的音乐、什么样的情境来"创造"快乐。再如前面提到的伊卡璐，在"白胡男友"之后其广告又找到了新的魔法：伊卡璐童话梦。在延续原有广告欢欣、愉悦、浪漫的前提下，伊卡璐相继推出了"睡美人"篇和"伊甸园的诱惑"篇，把观众带入了浪漫、温馨的童话世界，使人们感受到伊卡璐给人带来的童话梦（图1.4）。

3. 广告的思考体验②

思维营销启发人们的智力，创造性地让顾客获得认识和解决问题的体验。它运用惊奇、兴奋引发顾客的各种想法。思考体验的另一功效是记忆。心理学研究表明，人们在努力理解一件事的时候，处于聚精会神的状态，对细节格外关注，并以过去的经

① 雷鸣，李丽. 广告中感官体验的延伸 [J]. 商场现代化，2007 (3)：249 – 250.
② 朱琳. 体验广告的魅力解读 [J]. 广告大观：综合版，2007 (3)：147 – 148.

图1.4 伊卡璐广告图片

验、知识为基础，集中脑力，以便对事物作出最佳解释和说明。过后，事情依然能在脑中留下深刻印象。激起人们思考的状态有很多，如惊讶、好奇、有兴趣、被挑衅等，而"思考"的目的是鼓励顾客进行有创意的思维活动，从而能认知并记忆广告中的画面和产品。

2006戛纳广告节获奖的户外作品——碧浪路线（ARIEL Route）可以说是广告思考体验的典范。图片中一条野外的公路伸向远方，汽车飞奔而过，公路旁是一个巨大的广告牌，画有一件白衬衫，此外就只有碧浪的广告语。大家想不到，广告的精华竟然是广告牌前的一棵小树。仔细阅读这则广告才明白，当汽车距离广告牌很远的时候，小树的枝叶正好挡在广告牌衬衫的胸部，就像衣服上的污点；随着汽车的驶近，小树由于视觉误差会逐渐向旁退去，好像污点逐渐离开衬衫一样；当驾驶者到达广告牌时，就只能看到干净的衬衫和碧浪的广告语了。看完这则广告，真为其创意折服，它利用人类视觉的误差现场演绎了污渍离开衬衫的过程，让大众在观察的同时也在思考，直到明白广告所言，构思可谓独具匠心。

广告中的思考体验，让消费者如临其境，就像是舞台中的一名舞者，跟随着广告的韵律翩翩起舞，体验特别惊喜。体验广告在与消费者交流和互动中，传达了感觉、感受、思维以及行为体验，让"体验的车轮"滚动起来。它不但牢牢抓住消费者的心，而且提供给人们愉悦的体验情境，淡化广告的商业色彩，激发人们对消费的热情。让消费者在自身的满足中，不知不觉地认可广告，认同产品或服务，从而成为体验经济时代的强劲竞争力。

4. 广告的行动体验

行动体验是消费者在某种经历之后而形成的体验，这种经历或与他们的身体有关，或与他们的生活方式有关，或与他们与人接触后获得的经历有关等。行动体验广告诉求主要侧重于影响人们的身体体验、生活方式等，通过提高人们的生理体验，展示做事情的其他方法或另一种生活方式，以丰富消费者的生活。耐克广告"JUST DO IT"家喻户晓，潜台词是"无需思考，直接行动"，十分具有煽动性。

叶茂中营销策划有限公司的广告策划人员为伊利的冰品（后将其命名为"伊利四

个圈") 进行的广告创意，就是有感于他们自己小时候买冰棍和糖块的经历。而在创作"伊利四个圈"的电视广告时，他们找了一个贴近儿童生活的切入点——以孩子们最熟悉的课堂为背景展开。

广告的情节是：下课铃声刚一响起，一小男孩头上就冒出 4 个虚幻的光圈（小男孩对"四个圈"冰淇淋的幻想），然后小男孩飞速地绕过课桌，冲出教室，奔跑着去买伊利四个圈冰淇淋。小男孩越过障碍物、掠过橱窗一边跑一边擦汗。小男孩飞快地奔向冰淇淋售货亭，手划着圈圈，气喘吁吁地对售货小姐说他要"伊利四个圈"，售货小姐很默契地把产品递给他，并重复道："伊利四个圈。"当小男孩手拿冰淇淋，气喘吁吁地坐在课桌前时，同学们围着它，异口同声地说："太夸张了吧?"小男孩咬了一口冰淇淋，冰淇淋冒出四个光亮的圈。"伊利四个圈，吃了就知道!"小男孩露出一脸自得的表情。同学们突然回过神来，"唰"一下全往外跑。上课铃声响起，所有的学生都非常精神地坐在座位上，有的同学脸上还粘着冰淇淋渣。老师很诧异地看着学生们："太夸张了吧?"同学们一边用手划着圈，一边齐声说："伊利四个圈，吃了就知道!"

在广告简洁的画面中，透过小男孩的奔跑，产品的诱惑力演绎得淋漓尽致，同时也勾起了消费者对自己曾有过类似经历的回忆，看到这则广告的人们不管大人还是小孩往往都会露出会心一笑。

5. 广告的关联体验

关联体验包括感官、情感、思考与行动等层面，但它超越了"增加个人体验"的私人感受，把个人与其理想中的自我、他人和文化有机联系起来。消费者非常乐意在某种程度上建立与人际关系类似的品牌关系或品牌社群，成为产品的真正主人。而关联体验广告诉求正是要激发广告受众对自我改进的个人渴望，或周围人对自己产生好感的欲望等。

曾有表店在一款瑞士名表的附卡上面说明 400 年后回来店里调整闰年。其寓意是在说明该瑞士名表的寿命之长、品质之精，该表店以此卡片来传达商品的价值。

广告要从不同的体验营销目的出发，有针对性地采取不同的广告战略，充分传达各种不同的体验感受，达到销售商品和服务甚或某种体验的目的。

1.2.3　体验经济下广告的发展趋势

在体验经济时代消费者不仅重视物品和服务，更渴望获得体验的满足。力图满足消费者体验需要的广告市场的变化也因此悄然发生。过去广告只是作为单纯的产品销售的工具，而在体验经济时代，广告中的体验成为一种新的核心价值源泉。

由此，企业应在深刻把握现今经济所需体验的基础上，制定广告需求相应的体验策略，并通过多种方式向消费者提供体验。只有尽快把当今体验经济广告需求的理念付诸实践，企业才能在激烈的市场竞争中赢得竞争优势。

1.3 星巴克的体验营销广告[①]

星巴克（Starbucks），一家1971年诞生于美国西雅图的咖啡公司，专门购买并烘焙高质量的纯咖啡豆，并在其遍布全球的零售店中出售，此外还销售即磨咖啡、浓咖啡式饮品、茶以及与咖啡有关的什物和用品。

就像麦当劳一直倡导销售欢乐一样，星巴克把典型美式文化逐步分解成可以体验的元素：视觉的温馨、听觉的随心所欲、嗅觉的咖啡香味等。试想，透过巨大的玻璃窗，看着人潮汹涌的街头，轻轻啜饮一口香浓的咖啡，这非常符合"雅皮"的感觉体验在忙忙碌碌的都市生活中是何等令人向往。

星巴克人认为：他们的产品不单是咖啡，咖啡只是一种载体。而正是通过咖啡这种载体，星巴克把一种独特的格调传送给顾客。这种独特的格调指的就是人们对咖啡的体验。以向顾客提供有价值、有意义的体验为宗旨，以服务和商品为媒介，星巴克通过提供使消费者在心理和情感上得到满足的"星巴克体验"来提高顾客的忠诚度，成功缔造了星光灿烂的咖啡王国，从古老的咖啡里发展成独特的"体验文化"。

《公司宗教》一书的作者 Jesper Kunde 指出：星巴克的成功在于，在消费者需求的中心由产品转向服务，再由服务转向体验的时代，星巴克成功地创立了一种以创造"星巴克体验"为特点的"咖啡宗教"。也正是通过这种顾客的体验，星巴克无时无刻不在向目标消费群传递着其核心的文化价值诉求。

1.3.1 一流品质的咖啡体验

咖啡是星巴克体验的载体，为了让所有热爱星巴克的人品尝到口味纯正的顶级咖啡，星巴克严格把握产品质量，从购买到炒制再到销售，层层把关。

为保证星巴克咖啡具有一流的纯正口味，星巴克设有专门的采购系统。他们常年与印度尼西亚、东非和拉丁美洲一带的咖啡种植者、出口商交流沟通，为的是能够购买到世界上最好的咖啡豆。他们工作的最终目的是让所有热爱星巴克的人都能体验到：星巴克所使用的咖啡豆都是来自世界主要的咖啡豆产地的极品。

星巴克恪守亲自考察咖啡地然后选择优质原料的原则，从品种到产地到颗粒形状，星巴克的咖啡豆经过挑剔的选择，全是来自世界主要咖啡产地的极品。所有咖啡豆，都是在西雅图烘焙，他们对产品质量达到了发狂的程度。无论是原料豆及其运输、烘焙、配制、配料的添加、水的滤除，还是员工把咖啡端给顾客的那一刻，一切都必须符合最严格的标准，都要恰到好处。精挑细选的原料被送往烘焙车间后，会按照严格的标准接受烘焙和混合，最后被装进保鲜袋中运往星巴克的连锁店，这一系列过程都有星巴克专利技术的支持。星巴克严格规定：保鲜袋一旦打开，其中的咖啡豆必须在七天内销售出去，过了这个期限的咖啡不能再销售。

---

① 陈培爱. 世界各国案例精解 ［M］. 厦门：厦门大学出版社，2008：72-78.

星巴克咖啡的配制十分严格，小杯蒸馏咖啡必须在 23 秒之内配置完成，牛奶必须升温到 170～150 华氏温度之间并保持一段时间，星巴克的员工们都要接受"煮制极品咖啡"的训练，以将咖啡的风味发挥到极致。

星巴克按照消费者的不同要求把咖啡细分为许多口味，如："活泼的风味"指口感较轻且活泼、香味诱人并让人精神振奋的咖啡；"浓郁的风味"指口感圆润、香味均衡、质地滑顺、醇度饱满的咖啡；"粗犷的风味"指具有独特的香味、吸引力强的咖啡。这样方便消费者享受到喜欢的、符合自己个性的咖啡。

1.3.2　感性色彩的环境体验

咖啡店是消费者体验咖啡的场所，环境本身也可以给消费者带来美好的体验。完美的体验需要全面的感官刺激，除了用咖啡刺激消费者的嗅觉、味觉，星巴克还想方设法全面刺激消费者的视觉、听觉、触觉，更深刻地影响人们的感受。好的消费环境是完成这一切的必需，也是打造难忘体验的重要因素。

在星巴克的连锁店里，所有摆设都经过悉心设计，风格鲜明的起居室、舒适别致的桌椅和沙发，都在恰如其分的灯光投射下散发出温馨，加上煮咖啡时的嘶嘶声、将咖啡粉末从过滤器敲击下来时发出的啪啪声、金属勺子搅拌咖啡的撞击声、轻柔的音乐、精美的书刊杂志，一切都烘托出独具魅力的"星巴克格调"，充满感性色彩。

消费者到咖啡店，不仅为了咖啡，更可能是为了摆脱繁忙的工作、休息放松或是约会。星巴克通过情境尽力去营造一种温馨的家的和谐氛围。在环境布置上，星巴克给自己的定位是第三空间，即：在你的办公室和家庭之外，我给你另外一个享受生活的地方、一个舒服的社交聚会场所。

1.3.3　周到贴心的服务体验

最简单但最难模仿的就是服务。服务会在无形中加强消费者对企业的好感，有助于提高消费者忠诚度；服务更是体验营销的 T 形台，是体验产品的载体。"星巴克体验"中最重要也是最难被竞争者复制的，正是星巴克对消费者贴心的服务。

星巴克以咖啡为媒介，以服务于人为定位，要求员工不仅要懂得销售咖啡，更要能传达企业的热情和专业知识。客人走进星巴克，吧台服务员再忙都会回头招呼，遇见熟客，店员会直唤客人的名字，奉上客人喜爱的产品。星巴克的员工被称为"快乐的咖啡调制师"，除提供优质服务外，他们还会详细介绍咖啡的知识与调制方法。星巴克会为三人以上结伴而来的客人配备专门服务的咖啡师，咖啡师负责讲解咖啡豆的选择、冲泡、烘焙时应注意的事项，细致解答疑问，帮助消费者找到最适合自己口味的咖啡，体味星巴克的咖啡文化。

星巴克的贴心服务体验还体现在许多细节上，比如：在咖啡杯上标出刻度，以便调制师按照标尺调制出完全符合消费者口味需求的咖啡；在杯子上套上套子，方便消费者拿去热饮料杯；为吸烟的消费者开辟专门区域；等等。

1.3.4　店铺之外的延伸体验

为了调动顾客的参与热情，星巴克还把体验延伸到店铺之外，在更多的点上与顾客保持接触，为他们提供体验。

通过创建会员俱乐部吸收自发加入的会员，星巴克网罗了最忠实的顾客。会员顾客不仅可以在店内获得特别的服务，还随时会在店铺之外通过互联网收到星巴克发送的信息。星巴克通过发送会员电子期刊与顾客深度沟通。

星巴克店铺的主题活动格外引人注目，这些活动让顾客在咖啡之外体验更多浓郁的馨香。例如举办"自带咖啡杯"活动，支持顾客自带杯子，给予自带杯子的顾客优惠折扣，倡导珍惜地球资源，减少一次性用品的使用。

星巴克经常选择与自己的产品相关度高又最容易引起人们广泛关注的公益事业为活动主题。在这些主题活动中，星巴克顾客得以用自己的行动改善公共环境，行动体验超越了咖啡本身的价值，丰富并深化了顾客的体验。

1.3.5　不断拓展的创新体验

创新是企业生命力的延续，实施体验营销必须不断创新以保持竞争优势。星巴克将客户的体验融入创新战略，根据营销环境的变化，推出新的体验业务，以不断更新的差异化体验来吸引顾客。

2002年起，星巴克与 T - Mobile 国际、惠普合作在咖啡店开展了一种 T - Mobile HotSpot 无线上网服务。顾客用笔记本电脑或掌上电脑就可以在咖啡店内收发电子邮件、上网冲浪、观看网上视屏节目和下载文件等。2004年，星巴克开始推出店内音乐服务活动，顾客一边喝着咖啡，一边可以戴着耳机利用惠普的平板电脑来选择自己喜爱的音乐，还可以购买旧的音乐光盘，做成个性化的 CD 带回家。

在金融服务方面，星巴克引入了一种预付卡。顾客提前向卡内存入 5～500 美元后，就可以通过高速因特网的连接，在星巴克 1 000 多个连锁店刷卡付款。虽然预付卡没有折扣，但由于结账时间缩短了一半，依旧受到热烈的追捧。

1.3.6　星巴克的启示

"这不是一杯咖啡，这是一杯星巴克。"没有巨额的广告费用和促销预算，星巴克的魅力却因为顾客之间的口耳相传而广为人知，这就得益于"星巴克体验"造就的品牌忠诚。

图 1.5　星巴克的 LOGO

图 1.6　星巴克咖啡厅图片

1.4　《印象·刘三姐》 的桂林漓江目的地广告①

《印象·刘三姐》是全球最大的山水实景剧，制作历经 5 年零 5 个月，涉及 1.654 平方公里水域、12 座著名山峰，67 位中外著名艺术家参与创作、109 次修改演出方案，600 多名演职人员参加演出。

这部作品于 2004 年 3 月 20 日正式公演。世界旅游组织官员看过演出后如是评价：这是之前全世界都看不到的演出，从地球上任何地方买张机票来看再飞回去都值得。该实景剧场成为世界旅游组织目的地最佳休闲度假推荐景区；2004 年 11 月以桂林山水实景演出《印象·刘三姐》为核心项目的中国·漓江山水剧场（原刘三姐歌圩）荣获国家首批文化产业示范基地。

刘三姐是中国壮族民间传说中一个美丽的歌仙，围绕她有许多优美动人、富于传奇色彩的故事。1961 年，电影《刘三姐》诞生了，影片中美丽的桂林山水、美丽的刘三姐、美丽的山歌迅速风靡全国及整个东南亚。从此，前来游览桂林山水、寻访刘三

---

① 选自：百度百科 . http：//baike. baidu. com/view/32018. htm？fr＝ala0_ 1_ 1.

姐和广西山歌，便成了一代又一代游客的梦想。《印象·刘三姐》是一次艺术呈现，以山水圣地桂林阳朔的风光实景作为舞台和观众席，以经典传说《刘三姐》为素材，以张艺谋为总导演，国家一级编剧梅帅元任总策划、制作人，并有两位年轻导演——王潮歌、樊跃的加盟，数易其稿，历时三年半，努力制作而成。它集漓江山水风情、广西少数民族文化及中国精英艺术家创作之大成，是全世界第一部全新概念的"山水实景演出"，集唯一性、艺术性、震撼性、民族性、视觉性于一身，是一次演出的革命、一次视觉的革命，是桂林山水的美再一次与艺术相结合的升华。

风光美丽、方圆两公里的漓江水域以及12座山峰，加上广袤无际的天穹，构成了迄今为止世界上最大的山水剧场。传统演出是在剧院有限的空间里进行，这场演出则以自然造化为实景舞台。放眼望去，漓江的水、桂林的山，化为中心的舞台，给人宽广的视野和超人的感受，让您完全沉溺在这美丽的阳朔风光里。传统的舞台演出，是人的创作，而山水实景演出是人与上帝的共同创作。山峰的隐现、水镜的倒影、烟雨的点缀、竹林的轻吟、月光的披洒随时都会加入演出，成为最美妙的插曲。晴天的漓江，清风倒影特别迷人。烟雨漓江则赐给人们另一种美的享受：细雨如纱，淅淅沥沥；云雾缭绕，似在仙宫，如入梦境……演出正是利用晴、烟、雨、雾、春、夏、秋、冬不同的自然气候，创造出无穷的神奇魅力，使那里的演出每场都是新的。演出以"印象·刘三姐"为总题，在红色、白色、银色、黄色四个"主题色彩的系列"里，大写意地将刘三姐的经典山歌、民族风情、漓江渔火等元素创新组合，不着痕迹地融入山水，还原于自然，成功诠释了人与自然的和谐关系，创造出天人合一的境界，被称为"与上帝合作之杰作"。

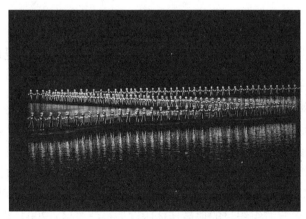

图1.7 《印象·刘三姐》演出照片（1）

图1.8 《印象·刘三姐》演出照片（2）

《印象·刘三姐》以现代山水实景为演出背景，支撑这个超级实景舞台最直观的是现代灯光科技。演出也同样体现了一种淋漓尽致的豪华气派，利用目前国内最大规模的环境艺术灯光工程及独特的烟雾效果工程，创造出如诗如梦的视觉效果。自古以来，桂林山水头一回让人领略到华灯之下的优美、柔和、娇艳和神秘的美。《印象·刘三姐》很大程度上说是一次真正豪华的灯会，构建了一个空前壮观的舞台灯光艺术圣堂，从一个新的角度升华了桂林山水。演出把广西举世闻名的两个旅游文化资源——桂林山水和"刘三姐"的传说进行巧妙的嫁接和有机的融合，让阳朔风光与人文景观交相辉映。演出立足于广西，与广西的音乐资源、自然风光、民俗风情完美地结合，看演出的同时，也看漓江人的生活。观众在观看演出之余，体验了壮美的桂林山水文化，也体验到了漓江人特有的生活。

图1.9 《印象·刘三姐》演出照片（3）

《印象·刘三姐》演出究其本质是一出结合城市景观、城市人文与城市形象的城市（区域）广告。与一般广告不同的是，它把目标受众一起放入了这个过程中，把广告的主题——"说什么"、广告的表现——"怎么说"以及体验的各个环节紧密结合，体现出中国式哲学天、地、人三合一的一种意境。与一般城市形象广告一样，《印象·刘三姐》一边述说着桂林风光人文，一边传递着这个城市和区域的精神价值和传统。但

图1.10　《印象·刘三姐》演出照片（4）

是它同时吸收纳入了每一位观众，并让他们心甘情愿为观看而付费。这样的基于体验环节并将其独立成为一种体验产品的新形式和新创意广告，彻底地颠覆了传统意义的广告要素，即付费人是确定的广告主，大众媒体是其主要手段等。

《印象·刘三姐》、星巴克等一系列成功案例和实践一方面也反映出这样一个事实：体验的设计水平反映着体验经济和体验管理的发展水平。外观体验设计、运作流程设计、管理流程设计都是体验设计的体现和主要任务。体验管理从关注企业员工的内部体验，到外部产品设计、改造以及落实 CIS 系统开始，从企业内部营销入手，来激发员工与顾客的生活与情境的感官认知，引起心理和意识的情感共鸣，引导思考过程，促进行动和关联行为的产生，从而达成购买产品和服务的目的，进而达到顾客满意度和购后意向的提升。因此体验管理的理念，在某种程度上相当于以往对顾客购买过程的引导和管理，当然这具体反映在了沟通方式、沟通频率、沟通深度、卖场氛围，以及售前、售中、售后资源投放量等营销广告管理的工作上。

本章小结

体验经济下，体验广告在与消费者的沟通和互动中，不但牢牢地抓住了消费者的"眼球"，而且，它提供给人们值得回味的情境，淡化广告的功利色彩，避免受众对广告的反感，让深陷体验愉悦之中的受众不知不觉中认同广告中的商品、服务和观念。

体验式广告从传统的广告以产品功能或服务质量为主要诉求点，转变为以消费者体验为主要诉求点，通过将无形的、不能直接被感觉或触摸的广告体验进行有形展示，用一些可视可听的、与体验有关的实物因素帮助消费者正确地理解、评价体验；通过营造某种戏剧性的情节和相应的环境氛围来表现体验过程，从而激起消费者的需求和欲望；通过夸张的艺术手法的运用来获得受众的注意和认同；通过给受众留下充分的想象空间，凸显其非常个性化的体验感受，引发消费者对品牌的忠诚与热爱。

思考题

1. 请谈谈对体验经济的理解，以及体验经济对管理职能与流程的影响。

2. 体验经济下，广告中体验的维度有哪些？现实中有哪些例子（请指出并描绘你所见到的体验式广告）？

3. 试论述体验式广告产生的经济背景。

4. 结合本章内容和相关文献，请谈谈未来的体验式广告会有哪些创新。为什么？

2 广告管理概论

本章提要：

在如今的社会中，广告已成为人们日常生活中不可缺少的部分，其活动涉及社会、经济和文化等各个方面，在企业销售、经济发展和社会进步的进程中所发挥的作用越来越大。因而，如何管理其活动的理论和实践问题也被提上议事日程。任何学科的基本概念体系均是构建学科理论大厦的基石，本章将对广告的基本概念、广告发展史及广告管理的基本理论进行阐述。

2.1 广告的定义与职能

如今，广告及广告活动已经是一种既普遍又时尚、流行的现象，然而"广告"一词却令目前国内外广告学界和业界无法给出一个完全统一的、为人们所公认的解释。广告种类繁多，既有共性又有差异性，加之广告活动的丰富性、多样性以及人们认识上的见仁见智，所以对广告学理论研究的起点——广告，出现了不同的定义。

2.1.1 广告定义的演进

伴随着商品经济的产生和发展，广告活动也日趋成熟和完善。在这一过程中，广告的内涵和外延也显示了一个演变的过程。

资料显示，"广告"一词源于拉丁文"Adverture"，意为"引起注意，进行诱导"，后在英文中演变为"Advertise"，其含义则为"某人注意到某事"。随着资本主义工商业的日益发达，广告的动态意义"Advertising"开始被广泛使用。事实上，最初"Advertise"的名词"Advertisement"只是对17世纪开始在报纸上出现的告知货物船只信息以及经济行情等广告内容的称呼。而如今，该词的含义越来越丰富，除了最常用的"广告"之意外，亦有"广告业"、"广告学"等意思。

20世纪50年代以来，随着第三次科技革命的产生和发展，市场竞争日趋激烈，信息传播更加流畅，广告的作用又进一步被认识。当代，在以高科技、信息、网络和知识为其重要构成部分和主要增长动力的新经济背景下，广告是企业、部门机构、协会等向社会进行全方位信息交流的重要方式，即以沟通为目的，向目标消费者进行告知、诱导和说服，促成购买。

由此可见，现代广告的含义及其内涵、外延更加丰富。这些使其与传统的广告含义有了很大的不同。广告在企业活动中的地位和作用，广告该如何传播和表现，以及广告经营内容和运作体制等一系列广告管理问题都需要用新的眼光来看待，用新的观念来认知。

2.1.2　广告的定义

对广告定义的演变的认识有助于我们对广告定义的理解。

广告有广义和狭义之别。广义的广告是指所有的广告活动，凡是沟通信息和促进认知的传播活动均包含在内。而狭义的广告是指商业广告，这也是传统的广告学的主要研究对象。国内外广告学界和业界对其进行定义，并探究其规律特性。本书如无特别说明，均以商业广告为研究对象。

现就从六个方面归纳有代表性的广告定义，如表 2.1 所示：

表 2.1　　　　　　　　　　　　　广告定义一览表①

机构或学者	广告者	广告对象	广告内容	广告目的	广告提示方式	其他
美国市场营销协会（AMA）	明确的广告主	—	观念、商品、服务	—	非人际传播，提示及促进	付费形式
《广告时代》杂志	广告主	—	人、商品、服务、运动	对销售、产品用途、投票、社会意识带来影响	被印刷、书写、讲述、描绘的提示	自费形式
美国广告委员会	明确的广告主	—	观念、商品、服务	根据广告主的意图来行动	非人际传播形态的信息传播	付费形式
《哈佛大学企业管理百科全书》	广告主	视听大众	观念、商品、服务	付费广告主的利益	寻求说服消费者的理由	—
日本广告行业协会（JAAA）	明确表示出的信息发送方	想要呼吁（诉求）的对象	信息	—	—	有偿
A. R. Oxenfeldt, C. Swan	明确的广告主（卖方）	买方	—	说明性的（传播）	非人际传播、大众媒体、推销员身份	付费
A. W. Frey	信息中广告主被明确并公开地提示	—	商品、品牌、服务、制度、观念	告知人们左栏内容，使他们对此抱有好感	视觉和听觉的信息	付费
C. A. Kirk Patrick	—	买方	—	期望利益最大化，对买方进行说服	信息的大众传播	—

----

① 清水公一．广告理论与战略［M］．胡晓云，朱磊，张妲，译．北京：北京大学出版社，2005：5.

表2.1(续)

机构或学者	广告者	广告对象	广告内容	广告目的	广告提示方式	其他
Charles J. Dirksen	—	消费者	对消费者有意义的商品、服务的质量或特征及其观念	传达有关专题内容,说服众多消费者,使他们深信自己的支出是合理的。对广告主来说必须是有利可图的或有价值的	传达信息	—
C. H. Sandage, V. Fryburger 和 K. Rotzoll	广告主明示	—	—	说服性传播	非人际传播形态的信息传播	付费
D. Cohen	—	—	—	为实现企业目标而开发商品需求,树立企业形象,给予消费者满足,开发社会经济福利	通过大众媒体进行说服性传播	企业管理下的商业活动
D. Watson, A. M. Barban	企业、非营利机关、个人	—	—	告知并说服	利用各种媒体进行非人际传播形态的信息传播	付费
Maurice, I. Mandel	广告主明示	—	观念、商品、服务	为其促销	非人际传播形态的信息传播	付费
N. H. Borden	广告主明示	被选择的大众	观念、商品、服务	告知商品服务信息,影响消费者购买;使其对广告主的观念、人物、商标、制度等抱有好感	视、听觉提示	付费
R. H. Colley	—	—	—	传达信息,培养对广告主有利的态度,同时引发其购买行为	大众传播	付费

表2.1(续)

机构或学者	广告者	广告对象	广告内容	广告目的	广告提示方式	其他
R. V. Zacher	—	—	观念、商品、服务	商品、服务等销售活动,好感的形成	直接的,对人接触以外的信息传达	付费
《新型广告》小林太三郎	广告客户	特定对象	商品、服务、意图(想法、方针、意见)	满足消费者的需求,并起到创造社会经济效益的作用	媒体实现信息传播	—

"广告——广告学理论研究的起点,虽然拥有如此多的定义,但是,这些对广告的定义均是特定历史时期的产物,至少可以为我们提供关于广告的历史性认识和认识的历时性。进而言之,不同的广告定义,往往都有其独特的视角,都能为我们提供某种独特的思考。"① 在对上面众多广告定义的梳理过程中,我们总结出,广告是一种特殊的信息传播活动,这种传播活动要有利于企业实现自己的营销目标,要为企业的经营服务,并且是企业诸多营销传播工具中的一种。

2.1.3 广告的影响和作用

由广告定义可知,广告是一种信息传播活动。概括而言,广告的基本职能就是通过传播媒体向消费者传递有关商品、劳务、观念等方面的信息,以促进商品的销售。

2.1.3.1 沟通信息,发挥告知、劝服和诱导功能,促进商品销售

伴随着商品经济的繁荣,广告活动逐步兴起,并在供过于求的问题越来越突出的新经济时代下,发展日趋兴盛。

如今的市场上,商品无论是数量、质量,还是种类等各个方面都达到了空前丰富的程度,加之消费者需要的商品日益多样化和个性化,这些均对企业加强与消费者的信息交流提出了更高的要求。作为企业诸多营销传播工具中的一种,广告为企业面向社会、面向消费者交流信息提供了重要的手段和方式,通过广告活动向社会目标消费者传递有关商品、劳务、观念等方面的信息,并使其对商品、劳务、观念等抱有好感,从而发挥广告的告知、劝服和诱导功能,最终实现促进销售的企业目标。如今,广告管理工作已成为企业整体营销策略工作的重要部分,其必要性和重要性可见一斑。

2.1.3.2 激发竞争,发挥经济功能,推动企业发展

竞争是商品经济的产物,是企业得以生存和发展的原动力。市场竞争是一种较量,广告能使竞争的声势得到增强,通过向消费者提供商品的可选择性、比较性来激发企业的竞争活力。

---

① 张金海,姚曦. 广告学教程 [M]. 上海:上海人民出版社,2003:6.

广告对商品和服务的价格的影响是毋庸置疑的。"广告的实施，带来的是节省的效果。在销售方面，它使资金周转加速，因而使得零售价得以降低而不致影响零售商人的利润；在生产方面，这是使大规模生产得以实现的一种因素。谁又能不承认大生产导致成本下降呢?"① 只要能获得目标消费者的认知和满意，商品就能顺利售出，市场占有率就能得到提高，从而实现企业的利润目标，因此企业进行大量的广告投入是必不可少的。在此过程中，企业又得到了扩大再生产的资金，进而推动企业的发展。

但值得注意的是，以上观点仅仅是"信息观点学派"的立场，他们认为：广告可以使做广告的企业比不做广告的企业更快地达到生产和分销的规模经济，并且广告可以降低消费者的成本。而"市场力量学派"则与之对立，他们主张广告就是一种花费，广告主必然通过提高价格来弥补广告成本。从根本上讲，消费者最终承担了广告成本。② 广告对企业发展所发挥的经济功能在我国部分企业中的认识还比较模糊，但广告在开拓市场、创造经济效益、为企业经营开辟良好的发展前景方面，作用不可忽视和低估。

2.1.3.3 引导消费，发挥媒体传播功能，丰富消费文化生活

现实中，生产者的产品和服务与消费者的购买和消费在时间上、空间上都存在一定距离。广告作为一种信息传播手段，要充分发挥媒体的传播功能，缩短这种距离，即通过沟通对消费者的需求进行强化，促使消费者产生消费动机和购买欲望，采取购买行动，进而引导消费。

如今，广告也是创造流行、提倡和推动新的文明生活方式的重要渠道。广告在制造自己的产品——永不满足、急躁不安、充满渴望而又感到厌烦的消费者。广告宣传产品的功能，不如它促使人们把消费作为一种生活方式的作用大。③ 一种新的产品进入市场，一种新的消费方式出现，一经广告的推广传播，即会被消费者学习、效仿、接受，从而使消费文化生活得以丰富。

在现今社会文化大背景下，广告在作为营销工具的根本而存在的同时，还应承担一定的社会文化责任，如促进大众传播媒体等社会文化事业的发展等。

2.2 广告的历史演变

在初步了解了广告的基本概念后，你会认识到广告作为一种信息传播方式，是为了适应人类信息交流的需要而产生的，在漫漫历史长河中，经历了一个悠长的历史演进过程。广告实践作为一种特殊的社会文化现象，是人类文化和社会运动的一部分。中国传统文化有关宣传的经验逐渐为我们所觅得和认知，国际社会中现代广告的先进

---

① 大卫·奥格威在《一个广告人的自白》中引用利弗兄弟公司前董事长海沃斯勋爵之语。
② 丁俊杰. 现代广告通论——对广告运作原理的重新审视 [M]. 北京：中国物价出版社，1997：139-140.
③ 米切尔·舒德森. 广告，艰难的说服——广告对美国社会影响的不确定性 [M]. 陈安全，译. 北京：华夏出版社，2003：3-7.

技术和方法开始为我们所鉴赏和吸收。研究广告历史的发展，有助于我们完善广告发展的历史机制，使广告活动在新经济的大潮中无间歇，并随时代的发展能够上一个新台阶。

2.2.1 我国广告的历史演进

2.2.1.1 古代广告的产生与发展（第一次鸦片战争前）

（1）古代广告的历史演进和发展。在第一次鸦片战争前漫长的数千年历史进程中，中国古代社会由于生产力还十分落后，占主导地位的经济形态始终是自给自足的闭锁性小农经济，现代意义上的商品经济很不发达。直至明朝末年才显现和萌生资本主义性质的商品经济，但仍遭到封建小农经济的排挤。在这种社会格局下，广告意识的形成和广告实践的展开，还只能说是封建大网下的一种躁动，其演进的速度是异常缓慢的。不过，在一些经济相对发达的地区，古代社会也曾出现过相当规模的商品集散地，彼此间的贸易活动也相当活跃和频繁。起始是物物交换，在这种朴素、简单的经济活动过程中，人们渐渐近乎本能地认识到广告宣传的价值及重要性。另外，在古代社会的政治领域，一些统治者为了笼络民心，维持自己取得的阶级利益和社会统治秩序，也借助一些宣传活动"弱其志"，"常使民无知无欲，使夫智者不敢为也，为无为，则无不治"（《道德经》），达到维系人心、巩固地位的目的。因此，这种怀着深刻的"一己之私"的广告宣传也广泛见诸政治史料之中。但是，古代社会的人们由于受构筑在特定时代背景的认识水平的局限，也只能自发地、朴素地开展广告宣传活动，这是一种经验式的探索，不能从真正意义上科学把握广告宣传实践的内在规律，也不可能具有自觉地开展广告宣传的思想观念。

早在殷商时期（即原始社会末期、奴隶社会初期）就已出现了朴素的、萌芽性的广告宣传活动。《史记》记载："自黄帝至舜、禹皆同姓而异其国号，以章明德。"他们更换"国号"，借助"国号"阐明统治者治国安邦之策，扩大自己的影响，是一种政治性宣传活动。就广告形式而言，当时的广告宣传主要有两种，即口头广告和实物广告。所谓口头广告就是通过人的叫卖声实现广告宣传的目的，因此又称叫卖广告。实物广告则通过产品的展示来传递信息。因此，我国最古老的广告形式就是叫卖和陈列等销售现场广告。由于当时社会的限制，无论是口头广告还是实物广告都只是限制在小范围内的信息传递，广告宣传效力极为有限。但是，它们作为最原始的广告形式，时至今日，仍然是我们开展广告宣传的基本形式之一。

进入奴隶社会后，"原始共产主义"的精神和方式被瓦解，社会生产力获得了历史性的发展，也使得广告活动的领域得以突破，广告媒介或形式也日趋丰富。除口头广告和实物广告外，人们还利用刻碑、悬旗等形式传递广告信息。那时一些商店为了吸引顾客，经常在门前悬挂象征性的物品，如酒店挂酒旗、药店挂葫芦等。随着广告活动的日益增多，人们不仅经常发现新的广告宣传形式，而且已经开始利用人的心理活动规律开展广告宣传。例如，《战国策·燕二》记载的伯乐相马典故就说明：同是一匹马，开始无人问津，伯乐前来观看之后，原来两天都未能售出的马居然立刻以上涨几倍的价格卖掉了。这则寓言故事告诉我们，古人已经模糊地意识到了"专家效应"，能够利用人的心理反差增强广告宣传的影响力。

秦汉时代，历经春秋战国的纷乱与聚合，政治领域内的宣传活动在说客舌战巧说宁息之后，逐渐规范与完善。例如秦始皇为了昭显功绩，巡游郡县时，上泰山，刻碑立石①。在这则碑文中，秦始皇不仅充分利用了碑文长久的持续效能，而且在内容组织方面也堪称典范，既述功绩，又颁训令，善治社稷、国泰民安的形象跃然字里行间。这再次表明，随着时代的发展和实践的丰富，人们简朴的广告宣传认识在逐渐深化。

进入唐朝以后，随着商业和服务业的繁荣与兴旺，同行业或各行业之间的竞争日益激烈，商店普遍开展了广告宣传。广告宣传之盛况在《清明上河图》中可见一斑——酒楼茶肆之处均有广告以招徕来往过客，各式商人叫卖不断，仅东门附近十字路口，各家商店设置的招牌、横匾、竖标就达30多处，招牌图文并茂，不仅写明店铺字号，还以图像显示其经营特色。这些都说明广告实践在那时比较发达的商业氛围下获得了巨大的发展，并为我们留下了许多至今仍有借鉴意义的历史经验。

宋朝的印刷术发明给广告的发展注入了新的活力。北宋时期人们即开始制作印刷广告。现在我们已经发现了当时印有店主、刻工和书坊名称的印刷广告。

明清时期，雕版印刷术的出现使得古代广告又得到进一步的发展。特别是在清朝，民间木版年画颇为流行，逢年过节，家家户户张贴于家门室内，增添喜庆气氛。于是许多商人用这种木版印刷品作商品包装，深得人们的喜爱。从广告效果来分析，这种做法既是包装，同时又是宣传的形式，具有一举两得之功效。可见，随着科学技术的发展，人们自发运用各种物质技术条件做广告宣传的认识也逐步得到了提高。

（2）古代广告现象的表现形式。整个封建社会时期，就广告形式而言，除了口头广告和实物广告外，还有以下几种广告形式：

①招牌广告。招牌广告作为一种广告形式，横跨唐、宋、元、明、清五个朝代，是封建社会重要的商业宣传手段，十分盛行。每个店铺都会为其起一个吉祥如意的名称，并把这一名称制成匾额高悬于大门之上，成为店铺的主要标志，这就是招牌广告。

②楹联广告。这是从招牌广告中演化而来的新的广告形式。一些茶楼、酒家、理发店、旅店等，请一些文人雅士（即现代社会的所谓"名人"）撰写出带有商业宣传性质的对联，悬挂于店门或店堂。这种广告讲究广告词文字和谐对称，音韵朗朗上口，美学意境如诗如画，不仅发挥宣传效能，亦有招徕顾客之用，且还能给人们以美的享受，因而受到人们的喜爱。

③灯笼广告。中国古代的酒楼、客栈等喜欢用灯笼做广告，各式各样的灯笼造型十分考究，又标有文字，晚间点烛放亮，因此能昼夜发挥其广告作用。

④旗帜广告。旗帜广告主要用于酒栈，又可称为酒旗广告。起初，酒旗用青白二色布制作，周围是锯齿状的长条旗子或三角形旗子，后来发展到五颜六色的五彩酒旗，还绣上图案或符号，并以灯笼做幌子。这是我国古代广告中较为普遍运用的一种形式。

⑤印刷广告。随着印刷业的发展，中国古代出现了印刷广告。尤其是明代中期以

---

① 节选自《史记·秦始皇本纪》。

后，一些印坊在书中直接刊印宣传文字，以推销刊本。例如，1498 年刊本的《奇妙注释西厢记》，在其书尾就刊印了广告："依经书重写绘图，参订编次大字本，唱与图合……得此一览始终，歌唱了然，爽人心意。"总而言之，广告形式的总体发展趋势是：口头广告或实物广告发展到店铺广告，进而发展到印刷广告。其对古代商业活动发挥的作用也越来越大。

尽管如此，在我国古代漫长的历史长河中，由于整个社会经济从根本上仍然处在自给自足的封建小农经济，社会生活结构呈封闭状态，商品经济尚处于萌芽状态，因而广告格局大体呈政治广告、社会广告和商品广告并驾齐驱态势，并没有表现出广告科学意义上的新奇与独特，广告功效依然薄弱，没有得到长足的发展。

2.2.1.2 中国近现代广告的发展（鸦片战争爆发至新中国建立）

鸦片战争爆发，帝国主义用炮舰打开了中国市场，使中国成为半殖民地半封建的社会。在获得中国这个广阔的市场的同时，他们大举进行资本输出，在一定程度上推动了我国商品经济的发展，也为广告产业的发展提供了必要的经济基础。

我国近代广告以近现代报纸广告为主要特征。最早刊登广告的中文刊物是 1853 年由英国传教士在香港地区创办的《遐迩贯珍》月刊。该刊是香港地区第一家中文杂志，以刊登香港地区和内地新闻为主要内容，也刊登些商业信息和航运消息。同时，该刊还专设"布告篇"专栏，以提供商业信息、船期货价和各种商品广告，是我国刊物中最早出现的广告专栏。而中国创刊最早的商业化中文报纸，当属 1858 年创办的《香港船头货价纸》，其将提供商业信息、船期货价和各种商品广告作为主要内容。1864 年该报易名为《香港中外新报》，后又更名为《中外新报》，并发展为日版，将广告作为其主要收入来源，每期的广告面积约占全部版面的 2/3。伴随着报刊广告的迅速发展，广告代理业开始在我国出现，广告主和广告经营者逐渐分开。同时，以报馆广告代理人和版面买卖人的形式出现的广告代理商，后来则演变为各类广告社和广告公司。

我国的广告学研究始于 20 世纪 20 年代。最初，广告的知识是在新闻学课程中讲授的，后来逐渐独立为一门新的学科。1920—1925 年，我国的一些著名大学，如上海圣约翰大学、厦门大学、上海南方大学、北京平民大学及燕京大学相继开设了广告学课程。对我国广告学研究作出重要贡献的第一位学者是徐宝璜。他在 1919 年 12 月出版的《新闻学》一书中专辟"新闻之广告"一章，论述了广告学的基本知识。1927 年，著名学者戈公振在《中国报学史》（商务印书馆出版）中从不同角度探讨了广告问题，进一步推动了我国广告学研究的开展。① 同时，一批有关广告的书籍也相继出版，如甘永龙编译的《广告须知》（商务印书馆，1918 年 6 月版）、蒋裕泉的《实用广告学》（商务印书馆，1926 年版）等。1946 年，吴铁声正式出版了《广告学》一书，内容多达 30 万字。

在这一阶段，广告业虽得到了一定的发展，但始终受到帝国主义的控制和盘剥。对于处在战乱和国内国际复杂多变的政治经济环境中的中国近现代广告业来说，还是

---

① 徐卫华. 新广告学［M］. 长沙：湖南师范大学出版社，2007：12.

缺乏稳定发展的外部条件土壤。

2.2.1.3　中国当代的广告业发展（新中国成立至今）

中华人民共和国成立 60 多年来，我国的广告事业经历了一个曲折发展的过程。

（1）改革开放前的广告业

新中国建立初期，成立了工商行政管理局。在广告业比较集中的上海、天津和重庆等地，成立了相应的广告管理机构，并在全国相继成立了广告行业同业公会，对广告行业进行了整顿，发布了一批地方性的广告管理办法，解散了一批经营作风不正、业务混乱、濒临破产的广告社。在这一段时间里，报纸、杂志、电台、路牌的商业广告业务依然很活跃，还举办过几次全国性展览会和国际博览会。

1953 年，我国实行第一个五年计划并开展了对资本主义工商业的社会主义改造。在流通领域实行计划收购、计划供应和统购包销的政策，使广告公司的业务量骤减。同时，广告公司进行了大规模的改组，建立了国营广告公司。在当时，做广告的企业已经很少，报纸广告版面减少，一些城市的商业电台被取消，广播广告日益萎缩。

1958 年"大跃进"开始，广告业严重受挫。1962 年党中央提出"调整、巩固、充实、提高"八字方针，广告事业又有了一定的恢复和发展。

1966—1976 年，"文化大革命"时期，广告被视为"封""资""修"和崇洋媚外的产物而被打倒，广告活动基本处于停顿状态。

（2）改革开放后的广告业

1978 年 12 月，党中央召开了十一届三中全会，宣布全党把工作重心转移到经济建设上来，广告事业也随之出现了前所未有的发展局面，各地的广播、电视和报纸相继恢复广告业务，广告公司也相继成立。1979 年 1 月 4 日，《天津日报》第三版刊登蓝天牙膏等广告，拉开了报纸广告的序幕；1 月 28 日，上海电视台播出中国内地电视上第一条商业广告——上海药材公司的参桂补酒；3 月 15 日，上海人民广播电台播发了春雷药性发乳商业广告，在全国广播电台中第一个恢复广告业务；3 月 18 日，上海电视台又播出第一条外商广告——瑞士雷达表；4 月 15 日，广东电视台正式开设"广告节目"。①

在法规建设方面，1982 年 5 月 1 日起施行的《广告管理暂行条例》是新中国成立以来第一个完整的广告管理法规；1987 年 12 月 1 日，国务院命令全国施行新颁布的《广告管理条例》；1994 年 10 月，第八届全国人民代表大会常务委员会第十次会议通过了《中华人民共和国广告法》（下称《广告法》），1995 年 2 月 1 日正式实施。各种广告法规的颁布，为促进我国广告业的健康发展、保护消费者合理权益、维护社会主义市场经济秩序提供了法律保障。

1981 年中国外贸广告协会成立。1983 年中国广告协会成立，该协会有力地推动了我国广告业的发展，特别是在对广告的认识、广告法规的建立及广告水平的提高等方面。广告公司从只能为客户提供简单的广告时间和版面买卖服务，逐渐转为以广告创

---

① 罗添. 中国现代广告 30 年成就回顾 ［N］. 北京商报，2008 - 12 - 22.

意为中心，以全面策划为主导，提供全方位的优质服务。我国广告业从微弱的、无序的、自发的状态，逐步步入初具规模的、有序的、规范的发展阶段。

在广告教育和人才培养方面，自 1984 年厦门大学新闻传播系和北京广播学院开办我国第一个广告学专业之后，各大院校都开设了广告专业或与广告有关的课程，各种广告大专班、函授大专班和高中级短期培训班也纷纷开办。出版界推出的广告新书越来越多，既有专论，也有系列丛书。外国广告论著译本也纷纷涌现。报刊方面，天津的《广告人》、重庆的《广告导报》等各有特点，很受读者欢迎。《中国广告》、《国际广告》、《现代广告》是中国最有影响的三大全国性专业广告杂志。

30 多年来，我国广告业取得了巨大成就。据国家统计局统计，2005 年我国广告经营单位已增至 12.54 万家，广告从业人员 94.04 万人，广告营业额达 1 416.35 亿元，占国民生产总值的 0.79%，人均广告费达 108 元。1981—2005 年，全国的广告营业总额、广告经营单位、广告从业人员分别增长了 1 200.30 倍、108.10 倍、58.19 倍。广告业如此迅猛增长，国际上都是没有出现的。

中国广告市场告别了 20 世纪 80 年代高速发展的成长期，步入 90 年代后进入低速发展的成熟期。自 20 世纪 90 年代中后期以来，我国广告业的发展呈现出以下特征：①广告主的市场营销费用在分流，广告费增长趋缓。在市场竞争越发激烈的情况下，市场营销的手段越来越多元化，过去主要投入在广告上的费用现在可能被公关、终端推广、业务咨询、互动营销等其他市场营销手段所分解。②媒体朝多元化方向发展，并不断分化。2005 年有广播电台 273 座，电视台 302 座，期刊 9 468 种，报纸 1 931 种。2005 年四大媒体广告经营额为 675 亿元，占广告经营单位营业总额的 47.7%（其中电视 25.1%、报纸 18.1%、广播 2.7%、杂志 1.8%），户外广告占 10.21%，网络广告占 2.19%。③绝大多数地区广告经营额增长，地区特点鲜明。2005 年，上海、广东、北京广告营业额分别为 266.5 亿元、234.6 亿元、223.1 亿元，在各地区中分列第一、二、三位。④广告投放的行业格局基本未变。药品、食品、房地产广告投放额多年来一直位居前三位，2005 年三行业广告投放额接近全部投放额的 30%。⑤广告业朝专业化的方向发展，广泛采用新技术，广告制作和发布质量明显提高。⑥广告行业内部竞争不断加剧，多种所有制成分并存，外商投资企业大幅增长。外资企业正在迅速成长为中国广告市场上的强势力量，并朝着集团化、规模化、垄断化的方向发展。

可以说我国现阶段广告业处于行业起飞阶段，广告公司面向国际化发展，本土和外资广告公司共争中国市场；媒介间的竞争白热化，并开始探索广告规模经营；中国的广告业表现出极强的增长势头。由此看来，我国广告业有着巨大的发展空间和潜力。

2.2.2 西方广告历史演进

我国广告是世界广告的一部分，我国广告业的充分发展离不开大的国际背景。从严格意义上讲，现代广告源于西方，是随着欧美资本主义的发展而发展起来的。西方广告业已经形成了比较严谨的理论体系和有效的科学模式。

2.2.2.1 以古希腊古罗马为代表的西方古代广告

公元前 8 世纪至公元前 6 世纪的雅典城，手工业、商业发达，使用奴隶劳动也最多，人们在贩卖奴隶时，不断发出吆喝声，由此出现叫卖广告。① 除了叫卖广告外，在形式上还有实物陈列、音响（敲锣打鼓）、文字图形、诗歌、商店招牌等。有一首五行诗形式的广告在当时颇为流行，它宣传一种化妆品。诗中写道："为了两眸晶莹，为了两腮绯红，为了人老珠不黄，也为了合理的价钱，每一个在行的女人都会购买埃斯克里斯普托制造的化妆品。"

公元前 6 世纪末，古罗马建立奴隶制共和国，古罗马在壁板即墙壁上留出的一块地方上写广告，是一种主要的广告形式，内容多是竞技场表演预告、寻找爱犬启事、补鞋匠广告等。12～13 世纪，当时地中海沿岸的威尼斯、热那亚、佛罗伦萨等城市，兴起工场手工业，各工场手工业都有特定的印章供其成员使用，以保证产品的规格和质量。

中世纪的欧洲，由于受封建君权专制和神权专制的压迫，商品经济的发展和我国一样，受到很大限制，广告始终停留在以传单、招贴、旗帜、招牌等为主的原始广告形态。

2.2.2.2 以英国和欧洲为代表的西方近代广告

15 世纪中叶，德国的古腾堡发明了铅活字印刷，这表明印刷传播时代的到来。② 利用铅活字印刷，西方各国的报业随之获得重大发展，印刷广告作为一种全新的广告形式出现在报纸上。1473 年英国人威廉·坎克斯顿第一个出版印刷了许多宣传宗教书籍的广告。1525 年，德国出现了第一张报纸广告，告知顾客在某店出售内服药。19 世纪巴黎出现了第一家广告公司。1622 年英国伦敦《每日新闻》刊出了一则出售书籍的广告。1704 年美国《波士顿新闻通讯》开始刊登各种商业性广告。18 世纪的美国，出现了大量商业广告，标志着广告活动的中心已由英国转向美国。

2.2.2.3 以美国为代表的西方现代广告

美国广告最早起源于沿街叫卖的小贩，类似于中国古代社会的"口头广告"形式。后来随着科学技术的发展，报纸、杂志、广播、电视成为美国四个主要的广告媒介体。③ 在美国，出现了报纸，便有了报纸广告。1629 年，北美出现第一份报纸，即《华尔街日报》的前身，它一问世，就刊登广告。到 17 世纪末，美国已有 900 多种报纸，大都刊登广告。从 1870 年到 1900 年的 30 年间，美国人口增加了 1 倍，其中城市人口增加了 2 倍，而报纸数量却增加了 3 倍，报纸每天的销售量增加了 6 倍。所以说，报纸广告在美国社会商品流通中起着重要作用。19 世纪后期，杂志大量增加，并加入了刊登广告的行列。到 1980 年，美国有全国性日报 1 750 余种、各种杂志 4 400 多种。1941 年美国开始出现电视广告，到 1976 年，美国已有 961 家电视台播放电视广告。1920 年美国正式开办了无线电广播，由一家公司播送新闻和广告节目。1976 年，美国拥有 8 144 座对国内广播的电台。报纸、杂志、广播、电视形成了一个高效率的广告信

---

① 袁米丽，李亚男. 现代广告学教程［M］. 长沙：中南工业大学出版社，1996：14.
② 和中孚，戴广忠. 广告学原理［M］. 北京：中国经济出版社，1991：17.
③ 何修猛. 现代广告学［M］. 上海：复旦大学出版社，1996：53－54.

息传播网络。19 世纪 40 年代，美国东部城市出现了广告公司的前身——广告代理商。这为现代广告代理业描出了基本模式。1910 年后，广告公司成为广告业的主要组成部分，现代广告模式逐步形成，这促使广告范围进一步扩大，广告营业额飞速增加。目前，美国的广告公司发展到 5 000 多家，遍及世界各地，从业人员达到 20 余万，形成了一支庞大的广告队伍。由此，美国广告业进入专业化阶段。

20 世纪是人类科学技术飞跃发展的时期，也是市场经济空前繁荣的时期。特别是第二次世界大战后，资本主义从自由竞争到垄断，从国内到国际，形成了国际性的跨国经营，全球性的经济格局已形成。在这一时期，科学技术、经济相互促进，并得到了迅速的发展，新发明、新创造不断涌现，新的广告媒体层出不穷，更趋多样化。1920 年美国出现了世界上第一座商业广播电台，1936 年世界上第一座电视台诞生于英国……电影广告、户外广告、霓虹灯广告、购物点广告、邮递广告等迅猛发展，20 世纪 90 年代，网络广告又迅速崛起，推动了广告业的快速增长。

随着广告公司的健全和发展，广告业务的范围不断扩大。广告公司摆脱了媒体掮客的角色，深深地融入企业的成长、经济的发展中，成为现代信息产业的重要组成部分。这时的企业面对日益激烈的竞争，更加注重广告策略的运用，许多专业的调查机构应运而生。许多大型广告公司开始走上国际化的发展道路，广告公司出现集中化趋势，跨国企业和跨国广告公司的大量涌现导致世界性广告形式的产生，各种行业性组织纷纷成立。

20 世纪以来，现代广告为适应现代营销的发展，经历了一系列发展过程，有二三十年代的理性诉求与情感诉求时代、四五十年代的独特销售主张（USP）时代、五六十年代的创意革命时代，还有始于 60 年代的品牌时代、始于 70 年代的定位时代、80 年代的企业形象识别体系（CIS）时代，直至 90 年代的整合营销传播时代，广告学的研究有了空前的飞跃。研究者们不再囿于单一的经济学、市场学视野，而是从社会、文化、政治、伦理、心理、科技、传播等社会科学和统计学、预测学、电子学、声学、光学等自然科学多角度地对广告进行全方位研究，使广告学的发展进入一个更高深、更广泛、更完美的境界。

现代广告活动的特点是：广告媒体的增加与立体化，无论从广告的覆盖范围还是广告的视听效果都大大地扩大和增强了；广告公司的专业水平与管理水平均大有改善，走向了国际化；各国政府通过立法等形式加强对广告业的管理，广告活动日益规范；广告理论研究进一步深入，广告学已成为一门独立的具有完整系统的综合学科。现代广告不断地运用现代理论和技术，推动广告活动朝着全方位、立体性、综合化的方向发展。①

要发展我国的广告事业，不仅需要认真总结我国漫长历史中的广告宣传活动的经验，挖掘其具有现实意义的理论价值，更要认识和考察分析外国广告的历史，引进和借鉴国外广告的技术和方法，建立中国广告事业发展所必需的国际机制，使之在与国际广告的互动过程中获得更好的发展。

---

① 田明华. 现代广告理论与实务 ［M］. 2 版. 北京：中国林业出版社，2007：23 - 24.

2.3 广告的分类

分类是一种社会科学研究方法。简而言之，分类是指用科学的方法从众多不确定的个体中抽出一部分确定的个体，并将其作为参考标准，来研究和观察其他事物。[①] 分类能够从不同的角度深化我们对概念的理解。在本书中，为了开展行之有效的广告策划活动，将以广告的营销与传播的性质来划分广告类别，这是一种更清晰、更有包容性的分类方法。[②] 作为营销的重要内容和手段，广告要服务于营销，因而按照不同的营销角度可将广告划分为不同类型，简单梳理如下：

2.3.1 按广告营销的发起目的划分

根据广告营销的发起目的的不同，可将广告划分为营利性广告和非营利性广告。

2.3.1.1 营利性广告

营利性广告又称商品广告，是以营利为目的、传达商业信息的广告。

2.3.1.2 非营利性广告

非营利性广告指不以营利为目的，旨在说服公众关注某一社会问题、公益事业或政治问题等内容的广告。也就是说，做广告的目的是着眼于陈述意见或免费服务而不是为了营利。其通常是宗教组织、慈善组织、政府部门、社会团体等非营利性组织的广告，比如政治宣传广告、社会公益广告、公民服务广告、社会教育广告以及寻人启事、人才招聘、征婚、挂失、求职等以启事形式发布的广告都属此类。

2.3.2 按广告营销的内容划分

根据广告营销内容的不同，可以将广告分为商业广告、劳务广告、企业广告、文化广告、社会广告、公益广告以及意见广告等。

2.3.2.1 商业广告

商业广告是以促进销售和营利为目的的广告，主要内容是推销商品或劳务，包括销售广告、形象广告、观念广告等为企业商业目的服务的一切形式的广告，它的最终目的是营利，故又称经济广告、营利性广告。

2.3.2.2 劳务广告

劳务广告（服务广告）是介绍商品化的劳务，促使消费者使用这些劳务的广告，如银行广告、保险广告、旅游广告、家电维修广告等。

---

① 埃米尔·迪尔凯姆. 社会学研究方法论［M］. 胡伟，译. 北京：华夏出版社，1988：63.

② 张金海，姚曦. 广告学教程［M］. 上海：上海人民出版社，2003：6－7.

2.3.2.3 企业广告

企业广告是为了树立企业形象、建立良好的公众信誉、提高企业知名度、引起消费者对企业的关注和好感、促使他们理解企业的价值观和文化所进行的广告。企业广告通常与企业的公关活动联系在一起，构成企业公关活动的一部分。

2.3.2.4 文化广告

文化广告以科学、文化、教育、体育、新闻出版、新书预告、文艺演出、影视节目预告为内容。

2.3.2.5 社会广告

社会广告以为社会大众提供小型服务为主要内容，以非营利为主，如招生、征婚、寻人、换房、支票挂失、对换工作等。

2.3.2.6 公益广告

公益广告（公共服务广告、公德广告）以反复呼吁公众注意某一社会性问题、抨击不道德行为、提倡新风尚为主要内容。

2.3.2.7 意见广告

意见广告是通过付费表达自己意见、不以营利为目的的广告。

2.3.3 按广告营销传播的媒体划分

按照广告营销传播的媒体不同，可将广告分为印刷媒介广告、电子媒介广告、户外媒介广告、邮寄广告以及交通工具广告等。

2.3.3.1 印刷媒介广告

印刷媒介广告是指刊登在印刷媒体上的广告，主要有报纸广告、杂志广告，还有以画册、海报、招贴、挂历等印刷方式制作的广告。这是极为常见的广告类型。

2.3.3.2 电子媒介广告

电子媒介广告是以电子媒介为媒体的广告，主要包括在电视、电影、广播以及电子显示屏等所做的广告。

2.3.3.3 户外媒介广告

户外媒介广告是利用户外各种媒介如路牌、霓虹灯、橱窗等做的广告。

2.3.3.4 邮寄广告

邮寄广告以特定的组织（人物）为诉求对象，把推销信、明信片、传单、产品目录等通过邮寄的途径传递出去，如学校常常收到的各种订书单。

2.3.3.5 交通工具广告

交通工具广告是指利用交通工具如汽车等所做的广告。

2.3.4　按广告营销的市场范围划分

根据广告营销的市场范围的不同，可以把广告分为国际性广告、全国性广告、区域性广告和地方性广告。

2.3.4.1　国际性广告

国际性广告又称全球广告，通常选择具有国际性影响力的广告媒介进行广告发布。随着全球经济一体化进程的加快及互联网在全球范围的普及，国际广告已成为国际市场竞争的重要手段并日益受到人们的重视。尤其对于逐渐融入全球经济的中国企业而言，为了参与国际市场竞争，广告的国际化将成为一种必然趋势。

2.3.4.2　全国性广告

全国性广告选择全国性的传播媒介，如报纸、杂志、电视和广播等发布广告，其目的是通过全国性广告激起国内消费者的普遍反响，产生对其产品的需求。

2.3.4.3　区域性广告

区域性广告选择区域性广告媒介，如省报、省电台、电视台等进行广告发布，其传播范围在一定的区域范围之内。此类广告多是为配合差异性市场营销策略而进行的。

2.3.4.4　地方性广告

此类广告的传播范围较之区域性广告更窄，市场覆盖范围更小。这类广告通常是选择地方性传播媒介，如地方报纸、路牌、霓虹灯等。此类广告主多为地方性企业，产品行销主要在地方范围内。这类广告的目的是促使人们使用地方性产品。

2.3.5　按广告营销的传播效果不同划分

如何评估广告营销的传播效果？L & S 模型[①]极具代表性。其认为广告传播效果一般会经历认知阶段、情感阶段和意动阶段，如图 2.1 所示：

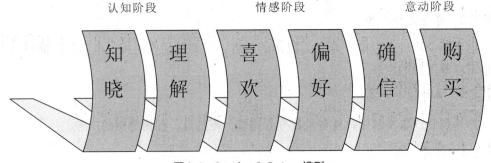

认知阶段　　　　　情感阶段　　　　　意动阶段

知晓　理解　喜欢　偏好　确信　购买

图 2.1　Lavidge & Steiner 模型

---

① 该模型由 Lavidge 和 Steiner 提出，因此被称为 Lavidge & Steiner 模型，简称 L & S 模型。

2.3.5.1 认知阶段广告

认知阶段广告通过向消费者介绍或展示商品的优异质量、优异性能以及使用本产品会给消费者带来什么好处等，让消费者用理智去权衡利弊、听从劝导并由此采取购买行动。

2.3.5.2 情感阶段广告

情感阶段广告以人们的喜、怒、哀、乐等情绪和道德感、群体感、美感等情感为基础，诱发消费者的感情，使消费者受情绪的影响和支配而产生购买行动。

2.3.5.3 意动阶段广告

意动阶段广告是通过说服消费者确信产品带来的利益点，并最终产生相应行动的广告。该阶段广告往往显示出一定的促销色彩，利用一些优惠政策或鼓励手段，推动消费者形成消费意图和消费行为。

要将广告完全分类是不可能的，也没有必要。分类不是目的而是方法，它只是为我们提供一种认识的途径，加深对事物的认知。

2.4 广告管理的定义和范围

广告作为一种信息传播方式，是为适应人类信息交流的需要而产生的，是商品经济发展的一种特殊的社会文化现象。广告活动是一种市场行为，而市场具有滞后性等弱点，因此为保证广告传播活动能有序、健康地发展，需要广告管理。

2.4.1 广告管理的概念

广告管理的概念[①]有广义和狭义之分。广义的广告管理是指国家、社会和广告业对广告的组织、指导、管理和监督；狭义的广告管理则是专指国家对广告宣传和广告经营活动的管理、调控、监督和指导。

在国家、社会和广告业对广告的管理活动中，国家起着重要的作用，可以说是一种硬管理；而广告业对广告的管理则主要是行业的一种内部自我约束和管理；社会（主要指广大消费者）对广告的管理则主要是起监督的作用。这三个方面虽然各自所起的作用不同，但是缺一不可，是组成广告管理的一个有机保障体系。

2.4.2 广告管理的意义

广告管理是伴随着广告业的发展、广告活动的进步而产生并逐渐完善的。加强广告管理，对广告业本身、经济发展以及社会文明等方面均有重要意义。

---

① 杨建华. 广告学原理［M］. 广州：暨南大学出版社，1999：357.

2.4.2.1　广告管理是惩治违法广告行为、杜绝虚假广告、规范广告活动的重要措施

广告是一项涉及面广的综合性活动，直接关系到广告主、广告经营者、广告发布者和消费者的利益，也关系到社会公众的利益。如果没有强制性的广告管理，在广告市场还没健全的状况下，就会出现各种各样的违法广告行为，从而损害各个广告市场主体尤其是消费者和社会公众的利益，所以世界各国都实施行政上的广告管理，也即通过国家、广告业和民间对广告实行严格的监督，杜绝违法广告行为的发生。对违法广告行为，尤其是虚假广告，一经发现，即给予严肃的惩处，从而保证广告主、广告经营者、广告发布者和消费者在广告活动中的正当权益，使得广告管理起到净化广告运行环境、保证广告业健康发展的作用。

2.4.2.2　广告管理是维护广告信誉、保障广告健康发展的重要手段

广告是以传递信息来达到广告主的目的的，但是，由于某些广告主、广告媒体和广告经营者出于自身利益的需要，发布虚假广告，诱导消费者，使其上当受骗，从而产生对所有广告的不信任，最终会形成整个社会对整体广告的信任危机，从而危及广告业的发展。广告管理通过国家、广告业和社会三个方面对违法广告行为进行惩罚、约束和监督，维护和保证广告业健康发展，促使广告发挥它在社会经济和人民生活方面的重要作用，并推动和促进我国社会主义精神文明的发展。

2.4.2.3　广告管理是维护消费者利益的重要保障

消费者的正当权益是受到法律保护的，而消费者权益当中首要的一条就是有知道有关企业、商品和服务的真实信息的知情权。广告是传播信息的重要手段，但是，如果传播的信息是不真实的、虚假的和扭曲的，根据这些不真实信息作出决策，并采取购买行动的消费者的生命财产、身心健康等利益就会受到损害。广告管理，对由于虚假广告给消费者利益带来损害的，责令其赔偿，对已经触犯刑法的，追究其法律责任，从而切实保证消费者的合法利益，维护广告业的信誉。

2.4.3　广告管理的特征

2.4.3.1　全面综合性

广告管理的对象是在国家行政管辖区域内的所有广告活动和从事这些广告活动的当事人，无论其具有什么身份、背景、国别，无论是广告主、广告经营者、广告发布者，也无论是暂时性广告活动还是经常性广告活动，全部属于管理的对象。这是由广告活动运用多种媒体、广告内容日益广泛所决定的。因而，在实施广告管理时，需要有关部门密切配合、相互协调才能达到确保广告业健康有序发展的目的。

2.4.3.2　复杂多样性

广告活动牵涉面广，其管理对象的类型、目的、活动手段、活动方式和活动区域错综复杂，所以，国家对广告的管理是相当复杂的。其既要保护消费者和社会公众的利益，又要处理好广告主、广告经营者、广告发布者之间的关系并维护其正当权益。

广告管理要适应该特征，并运用多种手段和方式加强管理。

2.4.3.3 强制性

国家对广告的管理作为国家经济管理和信息传播管理的一部分，是由广告管理部门依法管理，并具有强制性，任何从事广告活动的个人或组织，都必须接受管理。广告法规同其他法律法规制度一样是国家意志的具体表现，是由国家强制保障执行的，对所有广告活动及其当事人都具有普遍的约束力。国家对违反广告法规和其他法规的广告活动及其当事人，可采取强制手段改正其违法行为，并追究其应负的法律责任，以维护广告活动的正常秩序，保护广告活动健康发展。

2.4.4 广告管理的内容范围

广告管理的内容范围大致可分为以下几个方面[①]：

2.4.4.1 对广告主的管理

广告主是指为推销商品或者提供服务，自行或者委托他人设计、制作、发布广告的法人、其他经济组织或者个人。

广告管理机关对广告主的行为实施管理，主要包括：

（1）广告主自行或者委托他人设计、发布广告所推销的商品或服务，应当符合广告主的经营范围，超出经营范围的广告，是法律所不允许的。

（2）广告主发布的广告不得含有虚假的内容，不得欺骗和诱导消费者。

（3）广告主设计、制作、发布广告，应当具有或者提供真实、合法、有效的证明文件。

（4）广告主委托广告业务应与代理人依法订立书面合同，明确各方的权利和义务。

（5）广告主应当合理编制广告预算，支付广告费要用统一发票，广告费应支付给单位而不能支付给个人。

2.4.4.2 对广告经营者的管理

广告经营者是指受委托提供广告设计、制作、代理服务的法人、其他经济组织或者个人。在我国，一切广告经营单位必须按照广告法律法规申请登记，并经广告登记主管机关核准，登记注册，方可承办广告业务。申请登记的一般程序为：申请、审查、核准发证。

（1）申请。申请是由单位负责人向工商行政管理部门提出筹建广告公司的书面申请报告，并提交有关文件，如：政府主管部门的批准文件；财政部门、银行或主管部门出具的资信证明；公司章程及经营范围；各类广告的收费标准；公司主要负责人的身份证明及从业人员的花名册等。

（2）审查。审查是对申请登记的内容及其提交的文件的真实性和合法性进行全面的检查和核对。审查应逐级进行。首先由受理广告经营申请的机关进行初审，对条件

---

① 根据《中华人民共和国广告法》整理。

不具备或材料不完整的或未说明的事项要通知申请单位完备条件、补充材料。初审合格后，报上级工商行政管理部门审查，直至有审批权的工商行政管理部门进行最后审查。

（3）核准发证。登记审查人员对登记注册的内容、文件、证件等经过核实审查后，签署是否核准的结论性意见，报有关领导审批后记录在案。对核准登记的申请单位，分别发"营业执照"或"广告经营许可证"、"临时经营广告许可证"，并及时通知其法定代表人领取证照，办理法定代表人签字备案手续。

广告经营者经核准登记后就具有了独立的权利主体资格，可以在核准的经营范围内从事广告经营活动。任何个人、机关、组织都不得对其活动进行干涉。同时，广告经营者也应遵守广告法律。为规范广告经营者的行为，广告管理机关制定了广告代理、广告合同、广告审查、广告证明、广告业务档案等制度。

2.4.4.3 对广告发布者的管理

广告发布者是指为广告主或者广告主委托的广告经营者发布广告的法人或者其他经济组织。

广告发布者接受委托发布广告时，首先应依据法律、行政法规查验有关的证明文件，核实广告内容，审查广告表现形式；其次应向广告主、广告经营者公开自己发布广告的有效范围。这主要包括：

（1）提供媒介的覆盖率。媒介的覆盖率是指广告发布者发布某一广告在某一范围内占多大的比率，以便委托人决定是否委托。

（2）收视（听）率。收视（听）率是指电视或广播媒介某个栏目或节目的视听众人数比例。

（3）发行量。发行量是指报纸、杂志有多大的发行数量。

广告发布者向广告主、广告经营者提供的有关媒介覆盖率、收视（听）率、发行量等资料应当属实，应是经科学方法或是权威的统计部门统计得到的；否则，广告主和广告经营者有权要求其赔偿经济损失。

2.4.4.4 广告内容的审查

广告内容的审查，实际上是对广告真实性和合法性的审查。由于广告涉及面非常广泛，因此，一定要全面审查——既要审查广告内容和表现形式是否符合客观事实，又要审查广告是否符合广告管理规定。

（1）广告内容必须真实。真实是广告的生命，因此，广告宣传必须做到：

①广告的语言、文字、画面必须真实，不能夸大其辞或无中生有，也不宜使用含糊的、模棱两可的语言，广告宣传要做到清晰、明白、准确，能使人正确理解。

②广告中宣传的商品与实际销售的商品应完全一致。这关系到对产品或服务的实质性许诺，不能滥用艺术手段修饰，以免使广告和实际情况出现差异，给用户和消费者造成错误印象。

③广告中宣传的产品优点要与事实完全一致。在广告中应避免使用"一切"、"所有"、"全"、"极"等夸大性词语。

④广告中推荐使用的语言、形式，必须取得事实依据和有效证明。

⑤广告中表明推销商品、提供服务附带赠送礼品的，应当标明赠送的品种、质量。

⑥广告中涉及专利的产品或专利方法时，应当标明专利号和专利种类。未取得专利的，不得在广告中谎称取得了专利权。

⑦广告中使用的数据、统计资料、调查结果、文摘、引用语，应当真实、准确并标明出处。

（2）广告内容必须健康。广告是一种文化，对人的思想、道德品质、生活方式等具有潜移默化的作用。因此，广告宣传应符合我国民族文化传统和生活方式，要用健康、高雅、引人向上的内容和艺术表现形式陶冶人的情操，净化社会风气，不得使用有损于他人的语言，不能迎合庸俗的低级趣味，不得渲染不健康的情趣，广告文化应给人以美的享受。

（3）对广告内容的限制。广告内容有下列情形之一者，应禁止刊播、设置和张贴：

①使用中华人民共和国国旗、国徽、国歌的；

②使用国家机关和国家机关工作人员名义的；

③使用"国家级"、"最高级"、"最佳"等用语的；

④妨碍社会治安和危害人身、财产安全，损害社会公共利益的；

⑤妨碍社会公共秩序和违背社会良好风尚的；

⑥带有淫秽、迷信、恐怖、暴力、丑恶内容的；

⑦带有民族、种族、宗教、性别歧视内容的；

⑧妨害环境和自然资源保护的；

⑨贬低其他生产经营者的商品或者服务内容的；

⑩损害未成年人和残疾人身心健康的。

2.4.4.5　对广告费用的管理

广告活动是一种有偿的民事法律行为。广告经营者和广告发布者接受广告主的委托进行广告活动，都要收取一定的费用。

广告收费是广告成本费与发布费的总和，主要指为进行广告设计、制作、发布以及劳务活动而收取的费用。成本费是制作广告所耗费的物化劳动和活劳动而收取的费用；发布费则是根据广告媒介的经济效益、宣传面不同而收取的费用。

广告收费标准一般由广告经营者根据设计制作水平、广告效果，媒介的质量、数量等情况和国家物价管理的有关规定，合理地自行制定并报当地工商行政管理部门和物价部门备案，以便监督管理，防止其乱收费、乱调价。

户外广告的场地费、建筑物占用费的收费标准，由当地工商行政管理部门会同城建、物价、交通等部门制定，报当地人民政府批准。

广告代理费的收费标准，由国家工商行政管理部门会同国家物价管理部门统一制定。广告代理费的收费标准为广告费的15%。

广告主、广告经营者、广告发布者对于给付或接受的折扣，必须如实入账，不得在账外暗中接受或给付回扣。

2.4.4.6　特殊商品的广告管理

特殊商品的广告管理是指对涉及国计民生并经常进行广告宣传的产品的管理。国家工商行政管理局和有关部门对特殊商品的广告管理，除依据《中华人民共和国广告法》的规定进行管理外，还采取了特殊的管理措施加强管理，如对药品、医疗、食品、化妆品和烟草广告的管理。

2.5　广告与营销管理

广告是现代市场营销的产物。随着现代化大生产的发展、新技术革命的不断深入，产品日益丰富，消费水平也日益提高，为了满足消费者需求的个性化和多样化，广告应运而生。广告是以营销的发展为基础，配合整体营销的需要，面向消费者所实施的广告活动。它是开拓、巩固和扩大市场，促进企业和消费者之间的往来，赢得企业声誉的一种重要工具与手段。

2.5.1　广告与营销

广告是营销的产物，也是营销的有机组成部分和重要环节。广告作为营销中的一个要素，与人员销售、销售促进、公共关系结为一体，配合产品策略、销售渠道策略与价格策略，形成了系统的营销组合。因此，广告必须配合整体营销的需要而展开其广告活动，积极、主动地为整体营销服务。同时，广告作为营销的开路先锋，肩负着艰巨的市场调研任务，它只有实施较完整的市场调查，弄清产品、渠道、价格、促销等各方面的情况，才能为企业实施较科学的广告，这也是企业实施营销的前提和基础；同时，营销信息的传播，也只有广告才是最为有效、最为得力的工具。所以，现代营销一时一刻也离不开广告的辅佐和支持。

广告促销作为营销传播组合的一个重要部分，也是营销活动的重要部分。广告促销是指企业的经营者采用付款方式，委托广告经营部门通过传播媒介，以现代科学技术和现代化设备为手段，以策划为主体、创意为中心，对目标市场所进行的有关企业名称、标志、产品定位等为主要内容的宣传活动，旨在在顾客心目中牢固地树立企业形象，从而达到刺激并扩大市场需求、开拓潜在市场、扩大市场份额和增加企业资产的目的。

在快速流通的消费品市场上，建立企业品牌与广告宣传几乎是同一个概念，因为大量事实验证了"商品＋广告＝品牌"这一商业定理。因此广告是提高企业知名度、塑造企业个性的有力工具，企业品牌的促销应成为广告策划的核心工作。

综上所述，广告与营销有着密不可分的关系，它们互为因果、互相促进。没有营销就没有广告；反之，如果没有广告，营销也无法进行。面对着日益扩大的市场、日益复杂的营销对象，广告在市场营销中的地位日益提高，所以人们把当今时代称为市场营销时代、广告时代。

2.5.2　广告与营销管理

在营销战术层面，营销组合协调是现代营销管理方法的基本原则之一。营销管理就是通过分析、计划、执行和控制，谋求创造、建立及保持与目标买主之间互利的交换，以达成组织营销目标的过程。[①] 在这里，柯特勒将营销管理看成是包含一系列活动的过程。广告作为众多营销沟通工具中的一种，其活动作为营销工作的一部分需进行有效的管理，即广告活动是营销管理工作的一个有机组成部分。

开发与管理广告的程序如图2.2所示，即广告的目的与任务是什么（Mission）、需要多少资金（Money）、传达什么信息（Message）、使用哪种或哪个媒体（Media）、如何进行广告效果衡量（Measurement），也就是现代营销中广告的5Ms模型。

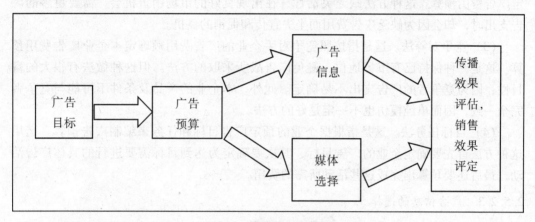

图2.2　管理的5Ms模型

2.5.2.1　广告目标的确定

广告目标首先是由营销战略目标、目标市场、市场定位和营销组合决策决定的，具体表现是刺激用户的兴趣和购买欲望，促进销售，增加赢利。但是任何一个广告，都有其具体的目标。广告的具体目标很多，归纳起来有以下几种：

（1）以介绍为目标。企业需要打开产品销路或需要开辟新市场时，其广告目标是介绍性质的。这种目标是开拓性的，在广告内容中只说明产品类型、性能、企业名称等，使潜在的顾客了解本企业的产品。这种广告着重于扩大覆盖面，以使尽可能多的人接收到有关的信息。

（2）以提高产品和企业的信誉为目标。企业如欲加强宣传、扩大销售，其广告经常以宣传本企业的经营和产品的名称方面的内容为主，这类广告属竞争性的，目的在于使顾客建立起对品牌的偏好，维持老顾客，争取新用户。

（3）以提醒为目标。对于已在市场上畅销的商品和有季节性销售特征的商品，企业可以用广告提醒消费者和用户购买。

---

① 菲利普·柯特勒. 营销管理——分析、计划和控制［M］. 9版. 梅汝和，译. 上海：上海人民出版社，2008.

2.5.2.2　广告预算的编制

广告能促进销售量增加，但是做广告要支付一定的费用。由于广告的促销效果很难计算，因而无法直接定量计算出合理的广告费用。本着扩大销售，提高经济效益，节约费用开支的原则，在制定广告费用预算的时候，常采用以下几种方法：

（1）力所能及法。这是指根据企业的财务能力来确定广告预算。将企业收入扣除必需的开支、利润后，剩余即作为广告费用。这是最简单的确定广告费用的方法。但这种方法不能针对广告支出与销售变化的趋势，且广告预算随着企业财务状况变化而起落，难作长期、全面的考虑和计划。

（2）销售额比例法。这是指按照过去的销售额或预测的本期销售额的一定比例确定广告费用预算。这种方法缺乏灵活性，在出现良好的市场销售机会，需要更多的广告支出时，却会因为缺乏广告费用而坐失宣传和促销的良机。

（3）竞争对等法。这是指按照竞争对手企业的广告费用额确定本企业广告费用预算。这是一种保持已有市场地位、避免广告战所采取的方法。但这种做法有很大的盲目性，因为竞争者的广告支出不易确定。此外，本企业的产品及条件不可能与竞争者完全一致，因而单纯模仿也不一定是好的方法。

（4）目标任务法。这是指根据企业的预定广告目标和任务来编制广告预算。运用这种方法首先要确定企业的广告目标，其次要确定为达到目标需要进行的具体广告活动，最后还要预算出完成这些活动所需的费用。

2.5.2.3　广告信息的选择

信息即广告内容，其与广告效果具有密切关系，是广告宣传中极为重要的方面。选择信息，即广告要向目标对象传递什么商品和劳务，这取决于商品本身的特征与企业在竞争中目标的确定。为了提高广告的效果，在选择信息时必须注意信息的真实性、针对性、生动性、独特性、理解性与激励性。

2.5.2.4　媒体的选择

所谓广告媒体，就是传播广告信息的一种物质技术手段。它是在企业与广告宣传对象之间起连接作用的媒介物，如广播、电视、报纸、杂志等。如果没有广告媒体的作用，广告所要给予顾客的商品信息就无法传出，就会妨碍顾客认识商品、了解和购买商品。因此选择并决定采用广告媒体来传递商品信息，是广告决策的重要内容。广告媒体的选择应根据广告目标的要求、广告费用和广告商品进行。

2.5.2.5　广告效益的评价

广告效益的评价指在广告发布后，以商品销售量的增加幅度和广告接收者的反应两方面的变化来反映广告效益。广告效益的评价方法主要有以下几种：

（1）广告费促销效果评价方法

①广告费用比值法。比值法是对广告效果测定的最简单、最直观的方法。

②广告费占销售额比值法。销售额比值法是用来确定广告计划期内，企业的广告总支出对商品总销售额的影响，或某项商品广告费对该商品销售额的影响。

③比例变动测定法。比例变动测定法又称弹性系数分析法，通过计算广告费投入量与销售额之间的变动关系，来确定它们之间的变化。

该方法的优点是广告和销售之间的关系比较明确，且又可以就各个媒体对广告效果贡献作出测量，以便于比较不同的广告媒体哪个更适宜于广告的商品。销售量的变化受多方面的影响，广告仅仅是一个方面，而要排除其他因素的影响，单纯地考核广告对销售额的影响有时是很困难的。

（2）广告效果的心理评价方法

①广告注意率测定法。广告注意率测定法是指就消费者对某一广告媒体的接触率，即对广告的知名度进行调查的方法。

②评分法。评分法指将广告各要素列表，让被测试者逐项评分，给出他们的主观意见，得分越高，广告效果越好。这种方法既可运用于事后广告效益的评价，也可用于事先测定，以选择最有效的广告。

广告心理效果测定，还可以根据不同的需要，细分为广告媒体心理效果测定，广告对消费者购买行为、购买动机、购买态度、购买决策等方面的心理影响的测定。广告效果测定还有广告的社会效益测定等方法，其用来判定广告是否有利社会进步和发展。以上所举各种方法只能作为参考，不可能十分准确，但企业可以利用上述广告效益的测定方法帮助企业发现问题、改进广告，从而获得更好的效益。

关于广告管理的过程将在第四章《广告策划的程序与内容》中作更加详尽的阐述，在此不再赘述。

2.6　广告管理的机构和相关法规

我国的广告管理机构主要分两种：一种是属于民间的广告行业方面的机构，主要加强广告业的自律，加强自我约束。如 1927 年在上海成立的中华广告公会，是广告行业中最早的同业组织，1933 年改名为上海市广告业同业公会。改革开放以来，我国相继成立了许多广告行业组织，其中成立于 1981 年的中国对外经济贸易广告协会和成立于 1983 年的中国广告协会，是最具影响的广告行业协会组织。另一种属于政府管理，政府管理主要是由国家职能部门的行政管理机构管理。在我国，广告事业的政府管理统一由各级人民政府下属的工商行政管理局负责。在各级工商行政管理局中均设有专门的广告管理机构。据不完全统计，从我国广告市场重开以来，我国工商行政管理机关及相关部门每年在广告管理方面制定的政策少则四五种，多则三四十种，其主要代表是 1994 年 10 月 27 日第八届全国人民代表大会常务委员会第十次会议通过的《中华人民共和国广告法》。此法为规范广告行为和广告市场秩序提供了有力的法律保障。

此外，中国广告行业协会在 1994 年 12 月 7 日第四次会员代表大会通过的《中国广告协会自律规则》，树立了良好的行业风气，在一定程度上维护了正当竞争、抵制了不正当竞争，建立了良好的广告经营秩序，提高了广告业道德水平和整体服务水平。与此同时，《消费者权益保护法》等作为广告管理的法律法规也为共同规范广告行为和促进广告市场秩序的健康发展作出了重要贡献。

本章小结

广告有广义和狭义之别。广义的广告是指所有的广告活动，即凡是沟通信息和促进认知的传播活动均包含在内。而狭义的广告是指商业广告，这也是传统的广告学的主要研究对象。国内外广告学界和业界对其进行定义，并探究其规律特性。

由广告的定义可知，广告是一种信息传播活动。概括而言，广告的基本职能就是通过传播媒体向消费者传递有关商品、劳务、观念等方面的信息，以促进商品的销售。广告作为一种信息传播方式，是为适应人类信息交流的需要而产生的，历经了一个悠久的历史演进过程。广告实践作为一种特殊的社会文化现象，是人类文化和社会运动的一部分。

作为营销的重要内容和手段，广告要服务于营销，因而按照不同的营销角度可将广告划分为不同类型：按广告营销的发起目的划分、按广告营销的内容划分、按广告营销的市场范围划分、按广告营销传播效果的不同划分。

广告管理的概念有广义和狭义之分。广义的广告管理是指国家、社会和广告业对广告的组织、指导、管理和监督；狭义的广告管理则是专指国家对广告宣传和广告经营活动的管理、调控、监督和指导。

在国家、社会和广告业对广告的管理活动中，国家起着重要的作用，可以说是一种硬性管理；而广告业对广告的管理则主要是行业的一种内部自我约束和管理；社会（主要指广大消费者）对广告的管理则主要起监督的作用。这三个方面缺一不可，是组成广告管理的一个有机保障体系。

思考题

1. 广告、广告管理的定义是什么？
2. 什么是广告的职能和分类？
3. 请谈谈广告的发展历史。
4. 广告管理有什么作用？

本章参考文献

[1] 张金海，姚曦. 广告学教程 [M]. 上海：上海人民出版社，2003：6.

[2] 大卫·奥格威. 一个广告人的自白 [M]. 林桦，译. 北京：中信出版社，2008.

[3] 丁俊杰. 现代广告通论——对广告运作原理的重新审视 [M]. 北京：中国物价出版社，1997：139-140.

[4] 米切尔·舒德森. 广告，艰难的说服——广告对美国社会影响的不确定性[M]. 陈安全，译. 北京：华夏出版社，2003：3-7.

[5] 徐卫华. 新广告学[M]. 长沙：湖南师范大学出版社，2007：52.

[6] 袁米丽，李亚男. 现代广告学教程[M]. 长沙：中南工业大学出版社，1996：14.

[7] 和中孚，戴广中. 广告学原理[M]. 北京：中国经济出版社，1991：17.

[8] 何修猛. 现代广告学[M]. 上海：复旦大学出版社，1996：53-54.

[9] 田明华. 现代广告理论与实务[M].2 版. 北京：中国林业出版社，2007：23-24.

[10] 埃米尔·迪尔凯姆. 社会学研究方法论[M]. 胡伟，译. 北京：华夏出版社，1988：63.

[11] 杨建华. 广告学原理[M]. 广州：暨南大学出版社，1999：357.

[12] 菲利普·柯特勒. 营销管理——分析、计划和控制[M].9 版. 梅汝和，译. 上海：上海人民出版社，2008.

3　广告的用途

本章提要：

　　广告是社会化大生产和商品经济的产物。从古代的沿街叫卖、门幌招牌开始，广告便担负着唤起注意、招徕买主、增加销售的作用。随着商品经济的发展和市场的繁荣，商品和劳务交换日益多样化、复杂化和广泛化，广告在社会经济生活中更是发挥着举足轻重的作用。在社会生活中，广告已成为不可或缺的一部分，它通过大众的语言传播和形象的信息渗透于社会各阶层，强化甚至改变人们的愿望、需要、兴趣、态度等，并促进了社会生活质量的提高和社会生活的有序化、理想化和艺术化。而在企业的市场营销活动中，广告主要担负着协助完成销售的任务，广告通过告知、诱导、说服等手段，向消费者传达广告主商品的信息，承诺消费者通过使用商品所能获得的利益，来诱发消费者产生购买欲望并采取购买行为，从而促进销售，激发消费，促进经济发展。在本章，我们将主要从社会、经济和企业三个方面来分析广告的作用，并对广告效果进行介绍。

3.1　广告的社会作用

　　在现代社会，广告随处可见，充斥着我们生活的每个角落，深入到社会生活的各方面，成为我们生活中不可或缺的一部分。广告已衍化为当今社会环境的一部分，在社会文化生活中发挥着举足轻重的作用。广告对社会文化的作用主要表现在以下几个方面：

3.1.1　促进传播媒介的发展

　　大众传播媒体的参与使得广告真正具有了"广而告之"的特征，并在促进广告业发展的同时，使大众传播媒体通过刊播广告取得了可观的经济收入。在社会市场经济状态下，推动大众传播媒体发展的重要因素就是经济收入，而广告则是大众传播媒体的主要财源。广告一方面使传媒获得发展资金，另一方面使报纸、杂志大量印刷，普及发行成为可能，使广播电视节目得以丰富。在资本主义国家里，广告收入是绝大多数报纸、杂志、电视台和电台等维持生存和发展的主要途径和方式。其中，广播电视业的收入约90%通过广告获取，报业则有一半的收入来自广告，杂志的广告收入也在20%～70%不等。我国媒体产业化经营逐步推开以后，广告收入在整个媒体经济中同样占有较大比例。较丰厚的广告收入带来了我国媒体发展的新阶段。就报纸而言，20世纪80年代初，我国各类报纸仅有200多种，版面一般只有4个，至多8个。而到20世纪末，本着控制总量、提高质量的原则，我国经正式登记的报纸已达2 000多种，而且种类齐全，版面容量大幅增加。同时因为刊登了广告，报纸虽然版面增加，内容增多，但售价却没有相应提高，这有利于发行量继续扩大。广播电台出现系列台，电视台频道数量成倍增加。所有这些，在很大程度上都要归功于我国广告活动的有力推动。

广告迅速快捷的信息传通通道所具有的巨大的商业价值是广告为大众传播媒体带来的最大好处。广告为大众传播媒体提供了可观的经济利润，依赖这样的高收入使更多的受众能够便捷地、低成本地接收信息，从而扩大传播媒体的传播范围、传播内容和传播对象，获得更大的传播价值。同时，广告进入传媒的信息市场，丰富了其信息结构，增强了其实用价值，使传媒与受众之间的关系更加密切。

另外，广告的发展也促进了大量小众媒体的产生，如电梯广告、楼宇广告、卖场终端广告等。小众传媒是面向特定的受众族群的媒体，这部分受众群体能够被清晰地描述或定义，同时，这部分群体也恰恰是某些产品或品牌的领先消费群或重度消费群。随着现代通信技术的发展、进步，作为新媒体，手机和互联网等的应用和普及，也已成为传播广告信息的新的载体形式，发展势头良好。随着社会经济的发展，在当代广告传播和未来社会中，还会有新的媒体不断涌现。

3.1.2　引导社会公众观念

当广告进入社会公众的生存环境时，便对我们的生活、工作、发展等产生多方面的影响。广告作为一种文化现象，对社会的影响远远超出了它作为单纯的经济活动的影响。广告是我们获知消费情报的主要渠道，通过广告可以以极低的成本了解市场、跟踪时尚、指导消费、方便生活、提升生活品质。我们知道，广告文化的本质是传播，没有传播就没有广告文化，文化传播是目的，通过传播这一具有强大影响力的手段，广告文化中包含的价值观念和行为模式引导着大众的消费观念，从而改变其消费模式和生活方式。广告可以丰富生活、陶冶情操。好的广告实际上就是一件精美的艺术品，不仅真实、具体地向人们介绍了商品，而且让人们通过对作品形象的观摩、欣赏产生丰富的生活联想，树立新的消费观念，增加精神上美的享受，并在艺术的潜移默化中产生购买的欲望。良好的广告还可以帮助消费者树立正确的消费观、人生观，培养人们的精神文明，并且给消费者以科学技术方面的知识，陶冶人们的情操。

广告在引导大众消费行为的过程中，主要是通过时尚或潮流来实现的。时尚或潮流是指一定时期内广为流传的生活方式，具体地说，是一个时期里相当多的人对特定的趣味、语言、思想和行为等各种模式的随从和追求。在时尚的扩散过程中，大众媒体起着举足轻重的作用。李斯曼曾将美国人在不同历史时期的社会性格分为三类，即传统指向型、内部指向型和他人指向型。他认为，现代社会中大众表现出来的主要是他人指向型人格，或者说是消费型人格。他们对大众传播和大众文化的符号的接受能力和适应能力很强。大众对时尚的追随，正是遵循着大众媒介的导向，获得自己所需的趣味，而大众媒介中最能淋漓尽致地发挥这一功效的就是广告。它有力量控制媒介，促使形成人们爱好的标准，影响消费者的态度，同时，广告所宣扬的物质主义思想也会给社会价值带来影响。从传播学角度来看，广告不仅在传播商品信息，而且在宣传消费文化，它不断输出意识和观念，不断唤起人们对于新的需求的认识和接受。广告总是将其商品置于一定的文化背景中进行传播，为了引人注目，并让人感兴趣，许多广告都是通过一定的场景、人物和情节来展示主题。这样，广告在提供商品信息的同时，也在客观上宣传了某种文化、审美情趣、生活方式和价值观念。

社会潮流一方面传播了新观念，另一方面又在打破旧观念。当人们顺应了新的潮流时，一种新的价值观往往在他们身上潜移默化地起作用，使原有的习俗、价值观念和社会规范发生一定的变化，并直接影响到艺术、文化、政治等社会生活的各个方面，从而推动社会发展。

3.1.3 美化市容环境，丰富文化生活

伴随着商品经济的高度发展，现代广告已成为社会文化的组成部分，与人们的生活密切相连。

首先，作为传递信息的一种手段，广告需要具有说服、沟通的艺术，需要运用各种表现手法来反映和传送其信息内容。广告创作使广告的艺术水平提高，设计新颖、构思奇巧的广告作品，如广告画、广告摄影、电视广告片等，实际上也是一件件艺术品，具有一定的欣赏价值和文化品位，给人们带来美的享受。

其次，广告创作人员不断创新，用较强的艺术感染力吸引和打动目标消费者。三维动画设计、简洁而意境深远的语言表达、竭尽心智的制作技巧，也把艺术创作不断推向一个个新台阶。广告作为一种文化现象，已被人们所接受，这种广告文化已融入并推动着社会大文化的发展。如优秀的广告语，有的已成为日常生活中的流行语，"雀巢咖啡，味道好极了"、"我的眼里只有你"、"农夫山泉有点甜"、"事事保险，岁岁平安"、"晶晶亮，透心凉"等，就经常被引用。美国史提夫·卡文曾创作了广告歌《我爱纽约》，由于受到大众的喜爱，还成为纽约州州歌。广告创作需要借鉴、吸收其他艺术门类的手段、方法，而其他艺术也从广告创作中吸取营养。

最后，广告是现代化城市的一个重要标志，为美化市容环境作出了贡献。树立在高楼大厦上的广告牌、闪烁变幻的霓虹灯、各大商场陈列商品的橱窗、公交车及其站牌的广告等，都构成了城市亮丽的风景，把城市装点得更加雍容华贵。日本东京的银座，其繁华景象，与设立在其间众多的、各具特色的霓虹灯广告是分不开的。不难想象，倘若一座城市撤掉全部广告物，它与"现代城市"这一称呼将不相配。

需要指出的是，大量的广告传播活动，如果不能正确地认识和把关，也有可能产生负面的影响。如盲目追求利润，可能使文化低俗化、商业化的现象抬头，强调商品的高档化，可能产生引导盲目追求物质享受的效果。有些广告以虚假信息误导消费者，那就更要批评和纠正了。这要求我们在广告传播活动中，特别是广告活动的主体，应时时警惕，努力发挥广告的积极功能和作用。

3.1.4　有利于社会精神文明的建设

物质文明和精神文明是社会主义建设的两个并行不悖的组成部分。广告不但传递经济信息，而且对社会精神文明的建设起着重要的推动作用。广告采用各种艺术手段去展现商品的美，陶冶人的情操，并能够美化城市环境，鼓励人们去追求美的生活。作为宣传工具的广告，在传播过程中，无疑在引导社会舆论，并推动社会主义精神文明的发展和物质文明的建设。[①]

广告对社会精神文明建设的价值影响极其深远，就其表现形式而言，主要是公益广告。公益广告是以为公众利益和提高福利待遇为目的而设计的广告，是企业或社会团体向消费者阐明它对社会的功能和责任，表明自己追求的不仅仅是从经营中获利，而是通过参与解决社会问题和环境问题向消费者阐明这一意图的广告，是不以赢利为目的的而为社会公众切身利益和社会风尚服务的广告。它具有社会的效益性、主题的现实性和表现的号召性三大特点。公益广告通常由政府有关部门来做，广告公司和部分企业对公益广告进行资助，或完全由它们来办理。它们在做公益广告的同时也可以借此提高企业的形象，向社会展示企业的理念。

公益广告最早出现在20世纪40年代的美国，亦可称为公共服务广告，是为公众服务的非营利性广告。它取材于老百姓日常生活中的酸甜苦辣和喜怒哀乐。它主要运用鲜明的立场及健康的方法来正确引导社会公众。公益广告突出表现广告人的社会责任感，中央精神文明办公室和国家工商行政管理局设立公益广告政府奖，奖励在制作公益广告上有突出成绩的广告公司。例如，推出接近千条公益广告的北京桑夏广告公司获得了社会的赞誉与政府的嘉奖：2005年，《平安保险商业广告——愿望篇I》获第十三届春燕杯电视广告优秀奖；桑夏制作的北京申奥宣传片节日篇荣获亚广联电视宣传片全场大奖；2003年，被评为全国广告发行文明单位、首都广告行业精神文明先进单位、抗击"非典"公益广告宣传先进单位，荣获由中央精神文明建设指挥委员会办公室、国家工商行政管理总局颁发的2001—2002年度公益广告全国奖优秀奖，"桑夏"获得北京市著名商标荣誉，荣获由北京青少年发展基金会希望工程北京捐助中心授予的"爱心传递先进单位"。由此可见，广告，尤其是公益广告，对丰富人们的精神文化生活、推动社会精神文明的建设有着重要的作用。

3.2　广告的经济作用

广告作为向消费者传递产品或品牌信息、树立企业形象的传播工具，就其本身目的而言，是一种商业行为，属于经济范畴。随着商品经济的发展和繁荣，商品和劳务交换日益多样化、复杂化和广泛化，广告在社会经济生活中更发挥着举足轻重的作用。广告得以产生并发展的直接原因，是其对经济和商业或者市场带来的效应。有关广告

---

① 杨荣刚. 现代广告学概论［M］. 沈阳：辽宁人民出版社，1994：20.

对经济的作用，主要表现在以下几个方面：

3.2.1 广告促进经济增长

大量的实证研究证明广告对经济增长的影响是非常显著的。研究表明，两者之间确实存在着一定的相关性，一般来说，经济越发达，广告业越繁荣。全球广告营业额前20名的国家和地区中除巴西以外，全都是经济发达的国家和地区。广告业的进步不仅是经济发展的要求和体现，也是经济增长的一个重要因素，广告的发展促进了社会经济的增长，两者之间是相辅相成的。以美国为例，1946年，全年广告费不过30亿美元，1960年增至120亿美元，到1980年达到550亿美元。从1960年到1980年的20年间，美国广告费大约增加了5倍，而同期美国经济实力也大约增加了5倍。由此可见，广告对经济发展有着巨大的促进作用。

广告之所以对经济发展有着巨大的促进作用，主要是由于广告作为世界上最大的"无烟产业"之一，不仅直接创造了社会财富，提供了大量的就业机会，而且还带动了许多相关产业的发展。例如，广告是许多媒体行业赖以生存的基础。在美国，期刊收入的60%、报纸收入的70%均是由广告收入提供的，而广播电台和电视台的收入则更多地来自广告。可以说，大多数的传媒行业是靠广告支撑的。法国第四电视台曾因为政府禁止其播放广告而入不敷出，最终破产，由此可见广告与媒体之间的依赖关系。另外，广告以大量的、快速的信息通过情报传播方式作用于高效率的社会生活和高消费的生活模式，通过有诱惑力的形式刺激消费者的消费热情，在社会上产生广泛的效应，从而加速形成市场经济赖以生存和发展的、高消费的、多变化的巨大市场。

3.2.2 广告加速商品流通，节约流通费用

社会再生产分为四个阶段，即生产、分配、交换、消费。以货币为媒介的商品交换被称为流通过程。流通过程将生产和生产所决定的分配、交换与消费连接起来，使社会再生产各阶段在时间上连续，在空间上相继进行。资金在流通过程中，不产生使用价值，也不产生价值。资金在流通过程中停留的时间越长，它在生产阶段发生作用的时间就越短。因此，节约流通时间是加速资金周转和扩大商品生产的必要条件。

广告费用属于商品流通费用，广告在流通中发挥着重要作用。它加速商品流通，节约流通费用，克服人为的和自然的障碍，广泛传播商品信息。广告是传递信息最为便捷的方式之一。它一方面促进了消费，另一方面又指导了生产。如果没有广告沟通商品供需者之间的信息，不仅会使买卖双方的流通费用支出激增，甚至会因信息不畅导致流通过程的中断和停滞，从而破坏社会再生产过程的正常进行。因此，广告的发展能够缩短商品的流通时间，削减商品流通费用，从而促进社会大生产的发展。

3.2.3 广告有助于达成规模生产及降低产品价格

广告能对"扩大消费、刺激扩大生产"的经济规律起促进作用。在大工业社会，大规模生产得以进行的部分原因是广告宣传，而大规模生产由于规模经济和经验曲线效应能降低单位生产成本，从而会降低产品价格，进一步刺激消费。因为广告刺激消

费和扩大消费,从而有力地刺激和扩大生产,丰富的产品凭借广告的作用进一步刺激消费,更高的消费促成更大规模的生产。积极的广告活动,能促进"生产→消费→更大生产→更高消费……"这一循环。这是人类生活与社会生产发展的良性循环。

3.2.4 广告有刺激市场消费需求的作用

广告的基本目的是通过市场上有效的交换创造出能使买卖双方需求都得到满足的信息流,它是以信息沟通社会需求和企业经营活动的中介环节,促使消费者产生需求欲望和购买行为。

一般来说,广告主要通过以下三种方式来对消费需求产生影响:首先,广告可以满足市场现实需求。这类广告主要是针对消费者已经存在的需求,向消费者提供某一特定产品的品牌、质量、价格、销售地点等相关商业信息,以指导消费者的购买行为,成为消费者的购物指南,这是广告"告知"功能的表现。其次,广告可以激发市场潜在需求。潜在需求即潜伏于消费者心理和社会关系中、消费者自身还未充分认知到的需求,是与消费者的现实需求相对的。据美国商业部统计,只有28%的消费行为是有意识的行动,而72%的购买行为则是受朦胧欲望支配的。对于消费者来说,这就是潜在的消费需求,对企业来说是一种极好的营销机会。这类需求变成现实需求,既可以由消费者的生理上或心理上的内在刺激引起,也可以由外在刺激物引起。广告作为一种外在刺激物,其任务就在于把握消费者深层心理,并根据消费心理和行为特征,展示与其潜在消费需求相符合的商品、劳务,使广告能从意向情感的诉求与激发上唤起消费者的共鸣,激发其购买欲望,并付诸购买行动。最后,广告可以创新市场消费需求。

传统意义上,广告是通过对消费需求心理和消费行为的适应达到诉求认知目的的。而现在,随着商品经济的发展,"适应消费市场"的观念逐渐转变为"创造消费市场"的观念,并且日益受到关注。如日本索尼公司在20世纪80年代就提出了"创造市场"的口号,向20世纪60年代提出的"消费者需要什么,我就生产什么"的市场观念提出挑战,而代之以"我生产什么就准是消费者真心所需的"的创新市场观念。针对这种新的营销观念,广告逐渐改变过去仅仅向市场诉求认知的表现方式,积极引导、创造需求,使广告不仅迎合消费需求,而且创造消费者全新的需求意念,并以新的需求意念创造新的消费市场。创造新的需求的诱因是新的消费观念和消费方式的确立,这主要借助于观念定位型广告通过发挥广告的教育功能来实现。所谓广告观念定位,实质上是指商品品质意义的延伸,它旨在改变现有的商品观念、消费观念或生活方式,使消费者对广告商品产生特殊的心理追求,直至采取购买行动。

如对于雀巢咖啡的经典广告语"味道好极了!"年轻人是再熟悉不过了。其开始在中国开展营销活动时,就是通过观念定位型广告,反复强调咖啡是现代生活的新追求、新享受,从而将很大一部分追求时髦生活的"新生代"青年的消费口味从传统的茶饮料转移到很陌生的咖啡,并打开了中国的市场(图3.1)。

图 3.1　雀巢咖啡经典广告

资料来源：http：//image. baidu. com/i？ct＝503316480&z＝0&tn＝baiduimagedetail&word＝

％ C8％ B8％ B3％ B2％ BF％ A7％ B7％ C8&in＝12786&cl＝2&lm＝ － 1&pn＝68&rn＝1&di＝

14790551670&ln＝1&fr＝&fmq＝&ic＝0&s＝&se＝&sme＝0&tab＝&width＝&height＝&face＝

0&fb＝0.

3.2.5　广告有利于开展竞争

在市场经济中，商品生产者的个别劳动时间转化为社会必要劳动时间，商品的社会价值的形成以及商品价值表现为价格，都是通过竞争实现的。竞争促使商品生产者改进技术，缩短生产和流通时间，降低产品成本，提高产品质量，注意和掌握市场信息。

竞争是商品经济的客观规律。马克思指出，社会分工使独立的商品生产者相互对立，他们不承认任何别的权威，只承认竞争的权威，只承认他们互相利益的压力加在他们身上的强制。竞争是商品内在矛盾强化的结果。商品价值与使用价值的矛盾、社会劳动与私人劳动的矛盾，使得不同的商品生产者展开竞争。广告是竞争者的宣言，宣告其加入市场竞争的行列。广告是竞争的武器，它向消费者提出保证，以求建立信誉和长期占领市场。广告的成功暗示着竞争的胜利。在当今社会化大生产的条件下，竞争不能没有广告，广告推动了社会主义条件下的竞争，对克服官商作风、提高服务质量、促进企业提高经济效益、深化经济体制改革都发挥着积极的作用。

广告对于竞争的促进作用主要表现在以下三个方面：首先，广告显化竞争环境。营销不仅在于满足消费者的需求，还要战胜竞争者。因此，企业不能只单方面将一切力量集中于市场的"需求层"上，还必须兼顾到市场的"竞争层"上，发展以"竞争为导向"的营销战争。而广告的信息告知功能，不仅使消费者能够了解企业及其产品，同时，企业也可以通过广告认清自己对手的情况，使市场竞争环境浓缩和显化在广告中，这便使企业能更清楚地认清自身的竞争环境，更直接体会到竞争压力，从而促进和繁荣市场竞争。其次，广告可以提供强有力的竞争手段。现代市场竞争越来越激烈，任何企业要从众多竞争对手中脱颖而出，在市场上占据一席之地，除了产品本身必须有一定的竞争条件外，广告就是最具有威力的促销武器。最后，广告可以提高竞争质量。广告是市场竞争的外化，同时也是企业为自己产品向消费者作出的承诺。广告实际上是对企业自身经营行为的监督，任何一个想在市场竞争中求得长期发展的企业，必须保证其产品的质量，否则将面临被淘汰的危险。这样，每一次的竞争都是在更高层次、更有效率的水平上开展，从而提高了竞争质量，形成良性循环的竞争。

3.2.6　广告促进对外贸易的发展

马克思、恩格斯指出：由于开拓了世界市场，一切国家的生产和消费都成为世界性的了。随着资本主义世界市场的形成，各民族的和地方的自给自足的闭关自守状态，已经被各方面的互相往来所代替，一切国家的生产和消费都成为世界性的了。第二次世界大战之后，各国之间的经济往来空前发展。世界上任何一个国家都不拥有发展本国经济的全部资源，各个国家的生产都有优势，也有不可避免的劣势。另外，一个国家的市场毕竟有限，这就要求各国开拓国际市场，寻求发展经济的最佳途径。

中国实行对外开放的政策，在社会主义现代化建设中利用国内和国外两个资源，开辟国内和国际两个市场，学习组织国内经济建设和发展对外经济贸易两种本领，正是中国适应当前世界经济发展大趋势所采取的正确方针。发展对外经济贸易必须做好商品生产和推销工作，其中任何一方面的工作都不能离开广告。国际的广告反映了外国商品动态，为中国企业出口商品的生产决策提供依据。在推销工作中，广告是重要的手段。广告在发展对外贸易和内外交流方面的作用，表现为如下两点：

（1）通过国际广告不但可以增加外汇收入，而且还可以学习先进的科学技术。国际广告带来了国际市场的商品信息，使我们有广泛学习和借鉴的机会。例如，外国于1980年在北京王府井百货大楼设立家用电器的橱窗广告，当时在中国市场上产生强烈的反响。中国有关部门积极组织生产，推出国产家用名牌电器，满足消费者的需求。

（2）通过出口广告开发国际市场，发展对外贸易。开辟国际市场在很大程度上依赖于广告。广告做得成功，就能在国际市场的竞争中占领滩头阵地，否则即使商品质量优秀也会无人问津。广告策略的正确与否，往往决定了贸易之战的成败。例如，上海某厂的商品原为中国出口的短线产品，后来该厂开始在地中海沿岸国家开展广告宣传，5年内广告费花了20万美元，商品销售量猛增11倍，成为中国出口商品的大项目。同是这一种商品，在准备开辟巴西市场时，由于广告策略失误，违反了巴西有关广告的法律，结果始终未能打开中美洲市场，我方蒙受了重大损失。正反两个方面的经验和教训都深刻地反映了广告在发展对外贸易方面的重要作用。

3.3　广告对企业经营的作用

广告对于经济个体——企业而言，是促进销售、获得利润的手段，广告不仅能给企业带来长期的利润，而且能提高短期的商品销售额，实现较好的短期促销效果，因此，广告备受企业青睐。具体来说，广告对于企业的经营活动有以下作用：

3.3.1 沟通产销信息，促进商品销售

广告活动是伴随着商品经济的繁荣而逐步兴起的。企业要把开发、生产的产品和劳务，尽可能地让消费者知晓并消费。随着科学技术的进步、企业生产能力的进一步提高，多品种、大批量生产使生产与消费之间的矛盾出现了转化，原来那种企业生产什么消费者就购买什么的供销模式，早已不再适应现在的市场了。供过于求的问题变得突出起来，商品和劳务的销售越加显得重要，实际上已成为企业经营活动中的首要问题。

目前市场上，商品无论是在数量、质量还是在种类等方面，都相当丰富。消费者已有条件根据自己的意愿、喜好来选择商品。企业必须使消费者了解有关商品的信息，才能获得被选择的机会。加之现代市场竞争激烈，欲使本企业在竞争中生存、立足和发展，必须最大限度地争取消费者。因此，沟通企业与消费者之间的联系，必须做好信息传播工作。基于此，绝大多数企业都会将自己的经营战略、营销战略、产品性能、品牌定位等通过各种营销方式传播给目标受众。在整合营销传播中，企业要开展多方面的综合的信息交流活动，如公共关系、人员推销、促销活动等。其中，广告活动仍然是企业面向社会、面向消费者交流信息的重要手段和方式。因为，广告是运用一定的媒体传递信息的，是"扩散的销售促进"，可以超越空间、时间的限制，特别是利用报纸、杂志、广播、电视等大众传播媒体。现在又有了通信卫星、光纤电缆和网络媒体，能把商品和劳务等信息及时、有效地传达给目标消费者，缩小需求信息上的分离，促进销售，其影响效果绝非人员推销等所能比拟。而且，广告的传播特点，具有较强的"韧性"，可以多次、重复、"强迫"消费者注意，沟通信息。所以，在现代市场条件下，广告仍然是有效的沟通交流手段。

3.3.2 激发竞争活力，推动企业发展

竞争是商品经济的产物，企业的一切策略都可归因于竞争。竞争推动着企业关注市场信息，加强技术开发，注重营销策略以及内部经营管理。竞争实际上是一种较量，企业的竞争手段一般分为价格竞争和非价格竞争。价格竞争主要通过调整产品的价格来打击竞争对手，争夺消费者，但这往往直接影响到企业的利润。同时，对于一些需求价格弹性小的商品，价格竞争手段更难奏效。广告作为非价格竞争的重要手段，弥补了价格竞争的不足，适应了市场消费需求的新特点，它的取胜之道不在于价格利诱，而在于对消费者深层心理和购买动机的影响。对企业来说，广告能增加竞争的声势、激发竞争活力。

与此同时，企业要在竞争激烈的市场中生存和发展，还要加快产品更新换代的步伐，积极使用新技术，努力开发、增加产品的花色品种来提高广告传播的质量和力度。因为，如果没有高品质的产品作为基础和支撑，再好的广告策划也是软弱无力的。所以，只有生产出有竞争力的产品，才可能创造出有吸引力的广告，才可能产生理想的

传播效果，才能保证广告投入得到较好的产出。由此，广告所产生的激发作用是很大的。

应该指出的是，广告作为企业发展的重要手段，我国部分企业对其认识还比较模糊。但广告在开发市场、创造经济效益、为企业经营开辟良好的发展前景方面的作用却不可忽视和低估。

3.3.3　降低成本，增加利润

企业通过广告可以创造较大的销售效果，维持较高的市场占有率，从而获得较好的企业利润。而高的市场份额意味着供应的集中，使企业的规模生产成为可能。一般来说，企业的规模效应可以降低产品的单位成本费用，从而降低产品价格。企业通过广告可以说服人们购买更多的产品，从而刺激制造商生产更多的产品，利润也就会随之增加。较高的市场占有率的维持固然要靠企业产品和服务的卓越质量，但广告策略的运用也十分重要。广告面对的是一个个目标消费群体，广告将产品进行市场定位后，找到与之相对应的消费群体，通过反复的说服劝导，会引起这一目标市场对企业产品的共同注意，达到集中购买的目的，这种被动员起来的购买力是十分巨大的。同时，富有创意的优秀广告不仅可以满足消费者，而且可以创造新的消费，这种被倡导起来的消费方式所带来的社会消费力量比前者更为巨大。

另外，广告还能够帮助推销人员顺利地开展业务，增强业务人员的说服力，并在一定程度上可以部分地代替人员推销，从而节省时间和推销费用，降低成本，增加利润。

3.3.4　树立企业形象，提高企业知名度

随着科学技术的发展、商品经济的发达，产品的生命周期越来越短，加之广告促销的滞后性，广告对某一具体产品的销售额增长的作用已被弱化。另外，有些企业为了分散经营风险，采取多元化经营方式，其事业范围广泛，产品种类繁多，企业无力为每一种产品做广告。这样，针对产品的广告正逐渐代之以企业广告。所谓企业广告，是指以创造企业良好形象为目的，面向社会大众介绍企业生产技术、经营哲学、企业精神、企业社会责任等方面的信息，以提高企业的声誉，增强消费者对企业的信任感，间接地促进商品销售的广告。由于企业广告尽量避免了广告的说教和功利性形式，侧重于在平等地位上和消费大众进行感情上的交流，改善和密切同消费者的关系，所以容易赢得消费者对企业的信任。

现代企业十分重视本企业在市场中的知名度，知名度对企业的生存和发展是至关重要的。知名度是一个中性的概念，可以是好的知名度，也可以是坏的知名度，好的知名度即美誉度。一个企业产品或品牌知名度的提高是一个较为漫长的过程，通过企业长期的努力、宣传、积累而成为在知名度基础上的好感，即美誉度。这样，企业就拥有了一份无形资产，这将是企业发展的巨大财富。在此过程中，广告的作用异常显著，几乎没有哪一家企业不经广告宣传就能拥有很高的知名度。而且广告宣传应该是长期的、有计划和有步骤的。这样，企业的形象才能一步步地树立，同时，市场的回

报也将促进企业加大广告的投入力度，形成良性循环。

对于一个刚刚进入新市场的企业来讲，首先面对的就是知名度问题，你需要大声地告诉别人你是谁，你是做什么的。因此，提高品牌知名度显得尤为重要。中国有一句古话：酒好不怕巷子深。但这句话是说只要产品的质量好，不管卖家在哪里，都会有人来购买。但这句话只适合在小农经济时代，物资不丰富的社会。现在显然是不行的。不管是刚起步的小企业还是世界 500 强企业都在做广告。有人说现在的广告真是无孔不入，的确不假，像可口可乐、百事可乐、肯德基、麦当劳、茅台酒、联想等都在做广告。所以在产品同质化的今天，谁取得了知名度、谁拥有了美誉度，谁就会成功。

3.4　广告效果

广告活动是一个循环往复、不断反馈的动态过程。一项广告活动经过周密策划、精巧构思，最后形成广告作品，再经过媒体传播，与广告受众接触，期间投入大量的广告费，就是希望能够产生一定的刺激和反应，取得良好的效果。当然，研究、分析广告效果并不仅仅局限于广告所产生的促销效果和商业效益，而是包括广告消费者心理效果、广告社会效果、广告媒介效果等一系列商业效益以外的广告宣传活动所造成的综合效果。

3.4.1　广告效果的含义

所谓广告效果，是指广告作品通过广告媒体传播之后所产生的作用，或者说，是在广告活动中通过消耗和占用社会劳动而得到的有用效果。

广告效果有狭义和广义之分。狭义的广告效果是指广告所获得的经济效益，即广告传播促进产品销售的增加，也就是广告带来的销售效果。广义的广告效果是指广告活动目标的实现程度，广告信息在传播过程中所引起的直接或间接变化的总和，包括广告的销售效果、传播效果（心理效果）和社会效果。

3.4.2　广告效果的分类

作为一种信息传播活动，广告所产生的影响和变化（效果）是广泛的、多种多样的，可以从不同的角度把广告效果分成很多种类。对广告效果进行分类，有利于我们更深入地认识广告效果。

3.4.2.1　按涵盖内容和影响范围来划分

按涵盖内容和影响范围的不同，广告效果可分为销售效果、传播效果和社会效果，这也是最常见的划分方法。

（1）广告的销售效果，也称为经济效果，是指广告活动促进产品或者劳务的销售，增加企业利润的程度。广告的经济效果是企业广告活动最基本、最重要的效果，也是评价广告效果的主要内容。广告主运用各种传播媒体把产品、劳务以及观念等信息向目标消费者传达，其根本目的就是刺激消费者采取行动，购买广告商品或劳务，以使销售扩大、利润增加。[①]

然而，广告费与销售额之间的关系绝非像感冒患者与感冒药之间的关系一样单纯，也并非绝对成正比。这是因为影响商品销售效果的因素太多，既有商品本身的，也有来自外部的，消费者受广告诱导而采取购买行动只是促使销售量增加的一个因素。例如某种奶粉品牌在广告宣传活动进行后的一年之内销售量增加了15%，那么我们是否可以肯定广告宣传活动是成功的呢？回答不能绝对肯定。因为促使销售量增加的原因是多方面的。可能是因为其他品牌的奶粉由于三聚氰胺的事件被曝光，因而促使消费者转而购买本企业的奶粉，使销售量激增。因此必须多方面考虑，才能公平而精确地测出广告的真正效果。

此外，消费者从接受广告信息到完成购买行为也有一个过程。有一部分消费者接受广告信息后立即购买，另一部分消费者把广告信息储存于记忆中，等到适当的时机才采取购买行动。显然，后一部分消费者的行为也是广告宣传的效果。在目前的条件下，广告销售效果的测定还没有一个精确的方法。

（2）广告的传播效果，也称为广告本身效果或心理效果，是指广告传播活动在消费者心理上的反应程度，表现为对消费者的认知、态度和行为等方面的影响。广告活动能够激发消费者的心理需要和动机，培养消费者对某些品牌的信任和好感，树立良好形象，起到潜移默化的作用。广告的心理效果是一种内在的并能够产生长远影响的效果，主要是由广告自身产生的效果。

广告的传播效果作为评判广告效果的依据，可以以广告的收视收听率、察觉率、兴趣与欲望、产品知名度等间接促进销售的因素为根据。如一个赠奖活动在报纸广告刊出后，获得读者的反应；又如因为播放了好的电视节目，视听率大为提高。通常这种情形就被认为达到了广告的"本身效果"，而不一定要促进产品的销售。因为广告传播效果在消费者购买产品的过程中，能增加他们对商品的注意，提高他们对商品的兴趣与记忆，加强他们对商品的印象，然后激起他们购买商品的欲望，培养购买气氛，最终使消费者购买该商品。所以如果广告做得出色，广告设计得成功，能引起消费者的注意，广告本身就发生效力了。

（3）广告的社会效果。广告不仅要追求最佳的经济效果，而且要注重广告的社会效果。广告的社会效果集中地表现在能否促进社会的物质文明与精神文明建设，特别是能否起到传播知识、促进社会道德教育、推广最新技术成果的作用。要把广告宣传与教育群众、帮助群众解决困难紧密地结合起来，从这个意义上看，广告不仅属于经济范畴，同时也属于社会范畴。因为它必须体现不同社会制度下政策、法律、经济、思想、文化、艺术、民族风格与社会风尚的统一。

企业的广告也应当旗帜鲜明地履行自己的社会职责，展示人们美好的现实生活和崇高的理想，把宣传高尚的社会道德情操同追求美的享受结合起来，防止低级庸俗、

---

① 金萍华.实用广告学［M］.南京：东南大学出版社，2006：295.

不健康的内容和情调，使之真正起到指导消费、方便人民生活的作用。

3.4.2.2 按产生效果的时间关系来划分

一项广告活动展开后，从时间关系上看，广告产生的影响和变化，主要表现为以下几种情况：

（1）即时效果，即广告发布后，很快就能产生效果。如商场里的卖点广告或售场广告（POP），能够促使消费者立即采取购买行动。

（2）近期效果，即广告发布后在较短的时间内产生效果。通常是在一个月、一个季度或最多一年内，广告商品或劳务的销售额有了较大幅度的增长，品牌知名度、理解度等有了一定的提高。近期效果是衡量一则广告活动是否取得成功的重要指标。大部分广告活动都追求这种近期效果。

（3）长期效果，即广告在消费者心目中所产生的长远影响。消费者接受一定的广告信息，一般并不是立即采取购买行为，而是把有关的信息存储在脑海中，在需要进行消费的时候产生效应，广告的影响是长期的、潜在的，也是逐步积累起来的。我们知道，广告对产品的宣传并不一定会产生立竿见影的促销效果。因为人类是一种有着很强思维能力的高级动物，在对任何事物接受之前都要经过大脑的谨慎思考，尤其是处在当今这样一个商品经济高度发达的社会，在铺天盖地的广告大潮之下，消费者已很难仅凭广告诉求的新颖独特就立刻掏钱购物。消费者一般都要经过一个思考、分析的过程后才会心动，但心动并不等于行动，而心动要想变成行动则需要广告一次次地反复诱导与劝说，需要消费者对同类产品进行比较，经过这样一个过程后，才有望使消费者把心动最终变成行动，所以广告效果常常需要经过相当一段时间后才会显现。

从时间上分析广告效果的这几种类型，可以看出，检测广告效果，不能仅仅从一时产生的效果来评判广告活动的好坏，还要从长远的眼光来看广告所发挥的作用。广告主在广告活动中，不仅要注意追求广告的即时效果和近期效果，而且应该重视广告的长期效果。在市场竞争加剧、需要运用整合传播的现代营销战略中，广告的长期效果往往显得更为重要。

3.4.2.3 按对消费者的影响程度和表现来划分

广告经由媒体与消费者接触，会对消费者产生各种影响，并引起消费者的各种变化，按其影响程度和表现形式，主要分为到达效果、认知效果、心理变化效果和促进购买效果。

（1）到达效果。广告能否让消费者接触，要看有关广告媒体的"覆盖率"如何。如目标消费者是否订阅刊载广告的报纸，是否收听、观看带有广告的广播电视节目。这要注意广告媒体覆盖率的有关指标（如印刷媒体的发行量、电子媒体的视听率等）的测评，为选择广告媒体指出方向。但这种效果，只能表明消费者日常接触广告媒体的表层形态。

（2）认知效果。这是消费者在接触广告媒体的基础上，对广告有所关心并能够记忆的程度，主要在于分析广告实施后给予消费者的印象深浅、记忆程度等，反映广告受众在多大程度上听过或看过广告。一般通过事后调查获取有关结果，是衡量广告是否取得效果的重要尺度之一。

（3）心理变化效果。消费者通过对广告的接触和认知，对商品或劳务产生好感以及消费欲望的变化程度，一般经过知晓、理解、信赖（喜爱）等阶段，最后形成购买行动。这些态度变化，是消费者欲采取购买行动的酝酿和准备。因此，评价消费者的心理变化过程中的各项指标（如知晓度、理解度、喜爱度、购买欲望度等）备受关注。消费者接触广告时所产生的心理变化，往往只能通过调查、实验室测试等方法间接得到。

（4）促进购买效果。这是指消费者购买商品、接受服务或响应广告的诉求所采取的有关行为。这是一种外在的、可以把握的广告效果。一般可以采取"事前事后测定法"得到有关的数据。但是消费者采取购买行动，可能有多种因素，对这类效果的评价分析，也要注意广告之外的其他因素的影响。

3.4.3　广告效果的特性

广告活动是一项复杂的系统工程，广告活动涉及各方面的关系，广告信息的传播能否成功，受到各种因素的影响，由此导致广告效果具有与其他活动所不同的一些特性，主要表现在以下五个方面：

3.4.3.1　广告效果的滞后性

广告对不同消费者的影响程度，受到其所处的时间、地点、经济甚至政治、文化等方面的条件制约。同时，广告大多是转瞬即逝的，因而消费者在接触广告信息时会有各种各样的反应，有的对广告所传递的信息可能立即接受并产生相应的购买行为，但是，大多数人接触广告后并不会马上去购买，可能需要时机成熟才会购买，这就是广告效果在时间上的滞后性。从总的趋势看，随着时间的推移，广告效果在逐渐减弱，这就要求广告对特定消费者的购买心理刺激需要一个反复的过程，才能诱发有效的购买行为。时间滞后性使广告效果的表现不够明显，不能在短期内表现出来，了解这一特点，有助于我们认清广告效果可能是即时的，更多的是延续的，具有滞后性。在进行广告效果测定时，就不能仅仅从短期内所产生的广告效果去判断。

3.4.3.2　广告效果的累积性

广告信息被消费者接触，形成刺激和反应，最后产生效果，实际上有一个积累的过程。这种积累，一是时间接触的累加，通过持续不断的一段时间的多次刺激，才可能产生影响、出现反应；一是媒体接触的累加，通过多种媒体对同一商品广告的反复宣传，就能加深消费者印象，产生效应。消费者可能在某一次接触该则广告后有了购买行动，而这实际上是前几次接触广告的累积，或者阅读了报纸广告后又收看了电视广告，对这则广告有了较深的印象，这应是两种媒体复合积累起来的结果。制定广告战略，应该根据广告效果的这一特性，防止急功近利、急于求成，应从企业发展的未来着眼，有效地进行媒体组合，恰当地确定广告发布的日程，争取广告的长期效果。

3.4.3.3　广告效果的间接性

消费者在接收某些广告信息后，有的采取了购买行动，在使用或消费了某种商品

（服务）后，感觉比较满意，往往会向身边或亲近的人推荐，鼓励别人购买。有的虽然自己没有产生购买行为，但被广告所打动，而劝说亲朋好友采取了购买行动。这些都是广告间接效果的表现。广告所具有的这种间接性效果，要求广告策划时应注意诉求对象在购买行为中扮演的不同角色，有针对性地展开信息传递，扩大广告的间接效果。

3.4.3.4　广告效果的复合性

由于广告效果受到各种因素的制约和影响，因此往往呈现出复合的特征。从内容上说，广告不仅会产生经济效益、促进销售，还会产生心理效果，对社会文化等发挥作用，故需要综合地、统一地理解和评价；从传播方式说，广告是进行信息沟通的一种有效手段，但在企业整合传播所产生的效果中，它又受到企业其他营销活动、同业竞争对手广告和有关新闻宣传活动的影响。所以广告效果从总体上来说是复合性的，我们只有从整体上把握影响广告活动的各种因素，才能测知广告的实际效果。

3.4.3.5　广告效果的竞争性

广告是市场竞争的产物，也是竞争的手段，因此，广告效果也有强烈的竞争性。广告的竞争性强、影响力大，就能加深广告商品和企业在消费者心目中的印象，树立形象，争取到消费者，扩大市场份额。仅仅把广告看做是一种信息传递、没有竞争意识是不够的。而从另一方面来看，由于广告的激烈竞争，同类产品的广告大战也会使广告效果相互抵消。因而，也要多方面地考虑、判断某一广告的竞争力大小。

认识了解广告效果的这几个特性，可以帮助我们更加准确地制定广告战略和策略，以争取理想的广告效果，也使我们能够更加科学、合理地测评广告效果，保证广告活动持续有效地开展下去。

本章小结

广告在社会经济生活中发挥着极其重要的作用，这种作用表现在对社会、经济以及企业经营的影响上。

广告对社会的作用主要表现在促进传播媒介的发展、引导社会公众的观念、美化市容环境、丰富文化生活、促进社会精神文明建设等方面。随着商品经济的发展和繁荣，商品和劳务交换日益多样化、复杂化和广泛化，广告在社会经济生活中更是发挥着举足轻重的作用。广告对经济的作用主要表现在促进经济增长、加速商品流通和节约流通费用、有助于达成规模生产以及降低产品价格、刺激市场消费需求、有利于开展竞争、促进对外贸易发展等方面。广告对于经济个体——企业而言，是促进销售、获得利润的手段，广告不仅能给企业带来长期的利润，而且更能提高短期的商品销售额，实现较好的短期促销效果，因此，广告备受企业青睐。具体来说，广告对于企业的经营活动的作用主要表现在沟通产销信息并促进商品销售、激发竞争活力并推动企业发展、降低成本并增加利润、树立企业形象并提高企业知名度等方面。

作为一种信息传播活动，广告所产生的影响和变化（效果）是广泛的、多种多样的,可以从不同的角度把广告效果分成很多种类。对广告效果进行分类,有利于我们更深入地认识广告效果。本章主要是按涵盖内容和影响范围划分和按产生效果的时间关系划分的。

广告效果是指广告作品通过广告媒体传播之后所产生的作用,或者说,是在广告活动中通过消耗和占用社会劳动而得到的有用效果。依据不同的标准,可将广告效果划分为不同的类型。总的来说,广告效果具有滞后性、间接性、复合性、积累性和竞争性五个方面的特征。

思考题

1. 简述广告的经济作用。
2. 谈谈你对广告促进企业经营的看法。
3. 广告效果怎样分类?
4. 谈谈你对广告效果特征的理解。

本章参考文献

[1] 李军波. 现代广告理论与实践 [M]. 长沙:中南大学出版社,2002:9-10.

[2] 傅汉章,祁铁军. 广告学 [M]. 广州:广东高等教育出版社,1997:52-60.

[3] 杨荣刚. 现代广告学概论 [M]. 沈阳:辽宁人民出版社,1994:15-23.

[4] 孟宪贵,孙丽辉. 现代广告学原理与应用 [M]. 长春:吉林大学出版社,1991:38-46.

[5] 陈培爱. 广告原理与方法 [M]. 厦门:厦门大学出版社,1990:52-60.

[6] 赵华明. 广告学原理与实务 [M]. 北京:中国财政经济出版社,2007:133-155.

[7] 王亚炜. 广告学概论 [M]. 兰州:甘肃教育出版社,2007:270-272.

[8] 金萍华. 实用广告学 [M]. 南京:东南大学出版社,2006:295-297.

4　广告策划的程序与内容

本章提要：

　　作为广告作业的核心环节，广告策划是广告人对要进行的广告活动在周密的调查和分析的基础上所作出的具有创造性、科学性和系统性特征的整体计划和安排。凡事"预则立，不预则废"，在广告活动过程中，所有的活动都是围绕着广告策划，有计划、有目标地实施和推进。因此，在学习广告管理的过程中，对广告策划的程序与内容的掌握极其重要和必要。

4.1　现代广告策划概述

　　现代广告活动已从过去的单纯向大众传递商品、服务信息的推销活动，发展为具有明确目标性、强烈竞争性和高超艺术性的整体战略活动。只有对广告运作的前、中、后期展开周密的思考和系统的策划，才能获得理想的广告宣传效果。

4.1.1　广告策划的含义与特征

4.1.1.1　广告策划的含义

　　广告策划是广告从低级阶段发展到高级阶段的显著标志。运用现代科学技术和多学科的知识进行广告策划，在美国、法国、日本等广告业发达的国家中已成为一种时尚。[①] 现代广告策划在激烈的市场竞争中将发挥越来越大的作用，认识广告策划的含义、特征和作用，把握其内涵与原则，是我们跨入广告策划这座科学艺术殿堂的第一步。

　　虽然广告的起源可以追溯到产生商品交换的远古时代，但科学的广告策划却是现代社会经济发展的产物。在20世纪50年代后期，广告策划在美国兴起，并很快就流行于法国、日本等广告业发达的国家。实际上，尽管人们对广告策划现象司空见惯，但对于什么是广告策划、它的科学含义是什么，却并不十分清晰明了。

　　所谓广告策划，就是广告人通过周密的市场调查和系统的分析，对未来时期的整体广告活动进行系统筹划和谋略性安排，从而合理有效地控制广告活动的进程，以实

---

　　① 饶德江. 广告策划 [M]. 武汉：武汉大学出版社，1996：1－4.

现广告目标的活动。广告策划，不是具体的广告业务，而是广告决策的形成过程，其核心是确定广告目标，制定和发展广告策略。

广告策划作为一种科学的广告管理活动，必须确定广告目标、广告对象、广告策略等原则问题。即解决广告该"说什么"、"对谁说"、"怎样说"、"说的效果如何"等一系列重大问题。

4.1.1.2　广告策划的基本特征

广告策划作为广告人对要进行的广告活动在周密的调查和分析的基础上所作出的具有创造性、科学性和系统性特征的整体计划和管理活动，具有以下特征：

（1）广告策划是一种创造性的指导活动。策划是一种程序，在本质上是一种运用脑力的理性行为。基本上所有的策划都是关于未来的事物，也就是说，策划是针对未来要发生的事情作当前的决策。广告策划有别于写、画、制作等具体的广告业务，具有一定的创造性，它是对这些具体的广告业务提出基本原则和战略决策，是对广告活动进行预先的思考和规划，并体现于制订的广告计划之中。

（2）广告策划是一项有针对性的科学实践活动。广告策划并非研究广告的一般规律，而是把广告学的原理运用到具体的广告活动中。按照特定的广告主的需要，充分考虑广告活动的科学性、有效性。任何广告活动都应当针对特定的广告目标，讲究投入产出，强调广告效益，力争实际效果，这是广告策划的根本目的所在。广告效果既包括企业产品销售的经济效果，也包括企业形象、品牌形象等方面的效果；既包括近期可见的效果，也包括远期的潜在效果。

（3）广告策划是一种系统性的活动。科学的广告活动具有自身的规律，它按照消费者的消费心理规律以及商品的导入期、成长期、成熟期、衰退期的不同特点，分系统、分步骤地实施广告策略。广告策划的系统性即是使广告活动的各个环节、各个要素互相协调、互相依存、互相促进，在本质上要求广告又要有统一性，即广告策略的统一性。各种广告策略系统组合，科学安排，适当地运用，具有严密的系统性，才能防止广告策略之间、广告媒介之间互相矛盾、互相冲突的现象，也才能克服广告活动中的随意性和盲目性，取得较好的经济效益和社会效益。

成功的广告策划必然体现指导性、科学性、针对性和系统性。科学的广告策划与广告活动骨肉相连、密不可分，是一个完整的有机统一体。

4.1.2　现代营销策划与广告策划

4.1.2.1　现代营销策划与广告策划

企业营销策划是对企业的整个业务经营活动，主要是市场调查和分析、产品策略、价格策略、促销策略、企业决策和售后服务等方面的有机组合的策划。在现代化大生产高度发展的今天，企业营销活动的各种因素并不是孤立地存在的，而是相互之间有着紧密的联系并相互制约，因此，企业营销组合是现代营销策划的关键所在。而广告策划作为促销策略策划的重要部分，必须从企业营销组合的全局着眼，使之与营销组合的各个部分协调，统筹安排，从而展现出广告策划的魅力。

随着企业营销观念的发展，广告策划的观念也发生了深刻的变化。传统的广告策划观念仅仅把广告作为商品推销的一种手段：在内容上，局限于产品的介绍和购买欲望的刺激；在目标上，侧重于短期的销售增长和经济效益；在形式上，偏重于平铺直叙地直接宣传。因此，传统广告活动基本上是站在企业自身的立场上，以促进企业现有产品的销售为主要目标。结果是广告往往不一定能符合消费者的需求和接受心理，难以产生促销效果，最终影响企业整体营销效果。[①]

现代广告是以企业整体营销为基础的广告，它不是以企业为中心，而是以消费者为中心。它强调从消费者的需求及广告受众的接受心理出发开展广告宣传，注重广告的整体效应和长远效应。现代广告主要是以开拓和巩固企业的目标市场为目的，重视广告的长期效益而不拘泥于短期利益的得失。在广告内容上不局限于产品的推销和介绍，而注重于建立稳固的品牌信誉和良好的企业形象。在这种情况下，广告活动不是孤立的行为，而是企业整体营销策略的重要组成部分。

现代商品经济的发展改变了市场的供求关系，也改变了消费者的接受心理。市场整体性日益突出，市场各要素之间的联系越来越密切。市场的各种环境要素也会在不同程度上对企业的近期和远期产生影响。因此，现今的企业广告活动必须充分考虑市场各方面的影响因素，进行总体的、长远的规划。广告策划可以围绕企业的今昔目标，把各方的力量结合在一起，充分发挥其综合效应。

4.1.2.2 广告策划在企业营销策划中的重要作用

广义的市场概念是商品交换关系的总和。市场由三个要素构成：卖方、买方、必要的信息传递。广告作为信息传递的重要手段，使供需双方得以及时沟通。在激烈的市场竞争条件下，广告不是简单地传递买卖双方的信息，而是在广告信息传递的目标、内容、形式、策略与时机上，融入了大量的智慧与知识，并通过科学、系统的针对性策划，为企业取得良好的经济效益和社会效益服务。广告策划的重要作用有：

（1）创造新的市场需求。广告策划不仅可以刺激消费者的消费欲望，促成购买行为，而且通过策划能创造出新的消费观念，引导消费者去追求新的消费。不论是老产品还是新产品，都可以通过广告去发掘市场的潜在需求，提高市场占有率。例如"南方黑芝麻糊"通过广告的策划创意，使被现代人淡忘的传统营养食品重新以健康、营养、温馨的形象进入千家万户。化妆品历来被中国人视为奢侈品，但通过广告的宣传推动，如今大部分女性为美容而化妆、为健康而化妆、为延缓衰老而化妆已成时尚和一种生活方式，并已悄悄地进入一部分男士的生活中。

（2）增强企业的竞争实力。在国内外市场的逐步融合、接轨的过程中，竞争成为经济活动中的必然现象。竞争不仅能促进企业的发展，而且能促进市场的繁荣和社会的发展。广告策划是现代企业在市场上开展竞争的重要手段，其独特功效就在于创造出独特、有新意而又系统周详的竞争方案，从而极大提高企业的竞争优势。通过精心周密的广告策划，能对本企业产品和服务的相对优势有意识地进行强调，从而达到战

① 陈培爱.广告策划［M］.北京：中国商业出版社，1996：15－18.

胜竞争对手的目的。

（3）提高企业经营管理水平。广告策划的直接结果就是形成企业对某项活动统筹安排的策划方案。为了达到既定目标，企业活动必须遵循所设定的工作程序，因而保证了企业生产经营活动系统有序，也保证了在实现目标的前提下最经济地配置企业资源。在销售服务方面，企业的广告活动要求做好流通环节的协调工作，做好售后服务。在企业管理方面，由广告活动所带来的竞争压力，促使企业各部门通力合作，保持高效运转的状态，使企业管理进入良性循环。一句话，广告策划提高了企业经营管理水平。

（4）有效地提高企业的声誉。现今，越来越多的企业意识到，只要树立起企业的整体形象，市场就能得以巩固和发展，企业的产品就更为畅销。在广告策划中，可以有意识地突出企业形象标识的宣传，或者采用公共关系的手段塑造和扩展企业的整体形象。一般来说，广告策划活动越成功，企业的知名度就越高，就越能有效地促进其产品的销路。

由此可见，广告策划是从企业的整体利益出发，不仅能为企业带来经济效益，还有利于树立企业良好的社会形象。广告策划使经济效益与社会效益较好地结合，使二者相辅相成、互相促进，更好地发挥企业整体机能的作用。

4.1.3 广告策划的意义和作用

广告策划是现代广告与现代管理科学相结合的结晶。它把现代管理技术与现代广告活动的多样性、复杂性、系统性和定量化要求结合起来，使现代广告真正成为一门科学。广告策划的意义和作用主要表现在以下几个方面：

（1）广告策划使广告真正成为企业战略计划的有机组成部分。企业要在竞争中取胜，必须重视和制订一整套行之有效的战略计划。企业经营管理中的任何行动，都应看成是实现战略的一部分。广告是企业营销中的一个重要组成部分，只有对企业广告活动进行整合规划，才能将其最终统一到企业战略计划的框架中。

（2）广告策划使广告成为更加有效的产品促销手段。广告策划使广告能以最适当的内容、在最合适的时机、以最恰当的方式，准确地送达事先确定的目标市场，从而最大限度地发挥广告的说服效果。没有经过策划的广告，或者偏离中心，或者无的放矢，或者与产品销售脱节，都很难充分发挥广告对产品的促销作用。

（3）广告策划是现代企业成功推出新产品和创立名牌产品的基本手段之一。通过精心安排、循序渐进的广告宣传与诱导，企业设计的良好形象才能在众多消费者的心目中有效地形成，也才能确立一项产品、一个品牌甚至一个企业在市场中的理想位置。没有出色的广告策划，任何一个良好的产品形象、品牌形象或者企业形象的建立都是不可能的。

（4）广告策划是实现企业广告整体优化，杜绝和减少无效、低效广告，提高广告效益的有效途径。

（5）广告策划是广告经营者提高整体服务水平和竞争实力的重要途径。

4.2 广告策划的内容和工作流程

4.2.1 广告策划的要素①

广告策划的要素就是指广告策划的运作过程中不可缺少的要素，概括起来包括以下几个方面：

4.2.1.1 广告策划的主体

广告策划的主体即广告策划的执行者。在现代广告运作中，广告策划的主体通常由专业广告公司来担任，具体而言就是广告公司中的策划小组。他们负责具体的广告策划内容及实施。随着市场竞争的加剧、广告策划的难度和专业水平要求的提高，非广告公司专业人员从事广告策划的可能性越来越小。

4.2.1.2 广告策划的对象

广告策划的对象就是具体的广告活动，必须有广告活动的要求才会有广告策划的存在。

4.2.1.3 广告策划的依据

广告策划不是凭空想象的，要依据很多方面的信息、材料以及一定的理论的指导来进行。这些就构成了广告策划的依据，可以分成三个方面：

（1）广告调查所获得的一手市场状况的信息，即企业的营销环境、消费者、相关产品以及竞争对手真实、全面的信息资料。

（2）企业的市场营销策略、营销的总体目标和规划。

（3）除上述两个方面之外，广告策划还需要一定的理论依据，以保证策划的科学性和合理性。主要的理论依据来自传播学、现代广告传播理论、市场营销学、消费者心理学、公共关系学等。

4.2.1.4 广告策划的方法

广告策划是一个在众多信息的基础上进行决策的过程。其中涉及的内容极其丰富，需要获取和分析的资料非常多，而且决策的内容又非常复杂，因此，科学的方法就显得非常重要。在广告策划运作中，常用的方法主要有实证分析法、小组讨论法、实验法等，这是广告策划科学、有效的重要保证。

4.2.1.5 广告策划的程序

广告策划必须遵循一定的程序，事实上，广告策划的过程始终都体现着程序化的特征。其表现在：广告策划的运作流程是程序化的，即进行市场调研→确定广告目标→确定广告策略→撰写广告计划书→广告计划实施。

---

① 赵爱琴. 现代广告学教程［M］. 北京：北京工业大学出版社，2002：97－99.

广告策划书的写作格式是程序化的，广告公司对广告策划工作的组织也是程序化的。这些程序使广告策划规范而有效。

4.2.2　广告策划的内容

广告策划，作为企业的营销策划活动的重头部分，既不是无计划地进行也不是无目的地展开，而是按照一定的程序，有计划、有步骤地进行。一个成功的完整的广告策划，一般是由几个阶段组成的，不同阶段的工作对象、内容和目标均有不同。

（1）整体安排和规划阶段。该阶段主要是组织包括客户执行、策划创意、设计制作以及媒体公关人员在内的各方人士，规定各自的任务，设计各项工作的时间进程。这是落实策划的前期准备工作。

（2）市场调查阶段。该阶段主要是立足于对广告环境作深入的了解和分析，以摆正产品在市场上的位置，从而摆正广告在市场上的位置；对于广告所要介绍的产品或者服务作深入的了解和研究，把握好产品的个性，以决定这种产品值不值得做广告，以及怎么做广告；确定某种广告目标，策划一定的广告效果（包括经济收益方面的和社会效益方面的），使广告目标与企业付出的相应代价和努力相一致；最后，使广告所介绍的产品或服务和广告目标通过恰当的方法结合起来、表达出来，并且适应特定的广告环境（目标市场），满足顾客的需求，从而产生广告主题以及广告创意。

（3）战略策划阶段。该阶段在总结归纳前期调查分析的成果之上，研究和确定广告的定位策略、诉求策略等各种策略，以此作为实现广告目标的手段（包括对各种广告媒体、表现方式、地域、时机等的选择），从而制订广告计划以及制作广告预算和策划报告。

下面我们进一步分析广告策划的程序，即广告策划各阶段的具体内容。

4.2.2.1　前期整体安排和规划准备阶段

前期准备主要是在整体安排和规划阶段执行。具体的广告策划内容有：与广告主接触，就广告策划事宜达成初步意向；与广告主就广告策划进行具体详细的商谈，使广告主明确表示出广告活动的意图；签订委托协议或合同；广告公司对包括媒体公关人员在内的各方人士，规定各自的任务，设计各项工作的时间进程并进行人员的调配等；广告公司初步调查，熟悉市场和广告主的情况，并初步收集获得有关市场、产品和广告主的资料；组成广告策划小组，为策划前期准备工作的落实做好充分准备。

4.2.2.2　市场调查阶段

如前所述，在市场调查阶段主要立足于对广告策划环境的深入了解和分析，以摆正产品在市场上的位置，确定产品的市场定位和目标市场；对广告策划所要介绍的产品或服务进行深入了解和研究，把握好产品个性，以决定该广告策划的可行性；确定广告策划决策；最后确定广告效果，并根据反馈信息修正前述各项决策。

（1）广告策划营销环境调查分析。广告策划营销环境调查分析包括宏观环境调查、中观（行业）环境调查和微观环境调查。其中宏观环境调查即对政策、经济、社会文化和技术四大重要因素（PEST）的调查分析；中观（行业）环境调查则主要关注该广告主企业所在行业的发展事态对广告策划的影响；微观环境调查分析则侧重于对广告主企业内部的各个影响广告策划的因素（SWOT）进行分析。

（2）消费者调查。消费者调查即通过上面的市场调查结果对消费者进行以下方面的调查分析：现有消费者群体的消费行为；现有消费者群体的态度；潜在消费者群体的特性，潜在消费者变成现有消费者群体的可能性。其具体内容有：现有或潜在消费者群体的特性，如现有或潜在消费者的人口特征（年龄、性别、职业、地域等）；现有或潜在消费者其需求的发展性，会不会由于广告的传播而发生购买行为等。

（3）产品调查分析。产品调查分析形成消费者分析结果，其主要内容有：产品特性的分析；产品形象的分析；产品生命周期的分析；产品和同类产品的分析。最后总结产品在市场上面临的问题和机会、与同类产品比较时的优势和劣势。

（4）市场调查。通过对广告策划营销环境的调查分析，确定产品或服务的定位和目标市场，并就该目标市场作详尽的市场调查，其主要涉及：确定市场调查的目标、范围、对象、方法和拟订市场调查计划；拟定市场调查计划所需的调查问卷、访谈提要并准备必要的设备；具体实施市场调查计划；分析和整理市场调查结果，并根据该结果编制市场调查和分析报告。

（5）竞争状况调查。竞争状况调查分析即调查分析广告主企业和竞争对手，包括：首先确定企业的竞争对手，然后确定企业自身与竞争对手比较时的优势和劣势。在调查分析企业与竞争对手的广告策划活动时，主要从各自的广告时间、广告范围、诉求对象、媒体策略、广告效果进行比较，最终比较获得企业与竞争对手在广告方面的优势和劣势。

对于广告策划中的调查部分，将在第九章《广告调查》中作进一步探讨，在此不再赘言。

4.2.2.3　广告战略策划阶段

广告战略策划主要是广告目标、策略及创意等广告决策的确定及进行相应项目广告策划书的撰写。

（1）确定广告目标。根据前面的分析结果，确定广告策划活动的目标，即广告策划活动要达到的目的，当然这也是企业营销目标所决定的。广告目标规定着广告策划活动的方向，影响到广告活动的其他项目的进行，如媒体的选择、表现方式的确定、广告应突出的信息内容等。

营销目标不同决定了企业广告策划的目标也不相同。归纳起来，广告策划目标主要有知名度创牌广告目标、宣传说服保牌广告目标、促进销售广告和竞争广告目标。在广告策划时要根据前面所论述的企业所面临的市场机会、目标消费者进入市场的程度、产品的生命周期以及广告效果指标等各个因素来确定适当的广告目标，只有这样才能达到广告主所期望的广告效果。

（2）广告策略决策的确定。通过对目标市场、产品定位、广告诉求、广告表现、广告媒体、促销策略组合等策略的研讨和决策，来制订具体的广告计划，实现广告目标。

目标市场策略的研讨和决策包括：对市场进行细分；对细分市场进行评估和选择；确定产品的目标市场策略；分析目标市场，并具体详细描述目标消费者群体的特征，确定各细分市场的问题和机会。

产品定位策略的研讨和决策是指根据确定的目标市场，决定产品定位和广告的定位策略，其包括：分析原有产品定位的优势和不足；分析竞争对手的定位策略；确定本产品的定位策略。

广告诉求策略的研讨和决策是根据目标市场的策略来决定广告诉求策略，包括广告的诉求对象、广告的诉求重点和广告的诉求方法。

广告表现策略的研讨和决策则是根据广告诉求策略来确定广告表现策略，包括广告主题、广告创意概念和广告表现的具体要求。

广告媒体策略的研讨和决策也是取决于广告目标市场的策略，包括：按照覆盖面、受众群体、成本对广告媒介进行评估；选择媒介并进行媒介组合；确定广告发布的时机、时序和时点策略；确定广告发布的频率策略。

促销策略组合等策略的研讨和决策则是指在广告活动过程中，是否还需要销售促进、公共关系与公共宣传、人员推销和直接营销等营销传播手段的配合，如果要进行促销策略组合，其策略如何。

经过以上对目标市场、产品定位、广告诉求、广告表现、广告媒体、促销策略组合等策略的确定，就可以策划出广告创意，制订出具体的广告计划来实现广告目标。其广告策划计划主要包含：广告目标、广告对象、广告范围、广告媒介、广告表现、广告与其他营销活动的配合。

根据上述决策的结果，拟订详尽的广告计划，确定广告预算，明确广告效果测评的方法，撰写广告策划书。

4.2.3　广告策划的工作流程

广告公司在接受客户委托进行广告策划时，通常是按照下列步骤进行的（作为客户，在将广告策划任务交给广告公司之后，也可以按照以下步骤监督广告公司的策划工作）：

（1）组建以该客户或其产品命名的广告策划小组。该策划小组通常由下列人员构成：

①业务主管（Account Executive，AE）：即广告公司与客户之间的联络人，是广告公司中执行广告业务的具体负责人，一般由业务部经理或总经理、副总经理、创作总监、策划部经理等人担任。业务主管的水平是衡量一个广告公司策划能力的标志之一。

②策划人员：通常由策划部的正副主管和业务骨干担任，要负责编拟广告计划。

③文稿撰写人员：专门负责撰写各种广告文稿。

④美术设计人员：专门负责进行各种视觉形象的设计，他们必须有很强的领会能力和将策划意图转化为文字和画面的能力。

⑤市场调研人员：能进行市场调查，并有进行市场分析、研究、撰写调研报告的能力。

⑥媒介联络人员：要求熟悉每种媒介的优势、缺陷和价格，与媒介有良好的关系，并能按照广告战略部署购得所需的媒介空间和时间。

⑦公共关系人员：能提出公关建议，并进行各种必需的公共关系活动。

（2）向有关部门下达任务。经过广告策划小组的初步协商，根据企业的要求，向市场部、媒介部、策划部、设计制作部等部门下达任务。

（3）策划小组共同商讨本次活动的战略战术，进行具体策划工作。一般情况下，策划小组此时要讨论和确定本次广告活动的战略、策略和实现它们而采取的手段和方法。

（4）撰写广告策划书。广告策划书是广告策划的产物，它是本次广告活动的行动大纲。

（5）向客户递交广告策划书并由其审核修改或确定。

（6）将策划方案交各个职能部门，实施的部门主要是：

①设计制作部。它要将广告创意转化为可视、可听的广告作品。

②媒介部。它要按照广告策划书的要求购买媒介的时间和空间，实施广告发布。

（7）对广告效果实施监测，并及时反馈其结果，以便对广告策划中存在的漏洞作出及时修正。

4.3　广告预算编制

企业在市场竞争中必然要投入资金做广告，投入多少资金、怎样分配资金、要求达到什么效果、如何防止资金的不足或浪费等问题都是广告策划预算编制的内容。广告主事先制定一个能够表明某段时间内所打算进行的各项广告活动的经费开支的方案的过程就是广告预算。正确编制广告预算是广告策划的重要内容之一，是企业广告活动得以顺利开展的保证。广告预算具有计划工具和控制工具的双重功能，它以货币形式说明广告计划。它能够提供控制广告活动的手段，保证有计划地使用经费，争取广告活动更有效率，增强广告业务人员的责任感，为评估效果提供经济指标。一句话，广告预算的目的就是要用最小的投入获得最大的产出。可见，广告经费是广告策划和广告活动的基础，广告预算的重要性不言而喻。

4.3.1　广告预算与广告目的的关系

广告预算是实现广告目的的重要保障。一般而言，广告经费的多少决定着广告活动的规模和广告目的的大小，制定广告预算跟确定广告目的之间具有非常密切的直接关系。广告目的确定广告策划者想做什么，而广告预算则限定了策划者只能做什么。因此，在广告策划的实际过程中，要始终把广告目的与广告预算联系在一起同时考虑、同时处理。

广告目的的确定，一般是从知名度创牌效果、宣传说服保牌的传播效果和促进销售和竞争的效果这三者中视情况而选择其一来加以考虑，因而广告预算与广告目的之间的关系，可以概括如下：

4.3.1.1 广告目的是以促进销售和竞争来表示时受广告预算的制约

在产品直接销售给最后的消费者，中间不经过其他配销环节而只通过媒体联系消费者的情况下，广告是唯一的营销方式。因而，相应的广告效果评估就是以销售单位或销售金额来确定和衡量其广告目的实现的程度。广告目的的实现，有一个金额指标；而为了达到这个目的，要做广告，花费多少广告费用，也有一个金额指标。广告目的在于实现的销售金额中包含成本回收和利润，因此，在广告策划中要处理好广告投入和企业销售利润的关系。它与广告费用的关系如图4.1所示，设定销售利润Y，广告费用投入X，那么，Y>X是一条基本原则。在这个原则下，对企业来说理想的趋势是X趋于极小，Y趋于极大，即要用最小的广告投入去获得最大可能的利润。

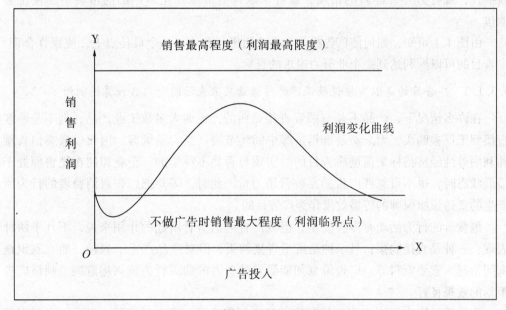

图4.1 广告投入与销售利润的关系

广告目的很明确，也很单纯，即要带来利润。但是什么时候做广告，做什么形式、什么规模的广告等，直接关系到广告费用开支的时机和数额，而时机和数额是否恰当，又直接关系到广告的成效，即利润能否实现以及利润的大小。那么，如何选定恰当时机和确定恰当的广告开支数额呢？这又得根据产品的生命周期及市场上的竞争情况来统筹考虑。广告策划者要处理好这一系列的问题，在广告策划阶段就要有预见性地处理好，为财务部门提供理由充分可信的广告预算方案。

当广告费投入处于坐标原点时，即不做广告、不花广告费时，其他营销活动也能实现利润，但利润低，处于临界线。当广告费投入列入预算，广告活动开始时，广告费的投入实际上加大了成本，不能即时发生效果获得利润（即广告开支投入抵消或挤占了临界利润），因而刚开始有一个利润低谷，稍后开始回升超过临界利润。当广告费进一步增大，并达到一定量时，广告投资效果开始显现，开始带动销售量增长。广告费投入持续增大，企业销售量随之增长，与广告费用投入呈正相关状态，销售额大幅度增加，利润也上升到接近最高限度。但到达一定程度，当广告费继续增加时，广告投资效果却不再那么明显，销售额可以稳定一段时间，而利润却反而开始下降。这是因为现有市场容量有个限度，销售额也因此受到限制，不可能无限增长，而只能处于相对稳定状态。但因广告的开支增加导致成本加大，挤占利润，所以利润趋势呈现稳中有降。当广告费再继续增加时，销售反而下降，利润也随之大幅度下降，直至降到临界以下。这是因为，除了市场容量限制销售额，即限制利润增长外，广告费的再增加导致成本更加增大，挤占利润更多；同时，该产品可能在市场上出现饱和状态，引发滞销；还可能因为同类产品的竞争而导致本产品市场缩小，以及为了参与竞争而实行降价措施或另辟销售渠道等。这时候，显然不宜继续增加广告费，而应考虑产品更新换代，或者另外开辟新的市场，或者采取其他措施强化本产品的市场垄断性优势地位。

由图4.1可知，如何使广告投入与企业销售利润处在一个最佳点上，使预算合理、广告目的可以顺利达到是企业努力追求的目标。

4.3.1.2 广告目的是以宣传说服保牌的传播效果来表示时受广告预算的制约

在许多情况下，产品不是与顾客直接见面的，比如大多数工业产品，都不是顾客直接到工厂去购买，而是通过推销员等中间环节将产品卖给顾客。因而以最终销售额和利润等纯经济指标来衡量广告目的的实现与否是不科学的。企业即使在销售额处于最低状态时，也不可忽视广告的品牌营销力量。此时，需要把广告对消费者的行为所产生的宣传说服保牌的传播效果作为广告目的。

消费者的行为活动有多种类型，但就广告对消费者所起的作用来说，不外乎两种表现：一种是直接购买；另一种是虽不直接购买，但对产品产生了兴趣，如有意识地询问情况、索要资料等。广告策划如能激发消费者的购买行为或兴趣意向，则该广告策划的效果良好。

广告效果取决于诸多方面的因素，比如创意水平、发布时机等。但是，当假定其他各方面因素都能促成良好效果时，广告预算便成为重要的决定因素之一。首先，广告预算的规模与广告目的是否适应，将直接决定广告目的能否达到。通常情况是预算规模过小、广告缺乏充分的资金支持，在发布的数量或区域及媒体利用率等方面处处受制。产生此种情况的原因是，策划者或管理者急功近利，重视直接销售而轻视间接销售。用广告去影响消费者以使其在行为活动方面发生变化，或者购买，或者只是产生了兴趣，这都有利于销售；引起消费者的兴趣只是间接销售，对消费者和潜在消费者的行为活动的变化过程要耐心等待。消费者对一种产品有一个认识和选择的过程，广告对消费者和潜在消费者起作用，也有一个时间过程，通过消费者对广告多次视听（包括一个地点一种媒体多次视听、一个地点多种媒体同类宣传视听、多个地点一种媒体及多个地点多种媒体的视听等几种情形），逐步加深印象，逐步形成一种认识，最后才作出某种决定。这种决定是迟缓的，但却是十分冷静的。冷静的购买比那种盲目冲动的即兴购买更有意义、更有价值，因为冷静的购买意味着一种成熟的决定，意味着今后重复购买行为的连续发生。认识到这一点，就不会产生重视直接销售而轻视间接销售的偏向，就不会将广告预算当做一种额外负担而任意压缩削减。

广告策划人员需要用广告的宣传说服保牌的传播效果说服管理者和财务部门，使其达成预算问题上的共识，以求获得必要的充分的资金支持，保证广告目的的实现。但是，广告预算策划要牢记"用最小的投入获得最大的产出"这一原则，预算经费要恰到好处，避免浪费，要力争把钱用在刀刃上。所以，要强调的不是广告预算本身的规模大小，而是广告预算规模一定要与广告目的相适应。

4.3.1.3 广告目的是以知名度创牌传播效果来表示时受广告预算的制约

知名度创牌传播效果主要是指广告在消费者以至社会公众心理上发生的效果，即认知、知名、理解、喜爱、偏好、信服和忠诚这一心理活动的进展过程。如果广告发生了上述传播效果，随之而来的将是消费者的购买行动和潜在消费者的态度改变，以及企业的知名度提高、形象确立、品牌记忆加固等。因此，当广告产生了策划者预期的某种效果时，可以认为是广告目的已经实现，或者说能否达到广告目标，取决于广告策划能否获得相应的预期传播效果。基于这种认识，可以通过广告预算对传播效果的影响看到广告预算与广告目的的制约关系。

这里的关键之处是如何看待广告的迟延效果。广告效果并不是都会即时发生的，有些情况下在某些方面某些地方对某些人会产生立竿见影的效果，但多数情况下广告的效果要经过一段时间才会显露出来，而且这种效果不是一次性发生，而是长期保留延续下去，这就是迟延效果。

迟延效果涉及广告投资的回收问题。广告经费支出，像其他投资支出一样，都要求有助于企业营销，要产生效益，尤其是要求收回成本。管理部门和财务部门审查广告预算时，决定是否批准预算，也无疑首先要考虑其成本回收问题。但是，按制度规定，今年的广告年度预算要记在今年的账上；从财务来看，今年开支了一大项广告费用，但今年既得不到销售利润，又不能回收成本，明显造成资金积压及利润下降，这会成为今年年度的困难问题，而广告效果的发生要等到明年乃至后年。为了减少当年度的困难问题，管理者和财务部门的想法与广告策划人员的想法可能会很不一致，所制订的预算方案也可能有分歧。再者，传播效果体现于企业知名度等方面，是无形的，不能以销售数额来折算衡量，这更加重了管理者的忧虑。如果广告策划人员有充足的理由说服管理者，则预算方案可能被采纳，如不能做到这一点，则预算方案可能被修改。这种复杂情形是由广告的迟延效果所引起的。这种情形的实质在于：广告预算在整个企业预算中只是一个组成部分，它必须服从整个预算的年度记账制度，对将来能否发生效益及发生多大效益根本不考虑；而广告目的实现则必须依靠当年度的广告预算获得资金支持。所以，广告预算对广告目的具有强力的制约作用。为了保证广告目的能顺利实现，策划者必须尽一切可能制订一个合理的、能被管理者和财务部门理解和接受的预算方案。

4.3.1.4 广告预算分配对广告目的的影响

广告预算分配是否合理，也是广告目的能否达到的决定因素之一。广告预算总体规模与广告目的是相适应的，即所计划的广告费总额预算确定，如果广告预算内部的每一笔开支不恰当、不合理，也难以产生广告预算策划所期望的效果。广告预算分配上的任何一种失误，都会影响分配的合理性；而任何一种不合理的分配，都是浪费资金。最终自然不可能求得广告的最佳效果，广告目的的实现就会大受影响。

4.3.2 广告预算的影响因素

广告预算对于实现广告目的具有决定性意义，策划人员对广告预算及广告预算分配所作的策划必须合理、明确，容易被接受，便于执行。明确广告预算的影响因素，为策划出科学的广告预算提供了必要且必需的基础。

4.3.2.1 企业的经营状况

编制企业广告预算要考虑企业的经营状况，根据人力、财力和物力等企业自身资源量力而行，策划出一个企业可以承受的广告费用投入总额或限度。广告预算要与企业承受能力相适应，这是广告预算必须坚持的一条基本原则。超越企业承受能力的广告预算，要么不能被管理部门或财务部门接受，要么即使被接受，在实施过程中也不能完全执行。

企业的状况和实力是决定广告预算的基本依据和前提。企业实力状况直接影响广告预算的高低。企业规模大、实力强，企业的营销目标和广告目标就相对较大，广告预算相应也会比较大；反之，企业规模小、实力弱，广告预算自然较小。总之，不顾企业自身的经营状况，随意编制广告预算是不可行的。

4.3.2.2 企业的营销目标和广告目标

如前所述，企业的营销目标和广告目标受到企业预算的制约，但企业预算也须根据企业的营销目标和广告目标的变化而相应调整。一般情况下，企业的营销情况比较稳定时，企业的营销目标和广告目标以及相应的广告策略也会比较稳定，因而企业在实际确定广告预算时，采用比较简单的方法，即每年度只确定一个比例或提出一个绝对数即可。在企业处于市场稳定时期内，这样做似乎合情合理，但是，一旦企业遇到重大挑战，整个营销目标和广告目标就必须修订，甚至重新制定，这时，广告预算也必须根据新的营销目标和广告目标来制定，而不能沿用稳定时期的习惯做法。

4.3.2.3 企业外部环境变化

企业的外部环境变化（市场形势的变化、竞争对手的情况变化、其他社会影响因素的变化等）对企业广告预算有明显的制约作用。单就广告效果而言，广告效果的发生过程及效果强弱也跟外部环境有密切关系，而企业对外部环境只能积极适应，不可能根本改变。因此，制定广告预算必须充分考虑外部环境因素的影响程度。当外部环境因素的影响力达到一定强度并足以迫使企业调整计划时，广告费用投入也必然会受到影响，在广告预算策划时必须预先对这种可能性有充分估计，使预算保持一定的弹性，使其具有应变能力。

企业生产或销售的产品或服务，具有不同的特性，如用户的范围不同、价格有高低、使用时间有长短（耐用品和易耗品）等。不同类型的产品其广告预算额不同，分配方法也不尽相同。对用户面广的产品或服务来说，广告传播范围也要相应地扩大才能有效地覆盖用户面，而广告传播范围大，则要求广告的媒体种类多样化、发布频次增加等，当然广告费用投入预算就相应增大；价格较高，购买者人数不多，而且顾客购买时都要经过慎重地考虑和选择的产品或服务，也需要多投入广告费，促使其产生购买行动；耐用品的使用寿命较长，顾客重复购买的可能性较小，因而也应加大广告预算，加强宣传，以求促使顾客重复购买并让潜在消费者发生购买行动。反过来，用户面比较窄、价格低廉、容易损耗的商品，其广告预算则可小一些。

4.3.3 广告预算的方法

广告能促进销售量增加，但是做广告要支付一定的费用。由于广告的促销效果很难计算，因而无法直接定量计算出合理的广告费用，通常本着扩大销售、提高经济效益、节约费用开支的原则，在制定广告费用预算的时候，采用力所能及法、销售额比率法、总额包干法、项目费用汇总法、竞争对等法、目标达成法、产值抽成法、利润抽成法等。以下介绍常用的几种方法：

（1）力所能及法，是指根据企业的财务能力来确定广告预算。将企业收入扣除必需的开支、利润后，剩余即作为广告费用。这是最简单的确定广告费用的方法。但这种方法不能针对广告支出与销售变化的趋势，且广告预算随着企业财务状况变化而起落，难作长期、全面的考虑和计划。

（2）销售额比率法，指按照过去销售额或预测的本期销售额的一定比例确定广告费用预算。这种方法缺乏灵活性，一旦出现良好的市场销售机会，需要更多的广告支出时，却会因为缺乏广告费用而坐失宣传和促销的良机。

（3）竞争对等法，即按照竞争对手企业的广告费用额确定本企业广告费用预算。这是一种保持已有市场地位、避免广告战所采取的方法。但这种做法有很大的盲目性，因为竞争者的广告支出不易确定。此外，本企业的产品及条件不可能与竞争者完全一致，因而单纯模仿也不一定是好的方法。

（4）目标达成法，指根据企业的预定广告目标和任务来编定广告预算。运用这种方法要确定企业的广告目标，其次要确定为达到目标需要进行的具体广告活动，最后预算出完成这些活动所需要的费用。

本章小结

广告策划是广告从低级阶段发展到高级阶段的显著标志，现代广告策划在激烈的市场竞争中将发挥越来越大的作用，认识广告策划的含义、特征、意义和作用，把握其内涵，是我们跨入广告策划这座科学艺术殿堂的第一步。

企业营销策划是对企业的整个业务经营活动，主要是市场调查和分析、产品策略、价格策略、促销策略、企业决策和售后服务等方面的有机组合的策划。企业营销组合是现代营销策划的关键所在。而广告策划作为促销策略策划的重要部分，必须从企业营销组合的全局着眼，使之与营销组合的各个部分协调，统筹安排，从而展现出广告策划的魅力。

广告策划的内容涉及整体安排和规划阶段、市场调查阶段和战略策划阶段三个重要的阶段。

广告策划的要素是指广告策划的运作过程中不可缺少的要素，包括：广告策划的主体、广告策划的对象、广告策划的依据、广告策划的方法、广告策划的程序。

企业在市场竞争中必然要投入资金做广告，投入多少资金、怎样分配资金、要求达到什么效果、如何防止资金的不足或浪费等问题都是广告策划预算编制的内容。广告主事先制定一个能够表明某段时间内所打算进行的各项广告活动的经费开支的方案的过程就是广告预算。

思考题

1. 广告策划的含义与特征是什么？
2. 简述广告策划在现代市场营销中的作用。
3. 简述广告策划的工作流程。
4. 广告预算的意义是什么？其影响因素有哪些？
5. 了解广告预算测定的方法。
6. 什么是广告效果？它有哪些分类？

本章参考文献

[1] 饶德江. 广告策划 [M]. 武汉：武汉大学出版社. 1996：1－4.

[2] 陈培爱. 广告策划 [M]. 北京：中国商业出版社. 1996：15－18.

[3] 赵爱琴. 现代广告学教程 [M]. 北京：北京工业大学出版社，2002：97－99.

5 广告心理

本章提要：

广告心理指的是研究广告过程中消费者的心理与购买行为之间的关系。广告是否能达到预期的效果，取决于它能否让消费者产生清晰的认知，激起消费者情感的共鸣，进而导致消费者产生购买意愿和购买行为。因此在开展广告活动之前，必须了解广告心理。本章将从广告的心理功能、心理过程、广告诉求的心理基础等方面展开对广告心理的分析。

5.1 广告心理概述

广告怎样才能达到预期的效果，怎样才能让消费者对广告传递的信息产生清晰的认知，激发起消费者情感的共鸣，让消费者熟知广告产品，进而产生购买意愿和购买行为，这些都要求广告创作人员去研究广告心理。

5.1.1 广告心理的概念

广告心理就是研究广告过程中消费者的心理与购买行为之间的关系。广告界有句名言："使人注意到你的广告就等于把你的商品推销出去了一半。"广告作为一种外在的刺激信号，是否能达到预期的效果，取决于它能否让消费者产生清晰的认知，激起消费者情感的共鸣，进而导致消费者产生行为目标和购买行为。

根据消费者行为学的知识，在许多场合下，消费者的需要是处于一种笼统、朦胧的状态，广告的一个基本目的就是唤醒或激发消费者对自身潜在需要的意识或认知。一个成功的广告应当成为消费者选择商品的参谋，这样的广告作品必然是建立在对消费者心理过程和特点进行深入研究的基础之上的。因此，了解消费者的心理活动过程，是开展任何广告活动的前提。消费者的心理活动过程，指的是消费者在购买行为中形成的心理活动的全过程，是消费者不同的心理现象，特别是心理需求对商品或服务的动态反映。

5.1.2 广告的心理功能

广告的心理功能是指针对广告对象的心理特点，借助信息的传递来产生影响以唤起消费者的注意，在激发消费欲求的过程中对消费者的心理活动产生影响，促成购买行为。具体来说，有以下几点功能：

5.1.2.1 引起注意的功能

广告的基本功能是利用各类媒体将有关企业、商品和服务的信息向消费者传播。然而，人们对广告是有戒备心理的，只有运用心理学"注意"的原理，信息的传递才能为人们所接受。假如消费者对某个企业所生产或经营的某种商品毫无印象，则很难预先产生购买欲望，更不会在今后的购买活动中去有意寻找这种商品。

5.1.2.2 识记功能

由于广告能传递商品、企业及服务的信息，所以能促进消费者对某种商品、某个品牌、某种服务项目、某个企业经营范围等方面的识记，同时能帮助消费者在脑子里留下与这些信息有关的深刻印象。广告的识记功能，起着帮助消费者尽快认识商品、促进销售的作用。

5.1.2.3 诱导功能

广告具有诱导的心理功能，有效的广告总是使人对该产品产生向往，可引起消费者的购买欲望。有时广告配有精彩的画面，使消费者增强对该产品的印象，进而影响消费者的购买行为。

5.1.3 广告的心理过程

在广告对消费者发生作用的过程中，消费者的心理活动也经历着一定的变化。研究广告的心理过程，同时也就是研究消费者接受广告的心理过程。广告心理学家把广告的心理过程归纳为注意、兴趣、欲望、记忆、行动五个阶段，即 AIDMA 模式或 AIDMA 法则。

A（Attention）：消费者注意到广告的信息，觉得还不错，这一阶段广告创作人员应运用广告的艺术性和吸引力来促使消费者对商品和服务产生注意，这是广告成功的第一步。

I（Interest）：消费者接触到广告后，往往会产生情感上的变化，广告应让消费者对商品或服务产生兴趣。

D（Desire）：消费者在产生兴趣之后，会进而产生拥有商品或消费服务的欲望。

M（Memory）：消费者将广告的信息存于潜意识中，形成记忆，以便在适当的时候购买。为了让消费者对本企业、产品或服务的广告加深印象，企业应将广告反复实施，提高广告的记忆度。

A（Action）：消费者在广告的诱导下，购买广告商品或接受服务。

AIDMA 模式如图 5.1 所示：

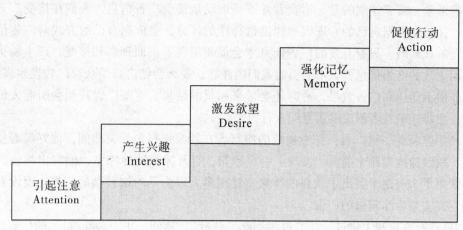

图 5.1 AIDMA 模式

资料来源：http：//www. wanglifeng. net/student_ show_ 311. html.

　　虽然这个法则可以很好地解释在实体经济中的购买行为，但在当今网络时代，该法则的效用却在逐渐减弱。2005 年，4A 广告公司[①]之一的日本电通集团推出含有网络特质的 AISAS 消费者行为分析模型。AISAS 的前两个阶段和 AIDMA 模型相同，但在第三个阶段为 S（Search），即主动进行信息搜索；第四个阶段为 A（Action），即达成购买行为；最后一个阶段为 S（Share），即分享，就是将购买心得和其他人进行分享。该模型指出了互联网时代下搜索和分享的重要性，而不是一味地向用户进行单向的理念灌输，充分体现了互联网对于人们生活方式和消费行为的影响与改变。

5.1.4 广告对消费者购买行为的影响

　　消费者的购买过程是一项复杂的决策活动，受到诸多因素的影响。这些因素可以分为外部和内部两大类。外部因素包括：文化的，包括主流文化、亚文化，如价值观、信仰和生活方式；社会学的，如社会阶层结构、家庭与参照群体、社会舆论、流行时尚等；经济学的，如价格、成本、支付期限和销售服务等。内部因素主要指个体心理学因素，如感知、认知结构、学习加工、态度、动机、个性等。对于消费者购买行为来说，外部因素是间接的，自身的内部因素则会产生直接的影响。这两类因素作用于消费者个体的自我概念和生活方式，当消费者产生需要和欲望时，就会在市场中产生商品或服务的购买或消费行为。

　　消费行为是从形成需要开始的，包括现实需要和潜在需要。在现实的购买活动中，许多购买者在开始也并不一定有明确的购买意图和目标，但却产生购买行为。因此广告应成为一种诱发消费者购买的诱因，消费者在接受广告信息时，广告本身要引起人们的注意，唤起消费者的潜在需求，广告要能向消费者提供有关商品或服务的信息，让人们有效地将广告与商品或服务结合在一起，以便消费者认牌购买，从而树立良好

---

　　① 4A 是指美国广告公司协会（American Association of Advertising Agencies）或称美国广告代理商协会的缩写，成立于 1917 年。4A 协会对成员公司有很严格的标准，所有的 4A 广告公司均为规模较大的综合性跨国广告代理公司。

的品牌形象。需要注意的是，消费者并不是被动地接受广告信息，人们在接受广告信息时，往往会根据自己的心理因素作出选择性的区分，会依据自己的方式对广告信息进行理解和判断。只有有效的广告信息才会促使消费者正面理解和接受，产生购买行为；而无效的广告信息要么不会引起人们的注意，要么会使广告受众对广告发生误解，这样非但不能达到广告效果，有时还会带来相反的结果，有些广告甚至会引起人们的厌恶，很难让消费者形成购买意图或行为。

比如曾经有一则广告：一个疲惫的旅行者在沙漠里行走，突然间，他好像看见了什么，跌跌撞撞地跑上前去，发现了一个冰箱，打开冰箱的冷冻室，他拿出冰爽的饮料一饮而尽……由于突出了饮料的冰爽，让很多人以为是为饮料做的广告，而没有注意到它其实是为冰箱做的广告。

"旺旺"在电视上做过一则"过年不吃'旺旺'，新的一年不会旺哦！"的广告，让受众听了心里很不舒服——该广告从根本上就犯了中国人的忌讳，同时还有逼迫消费者购买的倾向。很多消费者本来想买"旺旺"产品的，在看到这个广告后反而停止购买，而有些消费者在购买行为发生时都是担心"不买不会旺"，觉得自己是被逼迫的。但如果广告语改为"过年吃'旺旺'，旺足一整年"或"吃'旺旺'，行旺运"则更符合中国人春节期间盼望吉祥的习俗，也会激发消费者的自愿购买行为，所以广告要考虑消费者的心理因素。

5.2　广告心理过程

消费者购买商品的心理活动，是从对商品的认识开始的。而消费者认识商品的过程，就是通过感觉、知觉、注意、记忆、想象、联想等心理活动对商品的各种不同感觉加以综合的反映过程。

5.2.1　广告的感觉和知觉

5.2.1.1　感觉与广告

感觉是人脑对直接作用于感觉器官的外界事物的个别属性的反映。感觉是消费者认识的最初来源，是认识的第一步，没有感觉就没有知觉，没有知觉也就不能形成一系列复杂的心理活动。任何广告活动首先应让消费者感觉到其存在，这是消费者认知广告、接受广告的第一步。

感觉的种类包括视觉、听觉、嗅觉、味觉和触觉。人们凭感觉接收到的外界信息，主要来自于视觉和听觉，这种感觉特性决定了广告传播者采用的广告形式主要是视听广告。另外也告诉了广告制作者和传播者，无论在视觉、听觉还是其他感觉上，广告作品及其传播都要最大限度地给予广告受众良好的感知。由于大多数感觉的反映都是后天学习得来的，因此广告还要考虑到受众的文化环境和理解能力。

如在中国中央电视台《著名企业音乐电视展播》中播出的广东康美药业的 MTV 音乐

电视《康美之恋》，被誉为"最唯美的广告"，其作品风格优雅、情深意长，美妙动听的歌曲诉说着一对青梅竹马的恋人在神奇秀美的桂林山水间相互爱恋、共同创业的感人故事。这则广告通过桂林阳朔世外桃源、遇龙河、浪石滩、相公山等著名风景区的优美景色，恰如其分的演唱，"一条路海角天涯，两颗心相依相伴，风吹不走誓言，雨打不湿浪漫"的故事情节使人们在视觉、听觉上得到充分的美的享受（图5.2、图5.3）。

图5.2　桂林阳朔世外桃源

资料来源：http：//www. niceview. cn/6swty/glss. jsp.

图5.3　《康美之恋》广告图片

资料来源：http：//ww. xiping. net/bbs/viewthread. php？tid＝41420&extra＝&page＝1.

5.2.1.2 知觉与广告

知觉是人脑对直接作用于感觉器官的客观事物的整体反映。消费者对商品的知觉是在感觉的基础上形成的,因为人们对事物的认识过程不可能只停留在感觉阶段,不可能总是处于片面的、局部的和个别的认识上,必然要发展到对整体的认识,而知觉又恰好是一种整体性的认识,因此,一般认为广告知觉的研究才是研究广告心理学的真正起点。

没有对某种商品的个别属性的感觉,消费者就不能形成对这种商品的整体知觉。知觉并不只是被动地接受感觉的镜像,相反,它是一个积极能动的反应过程。比如,当消费者带着既定的购买目的去选择某种商品时,这种商品就会成为符合其知觉目的的刺激物,它会很清楚地被感知,成为消费者知觉的对象,而其他商品或刺激物,就可能显得比较模糊,成为知觉对象的背景。当然,随着消费者知觉目的的变化,知觉对象与背景是可以相互转换的。[①] 就广告宣传、认识及接受来说,消费者对广告的知觉决定着广告的效果及其记忆和后来的购买行为,从某种意义上说,整个广告的认识及接受问题就是人们对广告的知觉。

广告知觉具有两种特性:整体性和选择性。

(1)广告知觉的整体性。人们所知觉的客观事物是由许多部分和属性结合在一起的,但人们并不把它们感知成彼此无关的许多属性或部分,而把它们感知为一个整体。人们在知觉过程中的这一特点称为知觉的整体性。

(2)广告知觉的选择性[②]。人的知觉并不是一个由感官简单地接受感觉输入的被动过程,而是一个经由外部环境提供的物理刺激(如新闻、广告等)与个体本身的内部倾向性(如兴趣、需要等)相互作用,经信息加工而产生首尾一贯的客体印象的过程。

因此,人的知觉是积极的,是能动的,其主要表现就是它的选择性。就刺激本身的情况而言,如果广告作品的设计新颖别致,语言幽默风趣,刊播的时间或位置醒目突出,能够给受众的视听以强有力的刺激,广告信息被接受的可能性就比较大。就消费者的主观因素而言,广告信息必须是与广告对象切身相关、广告对象感兴趣的,才能引起他们的注意,进入大脑进而转化成潜意识,并指导行动。

因而,广告制作者和发布者必须竭尽全力认真把握目标市场受传者的选择知觉尺度,紧追他们的动机、需要及感兴趣的事物,进行巧妙的诉求,才能提高广告作品与目标受传者的接触概率,才能激发消费者的购买欲望,促使他们及时付诸购买行动,实现广告目标。

5.2.2 广告的注意

注意是指刺激物激活大脑感觉神经,并由此引发的感受传递到大脑所进行处理的过程。

---

① 傅根清,杨明. 广告学概论 [M]. 济南:山东大学出版社,2004:109.
② 傅根清,杨明. 广告学概论 [M]. 济南:山东大学出版社,2004:105.

5.2.2.1　注意的形式

注意可以分为有意注意和无意注意两种不同的形式。前者是指有意识地、有目的地接触信息，表现为积极主动地寻求信息；后者是指随机、偶然地接触信息，表现为被动地接受信息。

有意注意与无意注意虽有区别，但两者在一定条件下还是可以转化的，它们在实际活动过程中也常常难以完全分开。从广告心理角度研究，有意注意与无意注意对广告都很重要，但相对来说，无意注意更为重要。因为，有目的地、自觉地去观看广告的消费者毕竟是不多的，而由于个人需要、直接兴趣以及由于刺激自然地观看广告的占绝大多数。因此，如何才能引起人们对广告的无意注意，是广告心理学研究的重要课题。

5.2.2.2　注意的特点

注意具有指向性和集中性两大特点。注意的指向性，是指人的注意表现出对客观事物具有选择性。人们在注意某一事物时，总是有意或无意地进行选择，即在每一瞬间，心理活动有选择地指向一定对象，而对其他对象则不加注意。注意的集中性，是指人们在注意某一事物时，把与注意无关的东西加以抑制，使注意对象更加突出和清晰。例如，消费者看一则广告时，他的心理活动指向和集中于该广告，同时排除其他内容，这就是对广告的注意。

5.2.2.3　增强消费者对广告注意的途径

由于受众对信息认知能力的限制，在某一特定时间，消费者不可能同时注意和处理所有展露在他们面前的信息，而只是部分地对某些信息予以注意。据统计，平均每个消费者每天要接触 300 则广告，其中大部分没有引起消费者的注意。因此，在现代广告与营销活动中，研究人员十分关心消费者对广告与营销信息的注意。从一定意义上讲，消费者对广告与营销信息的注意直接决定了一个企业或商家的经营效益。

研究表明，只要提供有用信息的广告、提供支持性信息的广告、合乎需要和兴趣的广告、新颖独特及生动的广告，是能够引起消费者注意的。怎样才能增强消费者对广告的注意呢?

(1) 增大广告的刺激强度。刺激物的绝对强度和相对强度都能引起人们的注意，因此在广告设计中，可以有意无意地增加广告的刺激强度。心理物理学的研究表明，要激发人们的反应，刺激必须达到一定的强度，如扩大广告尺寸、延长广告时间、增加广告音量、加重广告色彩等。如 1994 年，恒源祥在中央电视台一套做了一个广告，这个广告用简单重复的"恒源祥、羊羊羊"五秒广告，给观众留下了深刻的印象，使得恒源祥这一品牌迅速深入人心，并迅速成为国内毛线产业的第一品牌。多年来，恒源祥凭借这样一句广告语，从小小的一家绒线商店，变成了在全国扶植起 1 500 个百万富翁的毛纺品牌，成为全国知晓率达 96% 的毛纺品牌。

(2) 扩大广告刺激间的对比。扩大广告刺激间的对比是一种吸引注意力的有效方法，如可采用色彩对比、空白对比、图案对比、大小对比、音量对比、动静对比、明暗对比、风格对比等。在报纸、杂志广告中，使用的色彩、字体、字号要尽可能与其相邻广告形成差异。在广告设计中利用对比手法，加大本广告与其他广告在某一方面的对比，可以形成不同广告间的对照，以使本广告在众多广告中引人注意。过去在黑白广告占多数的情况下，人们倾向于使用彩色广告来吸引消费者。但在彩色广告遍地流行的今天，适当地采用黑白广告又会给人们增添一种新鲜感。

由于消费者感觉和知觉的容量和强度是有限的，超过限度就会走向事物的反面。因此在运用各种对比手法的时候，应当根据不同的刺激物、刺激对象和刺激目标，合理地设计广告中各种视觉、听觉元素，使之适合各种视听环境。只有能够易于被受众感知的广告，才能真正被广告受众所注意。

（3）增大广告的新颖性。标新立异、出奇制胜可以说是广告设计的一条基本原则。任何新奇的刺激都易于引起人们的注意，而老生常谈的一些事物给人的刺激力度较弱。在广告日益增多、品牌层出不穷的市场上，广告主欲使其广告及其品牌独树一帜，脱颖而出，必须有新颖、奇特的创意和构思。在帆牌葡萄酒的一幅广告画面里，一个平放着的酒瓶里面装有帆船模型，只见一只手正拉着系在帆船上的线企图将其从酒瓶中拉出。由于模型远远大于瓶口，人们不禁纳闷，帆船是怎么进入瓶内的。广告标题更富有挑战性：比将帆船放入瓶内奖赏更大的是将其倒出来。这则广告新颖、奇特，更能驱动消费者的好奇心与强烈的兴趣。

雪碧的广告片一向宣传雪碧自由、舒畅的品牌个性，近年来的电视广告作品给人留下了深刻的印象。如"泳池篇"中，周杰伦，中国跳水队的吴敏霞、王峰和陈若琳等一群好友在炎热的天气前往一个游泳池玩耍，但到了之后发现泳池无水。然而在喝完雪碧之后，泳池发生了变化，众人在泳池跳水冲浪，各显本领。广告突出了在雪碧的陪伴下，共同度过一个"透心凉、心飞扬"的活力夏日的主题（图5.4）。

图 5.4　雪碧"泳池篇"广告

资料来源：http：//www.ad119.cn/html/39/n-8239.html.

（4）广告要主题鲜明。一方面广告宣传的主题最好只有一个，避免多个目标；另一方面要使人们注意到广告所宣传的产品，防止喧宾夺主，例如一些广告采用美女做模特，有时处理得不好，美女成了注意的焦点而产品却不为人所记住。还有些明星给很多产品做代言，看到他们在广告中出现，消费者可能只知道某某在做广告，而不知道他们在为什么产品做广告。

（5）提高广告的人情味。广告的吸引力不仅源于对消费者视觉的冲击，更源于对其心理的冲击。因为，精神的东西往往比物质的东西更持久，更有生命力。提高广告的人情味和趣味性有助于增强广告的吸引力。

泰国电视台播放过一个潘婷洗发水的广告，虽然只有短短的 4 分钟，却感人至深。广告讲述的是一个泰国聋哑少女学习演奏小提琴的故事，女孩在无声的世界坚强地生活，因为有音乐这个梦想，没有放弃自己。特别是最后那个破茧成蝶的画面，配上卡门的音乐，让人振奋不已。同样，广告中有一位和女主角一样残疾的老艺人，很多年一直在坚持自己的梦想，把人流如潮的街道当成"舞台"，用微笑认真书写自己的人生乐章，最后才出现潘婷的广告语"You can shine"。这个广告片传递的已经不局限于产品信息，更是将潘婷这个品牌坚韧不拔的理念完全地传达了出来。广告中完全没有提到潘婷的产品，但看完之后却让人对该品牌的诉求有了更深的理解。几乎每个人心中都有自己的梦想，看过这则广告的人们沉浸于广告中感人的画面和情节、激动人心的音乐，随着故事的深入，不仅感受到聋哑少女自强不息、不向命运屈服的精神，更在这个广告的感召下产生向梦想奋斗、前进的动力。

中国台湾的中华汽车以怀旧的情结发布了主题为"最重要的一部车——爸爸的肩膀"、"最长的一条路——妈妈的皱纹"的两则感人至深的广告片。随后其又以"连续剧"的形式推出从两人共组小家庭、怀孕生子到养育孩子的三则广告片，描写生活中的温情故事，为公司增添了一层浓浓的人情味，成功进入家用车市场。

5.2.3 广告的记忆

5.2.3.1 记忆

记忆是人们在过去的实践中所经历过的事物在头脑中的反映，广告记忆的过程包括识记、保持、再认和回忆四个基本环节。广告识记就是识别和记住广告，人们将不同的广告区别开来，并将注意的广告信息在头脑中积累下来；广告保持就是把识记的广告信息进一步巩固，使其较长时间保留在大脑中，把实际过程中得到的广告信息在大脑中储存；广告再认就是对过去接触过的广告信息重新出现时能够识别出来，再认程度的大小取决于对原广告的识记和保持程度；广告回忆就是对过去记忆或存储的广告信息的回想或提取的过程。

记忆在消费者的心理活动过程中起着极其重要的作用，消费者如果没有对商品个别属性的记忆，就不会对商品产生感觉印象；如果没有对商品整体的记忆，就不会产生对商品的知觉。因此，广告宣传必须采取有效的措施，以强化广告对象的记忆。

5.2.3.2 增强广告记忆的方法

（1）适当重复广告信息。要提高人们对广告的记忆效果，最重要的手段就是将广告信息不断地加以重复，重复不仅可以加深对广告内容的记忆，还可以使受众增加对广告的亲切感。广告重复不能机械地重复，而要注意重复的技巧，才能令人加深印象。一般来说，广告重复有四种技巧：①将同一广告不断重复刊播；②将有关信息在多种媒体上呈现；③在同一媒体上进行系列广告宣传；④在一则广告中不断重复主题，以增强记忆效果。

如海王银得菲的系列广告《生日篇》、《剃头篇》、《中奖篇》及《宝宝篇》，虽然情节不同，但都有效体现了"关键时刻，怎能感冒"和"治感冒快，海王银得菲"的主题，而海王银得菲的销量更是直线上升。很多人都熟悉恒源祥集团是从其广告语"羊羊羊"开始的，可爱的童音成为人们的记忆点。然而2008年除夕，在中央电视台的黄金时段，"恒源祥"推出了一则新广告，利用旧版的"羊羊羊"广告开辟了一个新的记忆点，进行重复延伸：在长达1分钟的时间内，有恒源祥商标的画面一直静止不动，广告语则由原来的"恒源祥，羊羊羊"，变成了由童声念出的从"鼠鼠鼠"一直叫到"猪猪猪"，把十二生肖叫了个遍。其单调的创意和高密度的播出，遭到许多观众炮轰。

（2）广告信息识记的数量应恰当。广告是在有限的时间和空间内进行传播，广告是一种短时记忆，内容越少，人们对广告的记忆水平越高。因此要提高消费者对广告的记忆效果，广告传递的信息一定要简明扼要、重点突出。因此广告主题思想越明确，文字越简洁，画面越单一，记忆效果就越好。广告界一些经典的广告语内容都是非常简洁的，如金利来"男人的世界"，海尔"真诚到永远"，德芙巧克力"牛奶香浓，丝般感受"，人头马XO"人头马一开，好事自然来"。

（3）利用语言特点记忆。在长期的生活实践中，人们在记忆中储存了语言的特点，如语音、字形、结构等，利用这些语言的特点对当前信息进行编码，会使它们更容易储存。如中国移动利用谐音规律，其"12580"的谐音是"一按我帮您"，正好对应其业务性质；波导手机的"波导手机，手机中的战斗机"、丰田汽车的"车到山前必有路，有路就有丰田车"都是利用语言的节奏、韵律来达到让人熟记的广告目的。

（4）设计具有鲜明个性的广告信息代号。记忆过程是从识记开始的，识别中如果能够抓住事物的某些特征，就能牢牢地记住这些事物，并与其他事物区别开来。广告中也应设置具有明显特征的广告信息代号，如通过企业的广告语、商品名称、商标等，如人们看到黄色拱形的"M"就会想到麦当劳，看到某些体育商品上的对钩就会与耐克联系起来。

（5）合理安排广告重点记忆内容的位置。材料的位置对记忆有着很大的影响，在一般情况下，人们容易记住开头和结尾部分的内容，而中间部分相对容易遗忘。因此在一个广告内容的设计、安排上，应该把最重要的内容安排在开头或结尾的部分。

5.2.4 消费者的个性与广告①

虽然消费者在进行购买活动时所产生的感觉、知觉、记忆等心理过程体现了人的心理活动的普遍规律，但人的个性是千差万别的，表现在购买行为上，也就构成了种种不同的心理基础，这就是消费者的个性心理特征。

消费者的个性心理特征主要反映在能力、气质和性格等方面，影响着消费者的购买行为。

5.2.4.1 消费者能力上的差异

完成任何活动，都需要一定的能力；能力是一个人能够顺利完成某种活动并直接影响其活动效率的个性心理特征。在购买活动中，有的消费者对商品的识别能力、评价能力、决策能力等比较强，能独立自主地、迅速地作出购买决定；反之，在这些方面的能力比较弱，就往往拿不定主意，犹豫不决，难以作出购买决定。

能力的形成和发展，是同人的素质、社会实践、文化教育和主观努力等条件相关的。出于每个人在这些方面所具备的不同条件，相互之间不仅存在着一般能力与特殊能力的差异，还存在着能力发展水平的差异。一个人是否具有能力，以其是否能够顺利地完成某项活动为唯一的衡量标准。在购买活动中，购买行为的多样化，在一定程度上反映出消费者对商品的识别能力、评价能力和决策能力的差异，有时则反映出不同的经济支付能力。

5.2.4.2 消费者气质上的差异

气质是人的典型的、稳定的心理特征，表现为人的心理活动中动力方面的特点。个人间气质的差异，导致每个人在进行各种活动时表现出不同的心理活动过程，形成各自独特的行为色彩。了解消费者的气质类型，有助于我们根据他们的各种购买行为，发现和识别其气质方面的特点，以利用其气质特征的积极方面，有效控制其消极方面。

根据巴甫洛夫关于高级神经活动的学说，人的气质可分为如下四种类型：

（1）兴奋型。这种人的神经素质反应强烈，但不平衡，兴奋过程强于抑制过程，易于兴奋而难于控制。他们一般表现为情绪反应快而强烈，抑制能力差；对外界敏感，但不灵活；脾气倔强，精力旺盛，不易消沉，耐受性与外倾性都比较明显。

（2）沉静型。这种人的神经素质反应较弱，但较为平静，兴奋速度较慢。他们一般表现为主观体验比较深刻，而对外界事物反应速度较慢且不灵活；遇事敏感多心，言行谨小慎微；易于激动和消沉，感受性和内倾性较为明显。

（3）活泼型。这种人的神经素质反应较强而且平衡，灵活性也好。他们一般表现为情绪兴奋性较高，活泼好动，富于表现力和感染力；对外界事物较敏感，容易随着环境的变化而转变态度；兴趣广泛，联系面广，但精力分散，见异思迁；反应性和外倾性都较为明显。

（4）安静型。这种人的神经素质反应迟钝，但较为平静，灵活性较低，抑制过程

---

① 傅根清，杨明.广告学概论 [M].济南：山东大学出版社，2004：112－114.

强于兴奋过程。他们一般表现为情绪稳定，沉着冷静，善于忍耐；对外界事物反应较慢，行动迟缓；心理状态不外露，耐受性和内倾性较为明显。

在日常生活中，纯粹归于上述四种气质类型的人也比较少见，对于大部分人来说，往往是混合各种类型，同时又有偏重于某一种类型的。因此，对人的气质类型不能绝对化。再者，气质类型本身并没有什么高下好坏之分，我们之所以需要了解人的气质类型，是因为它对消费者的心理过程和个性品质以及购买行为都存在着不可忽视的影响。在进行广告策划、设计、制作的时候，了解广告对象的气质类型，有利于我们运用不同的诉求内容和方法去分别对待不同的消费者，从而达到更好的广告效果。

5.2.4.3 消费者性格上的差异

性格是人对客观现实的态度和行为方式中经常表现出来的稳定倾向。它是人的个性中最重要、最显著的心理特征。

在商业活动中，消费者个体的性格是在形成各种独特的购买行为中起核心作用的个性心理特征。消费者千差万别的性格特点，通常表现在他们对商品购买活动中各种事物的态度和习惯的购买方式上。例如，在购买活动中，理智型的消费者喜欢进行全面的分析与周密的思考，他们用理智的尺度去权衡商品的各种因素，然后才作出购买决定；情绪型的消费者则情感反应强烈，比较冲动，易受各种诱因的影响，其购买活动带有明显的情绪色彩；意志型消费者有明确的购买目标，不易受外界因素的影响，能够坚决果断地作出购买决策，积极主动地采取购买行动。

综上所述，消费者的能力、气质和性格等个性心理特征对消费者购买行为的影响是非常明显、非常巨大的，是构成购买行为的重要心理基础。广告心理学分析、研究人的个体心理行为和心理特征，其意义就在于通过对消费者心理特征的分析，在广告创作上，做到从实际出发，使广告宣传与广告对象的心理活动直接发生联系，有的放矢，促使广告对象对广告主题产生强烈的心理共鸣，增强广告的宣传效果。

5.2.5 广告的想象与联想

在广告创作中要有新意才能抓住接收者的注意力，而新意的取得则需要遵循想象与联想的心理规律。想象与联想是人类特有的思维活动，对广告创作与提高广告效果有着密切的关系。

5.2.5.1 想象

想象是人脑中改造记忆中的表象而创造新形象的过程，是过去经验中已经形成的那些暂时联系进行新的结合的过程。因而，想象是与其他心理活动密切地、有机地联系在一起的。它在感觉、知觉的基础上进行，与记忆活动交织在一起，又参与思维过程，还会引起情绪的产生和发展等。

想象是人所特有的心理活动，是在人的实践活动中产生和发展起来的。同时，想象也是人类实践活动的必要条件。通过想象，人们才能扩大知识、理解事物、创造发明和预见活动的结果。消费者在评价商品信息时，经常发挥他们的想象能力。因此，对商品的想象是消费者意志行动和购买动力的内部推动力，它对于消费者的购买动机和购买决策具有很大的作用。而广告创作人员也应运用丰富的想象力创作出新颖、独特、具有吸引力的广告作品，进而引发消费者的想象，提高广告的感染力。

图 5.5 的广告创意是受到牙膏的启发，将雀巢宝路糖放到牙刷上，想象成有漂亮花纹的牙膏，把宝路糖"令你口气清新"的特点描绘得非常贴切。

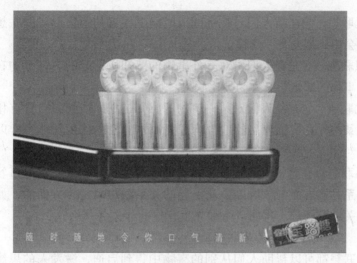

图 5.5　雀巢宝路糖广告

资料来源：http://hi.baidu.com/jshanz/blog/item/6483a22e6b6b47544fc226cf.html

图 5.6 的广告传达的信息是该款奔驰车实在太吸引人了，以至于过往的司机到它面前都忍不住刹车停下来看一下，于是路面上便留下了一道道刹车痕，该广告获得 1998 年戛纳广告节金奖。

图 5.6　奔驰广告

资料来源：http://info.ad.hc360.com/2006/05/19093030563.shtml

5.2.5.2 联想

联想就是指人们在回忆时，由当时感觉的事物回忆起有关的另一件事或者由所想到的某件事物又记起了有关的其他事物。依照反映事物间的联系的不同，联想可以分为四类：

（1）接近联想。它是指人们对在空间或时间上接近的事物形成的联想。如端午节临近时，人们会想到划龙舟、吃粽子。

（2）相似联想。它是指人们由对一件事物的感知所引起的与该事物在性质、形态等方面相似的事物的回忆，又称为类比联想。

（3）对比联想。它是指人们对某一事物的感知，立即引起和它具有相反特点的事物的联想。如某些牙膏、化妆品的广告为了强调本商品的作用功能，常以用了此商品的前后状态作对比。

（4）关系联想。它是指人们依靠事物间的各种关系而导致对别的事物的联想。由于事物间的关系是多方面的，所以由此引起的关系联想也是多方面的，如部分与整体的联想、因果关系联想等。比如"海狸先生，你的牙齿为什么这么白"，"因为我用了高露洁牙膏"，这就是利用了因果联想。

无论哪种联想都可以帮助人们从别的事物中得到启迪，激发人的思维活动，并从联想中加深对事物的认识。在广告宣传中，有意识地运用这种心理活动，充分利用事物之间的联系形成各种联想，可以强化广告的记忆。

"阿迪达斯的猫"的平面广告画面是一只球鞋、一只小猫；广告文案是："猫在捉老鼠的时候，奔跑、急行、回转、跃扑，直到捉到老鼠的整个过程，竟是如此灵活敏捷，这与它的肉垫脚掌有密切关系。"从表面看猫捉老鼠的行为与投篮没有任何关系，但是仔细想想投篮的过程与猫捉老鼠确实存在相似之处，让人通过联想体会到该篮球鞋有着"冲刺、急停不会滑倒，弹性好，能缓解与地面的撞击"等特点。

5.3 广告诉求的心理基础

广告是针对消费者进行的信息传播活动，其目的是使消费者对产品、观念或服务产生认知，改变有关态度，以促成消费者对广告涉及的商品的购买行为。广告的效果是通过诉求来达到的。所谓诉求，是指外界事物促使人们从认识到行动的全部心理活动过程；广告诉求，就是要告诉消费者，有些什么需要，如何去满足需要，并促成他们购买动机的产生。

广告如何有效地对消费者进行诉求，除了对广告要宣传的商品或服务有全面了解外，更重要的是要认识广告诉求对象的需要、动机、情感与态度等心理基础。

5.3.1 广告诉求的需求

5.3.1.1 需求

现代心理学认为，人类的一切活动包括消费者的行为，总是以人的需求为基础。需求反映有机体对其生存和发展条件表现出的缺乏状态，这种状态既可能是生理性的，也可能是心理性的。如一个人口渴时有喝水的需求，与他人交往时有获得友爱和受人尊重的需求等。

需求与消费者的活动紧密联系在一起，在市场经济下，消费者的需求直接表现为购买商品或使用服务的愿望。当一种需求被满足后，又会产生新的需求。但是，消费者在很多情况下对自身潜在的需求并不清楚。因此，唤醒或激发潜藏于消费者心里的需求，并促使消费者有所行动，便成为广告诉求的基本目标。因为从广告与消费心理角度来讲，需求是消费者个人内部所感受的愿望，是消费者购买的原动力。

5.3.1.2 马斯洛的需求层次理论

马斯洛的需求层次理论说明了人类必须满足的生理需求和心理需求，它将人类的需求分为五个不同的级别，并按照从低级到高级的顺序排列。如图5.7所示：

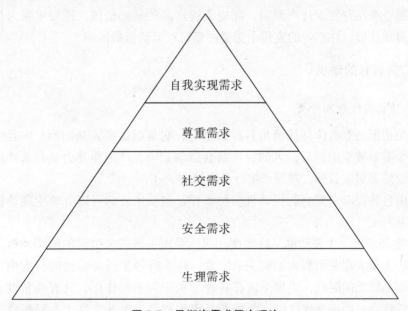

图5.7 马斯洛需求层次理论

（1）生理需求。生理需求是人的需求中最基本的，这类需求得不到满足，就会危及人的生存。人们对食物、住所、睡眠和空气等的需求都属于生理需求，这类需求的级别最低，人们在转向较高层次的需求之前，总是尽力满足这类需求。

（2）安全需求。它表现为人们要求免除恐惧和焦虑，生活有保障，有稳定的职业，一定的积蓄和安定的社会等。

（3）社交需求。当前两个需求得到很好满足后，社交需求就会突显。社交表现为一个人希望与他人建立情感联系或关系，如结交朋友，追求爱情，渴望得到一定社会和团体的认可、接受，并建立良好的人际关系等。

（4）尊重需求。尊重的需求又可分为内部尊重和外部尊重。内部尊重是指一个人希望在各种不同情境中有实力、能胜任、充满信心、能独立自主。总之，内部尊重就是人的自尊。外部尊重是指一个人希望有地位、有威信，受到别人的尊重、信赖和高度评价。

（5）自我实现需求。这是最高层次的需求，它是指实现个人理想、抱负，发挥个人的能力到最大程度，达到自我实现境界的人，接受自己也接受他人，解决问题的能力增强，自觉性提高，善于独立处事，要求不受打扰地独处，完成与自己的能力相称的一切事情的需要。

马斯洛认为，在上述五种需求中，只有当低级层次的需求得到一定程度的满足后，较高层次的需求才会出现并起主导作用。

这一理论对于广告、营销策划有着重要的意义。首先，它提醒我们，消费者购买某种商品可能是出于多种需求和动机，因此商品、服务和需求之间并不存在一一对应的关系。如果认为消费者购买饼干仅仅是为了充饥，购买饮料仅仅是为了解渴，那就大错特错了。其次，只有低层次的需求得到满足后，高层次的需求才能更好地得到满足。这说明企业在开发设计产品时，除应重视产品的核心价值，还要重视为消费者提供产品的附加价值。在广告的宣传中更要注意对产品价值的体现。

5.3.2 广告诉求的动机

5.3.2.1 动机的概念和分类

动机是指推动有机体寻找满足目标的动力，它是以需要为基础的。一旦个体正常生活的某个需要被意识到后，人的身体就会激动起来，产生驱动力，有选择地指向可满足需要的外界对象目标，进而产生行为或倾向。

尽管由各种需求引发的购买动机多种多样，但最主要的可以分为生理动机与心理动机两大类[①]：

（1）生理动机。生理动机又称本能动机，是由生理需求引起的购买动机。消费者的生理动机大量表现在引起人们购买衣、食、住、行等生活必需品的行为中。在社会不发达、商品匮乏的时代，生理动机在各种动机中起主导作用，具有经常性、习惯性和稳定性的特点。而在现代社会，各种商品琳琅满目，极其丰富，人们在购买时有很大的可选择性，所以单纯由生理动机引发的购买行为已不多见，在购买过程中总是混杂着其他的动机，一直影响到最终的购买决定。

（2）心理动机。心理动机是由心理（精神上的）需求引起的购买动机。心理需要比生理需要复杂得多，既有由消费者个人心理活动而产生的购买动机，如求实心理、求廉心理等，也有众多的由社会国家引起的购买动机，如求同心理、求异心理、求名

---

① 傅根清，杨明. 广告学概论 [M]. 济南：山东大学出版社，2004：108.

心理等。心理动机不像生理动机那样是相对稳定、具有共性的，而是根据民族、地域、文化、习俗、时代、经济等国家的差异，表现出种种姿态，有的甚至是截然相反的。因此，现代广告活动只有很好地把握消费者的消费心理，了解、满足以至开发各种购买动机，才能提高广告的效果，促进销售。

对于广告来说，其作用就是给消费者展示某种诱因，激发消费者产生对某种商品或服务的需求，进而诱发他们产生购买动机。婴儿纸尿裤在美国刚上市推广的时候，制作了一个广告，标题是"不用洗尿布的妈妈又开始谈恋爱了"。画面上打扮得漂漂亮亮的妈妈和丈夫亲昵地靠在一起，就如热恋情人一般。在广告不流行的年代，这则广告引起了许多人的瞩目，但产品市场反映效果却欠佳。吸引人们目光的广告却打不开市场，令产品开发商很费解。后来，通过一系列的访问和市场调查，终于弄清楚问题所在：不少家庭主妇认为如果自己为了成为漂亮妈妈而不去洗尿布，会被婆婆骂为懒女人，因此主妇们不愿意为了方便去买纸尿裤给自己的宝宝穿。找到问题后，该公司将产品的诉求点放在"用纸尿裤能够带给宝宝干爽、舒适的感觉"上。购买动机在广告中得到重新诠释，这样一来妈妈们是为了宝宝的健康而购买纸尿裤。广告改动后，纸尿裤立刻被抢购一空，纸尿裤渐渐代替了传统的尿布。

5.3.2.2 消费者的购买动机

现实生活中，人们可能购买相同的商品但却基于不同的目的，人们也可能会在不同阶段选择不同品牌的同类产品，这些往往是因为人们的动机不同或是动机在不同阶段产生变化造成的。下面简要介绍几种消费者的购买动机①：

（1）求实动机。它是指消费者以追求商品的使用价值为主要倾向的购买动机。在该动机下，消费者希望一分钱一分货，注重产品的质量。

（2）求美动机。它是指消费者以追求商品欣赏价值和艺术价值为主要倾向的购买动机。在这种动机下，消费者讲究商品的艺术美、造型美。

（3）求新动机。它是指消费者以追求商品的时尚、新颖、奇特为主要倾向的购买动机。在这种动机下，消费者特别注意商品的款式的独特和新颖。

（4）求廉动机。它是指消费者以追求商品、服务的价格低廉为主要倾向的购买动机。在这种动机下，消费者选择商品以价格为第一考虑因素。

（5）求名动机。它是指消费者以追求名牌、高档商品，借以显示或提高自己的身份、地位而形成的购买动机。

（6）模仿或从众动机。它是指消费者在购买商品时自觉或不自觉地模仿他人的购买行为而形成的购买动机。

（7）癖好动机。它是指消费者以满足个人特殊兴趣、爱好为主要倾向的购买动机。具有这种动机的消费者，大多出于生活习惯或个人癖好而购买某种类型的商品。

人们的购买动机往往也不仅限于上述的几种，而且购买动机也不是彼此孤立的，而是相互交错、相互制约的。对于广告创作者来说，在制作广告时要注意把握消费者

---

① 江波. 广告心理新论［M］. 广州：暨南大学出版社，2002：127-129.

的购买动机，将产品的定位、特点、用途、功能等与广告的内容、主题等结合起来，以符合目标消费者的购买动机。比如大宝化妆品的广告一直都采用普通人的形象来针对一般家庭追求质优价廉的消费动机。又如某个电冰箱的广告，一只蜗牛在冰箱上缓慢爬行，它注意到更加缓慢转动的冰箱电表，惊讶地感叹"怎么比我还要慢"，这则广告就是针对人们希望节能的心理动机。很多广告作品中出现歌星、影星、体育明星使用某种产品的画面，也主要是针对人们的追求名牌、模仿他人购买行为的动机。

5.3.3　广告诉求的情感

情感是人对客观事物的一种特殊的反映形式，是人们对于客观事物是否符合需要而产生的态度体验。情感是与人的社会性需求联系在一起的，具有较大的稳定性和社会性，它反映着人们的社会关系和社会生活状态，对人们的社会行为有着积极的作用。

以情感为诉求重点来寻求广告创意是当今广告发展的重要趋势，广告中浓浓的情感因素，可以打动人、震撼人从而影响人。在人们强烈的感情共鸣中，宣传的内容达到非同一般的广告效果。如珠海丽珠集团在《羊城晚报》、《南方日报》刊出的一组"丽珠得乐"胃药男子汉系列广告大获成功，与其说是迎合了消费者治疗病痛的需要，倒不如说是因为深入联系了他们的情感渴望。曾有位消费者在给该公司的信中写道："说实话，如果是纯胃药广告，决不会引起我的兴趣……是你们的体贴、关怀之情，才点燃了我治愈疾病的希望。"该广告由《演员篇》、《养路工篇》、《摄影师篇》、《教师篇》、《建筑工篇》和《货车司机篇》六篇组成。广告把感情融入诉求，情理交融，感人至深。广告主题"其实，男人更需要关怀"贯穿于广告的始终，不仅易于记忆，更加深了情感渲染的力度。

5.3.4　广告诉求的态度

5.3.4.1　态度

在市场上，消费者是否购买某一种商品或接受某一项服务往往取决于他们的态度，可以说消费者所形成的态度在很大程度上直接影响着他们的购买行为。所以不管是广告主还是广告创作者都要去了解消费者的态度，并通过有效的广告诉求使之形成积极的态度，最终促成购买行为的发生。

态度是指个体以特定的方式，对待人、物、思想观念的一种心理反应的倾向性或一种评价。基于这种心理倾向，人们可以对客观事物作出相应的反应，如赞成、欣赏或支持，抑或是反对、拒绝等。

5.3.4.2　消费者态度的基本特性①

（1）社会性。消费者对某类商品或服务的态度并非与生俱来，而是在长期的社会实践中不断学习、不断总结，由直接或间接经验逐步积累而成的。离开社会文化环境与社会实践，特别是离开与其他社会成员、群体、组织的互动，以及将社会信息内化

---

① 江林.消费者行为学［M］.北京：首都经济贸易大学出版社，2002：118.

的过程，则无从形成一定的态度。因此，消费者的态度必然带有明显的社会性和时代特征。

（2）价值性。在消费活动中，消费者之所以对某类商品和服务持有这样或那样的态度，无不取决于该商品或服务对自己具有的价值大小。凡价值大的，消费者就具有积极的态度倾向；反之，实现价值小或无价值，则具有消极的态度倾向。

（3）相对稳定性。由于消费者的态度是在长期的社会实践中逐渐积累形成的，因此某种态度一旦形成便保持相对稳定，不会轻易改变。如对某种名牌的偏爱，对某家老字号的信任。态度的稳定性使消费者的购买行为具有一定的规律性、习惯性，从而有助于降低决策风险，实现某些购买决策的常规化、程序化。

（4）差异性。消费者的态度的形成受多种主客观因素的影响和制约。由于各种因素在内容、作用强度和组合方式上千差万别，所以消费者的态度也人各一面，存在众多的差异。不仅不同的消费者对待同一商品可能持完全不同的态度，而且同一消费者对待同一商品在不同的年龄阶段和生活环境中的态度也可能截然不同。

5.3.4.3 态度的功能

按照卡茨（D. Katz）的四功能说，态度的功能表现为：

（1）适应功能，亦称实利或功利功能。它是指态度能使人更好地适应环境和趋利避害。人是社会性动物，他人和社会群体对人的生存、发展具有重要的作用。只有形成适当的态度，才能从某些重要的人物或群体那里获得赞同、奖赏或与其打成一片。

（2）自我防御功能。它是指形成关于某些事物的态度，能够帮助个体回避或忘却那些严峻环境或难以正视的现实，从而保护个体的现有人格和保持心理健康。

（3）认识功能。这是指形成某种态度，更有利于对事物的认识和理解。事实上，态度可以作为帮助人们理解世界的一种标准或参照物，有助于人们赋予变幻不定的外部世界以某些意义。

（4）价值表达功能。它是指形成某种态度，能够向别人表达自己的核心价值观念。现在很多人在春节的时候选择在外面吃年夜饭，不再在自家厨房里忙前忙后，就反映了人们在价值观上的转变。

本章小结

广告心理就是研究广告过程中消费者的心理与购买行为之间的关系。广告是否能达到预期的效果，取决于它能否让消费者产生清晰的认知，激起消费者情感的共鸣，进而导致消费者产生行为目标和购买行为。了解消费者的心理活动过程，是开展任何广告活动的前提。

广告的心理功能包括：引起注意的功能、识记功能 、诱导功能。广告心理学家把广告的心理过程归纳为注意、兴趣、欲望、记忆、行动五个阶段，即 AIDMA 模式或 AIDMA 法则。

消费者认识商品的过程，是通过感觉、知觉、注意、记忆、想象、联想等心理活动对商品的各种不同感觉加以综合反映的过程。

只有认识广告诉求对象的需要、动机、情感与态度等心理基础，才能有效地对消费者需求进行诉求。

思考题

1. 广告的心理功能有哪些？
2. 简述广告的 AIDMA 模式的各个阶段。
3. 怎样提高消费者对广告的注意？
4. 什么是想象？什么是联想？试举一例运用想象或联想的广告。

本章参考文献

[1] 傅根清，杨明. 广告学概论 [M]. 济南：山东大学出版社，2004：105，108 - 109，112 - 114.

[2] 江波. 广告心理新论 [M]. 广州：暨南大学出版社，2002：127 - 129.

[3] 江林. 消费者行为学 [M]. 北京：首都经济贸易大学出版社，2002：118.

6 广告表现策略

本章提要：

广告表现就是把广告主基于广告目标的要求（主题意念、创意构想）用语言文字、图形等信息传递形式表达出来的过程，它是广告工作的转折点。本章将向大家介绍广告表现的概念、广告表现策划的过程、广告表现与广告主题的关系、广告表现与广告创意的关系以及广告表现的相关策略：USP（独特的销售主张）策略、BI（品牌形象）策略、Positioning（品牌定位）策略、CI（整体形象）策略、Brand Character（品牌个性）策略、Resonance（共鸣）策略及ROI［广告创意策略（关联、原创、震撼)］策略。

6.1 广告表现概述

6.1.1 广告表现的概念

广告表现是将广告主题、创意概念或意图，用语言文字、图形等信息传递形式表达出来的过程。它是整个广告工作的一个中心转折点，其前面的工作多为科学调研、分析，提出构思、创意；其后面的工作多是将前面工作的结果，即停留在纸上和脑海中的语言文字、构想转化成具体的、实实在在的广告作品。广告表现的结果是一个个具体的广告作品，正因为要与广告接触者直接见面，广告表现就应当以适合接受者的接受习惯和形成互动关系为目标。

6.1.2 广告表现策划的主要过程

广告表现就是把广告主基于广告目标的要求（主题意念、创意构想）转化成原稿和图像的过程。具体过程如下[①]：

第一步，进行营销分析，即通过对企业和产品的历史分析、产品评价、消费者评价以及市场竞争状况评价等，确立该广告表现的基础。它是确定广告概念的前提。

第二步，确定广告概念。它往往由广告主向广告公司进行说明，一般称作定向，即根据商品属性、市场竞争状态、广告目标等决定广告表现的基本设想和基本方针。它是广告设计者确定主题、进行原稿设计和编制广告计划的依据。

---

① 陈乙. 广告策划 ［M］. 成都：西南财经大学出版社，2002：122.

第三步，选择并确定广告主题，即根据广告主的说明和希望，确定具体的广告主题，也就是广告的中心思想，借以传递广告概念。

第四步，通过创意形成原稿或图像，开始具体的广告设计、编制工作。

从上述的过程介绍中，不难看出广告概念的确立以及慎重选取合适的主题以传递广告概念乃是整个广告表现策划的核心。在当今体验经济的大潮下，越来越多的广告公司会针对广告涉及的对象、表现的主题等，在广告的表现中增加利于人们的参与、互动的元素。

6.1.3 广告表现与广告主题的关系

就一件具体的广告作品而言，只要明确了广告目标、广告对象、广告策略，下一步的主要问题就是选择和确定广告的主题，亦即广告的中心思想。广告主题策划是取得广告对象满意、引起广告对象注意、促使广告目标达成的重要手段。为了达到预期的广告效果，必须在商品或企业中找出最重要的部分来加以诉求发挥。广告主题的好坏、诉求力的强弱，决定了消费者对广告主题思想的共鸣程度，从而也决定了广告效果的好坏。因此，人们常常说，广告主题是广告的灵魂。

广告主题是广告目标、信息个性、消费者心理需求三个要素的融合体。它们之间的关系是：广告目标是广告主题的出发点，离开了广告目标，广告主题就会无的放矢，没有效果；信息个性是广告主题的基础和依据，没有信息个性，广告主题就会没有内容，广告也就没有自己的诉求；消费者是广告主题的角色，没有这个角色，广告主题就调动不了消费者的心理力量。

正确的广告主题为广告表现提供了最基本的题材。广告不是简单的摄影绘画，也并非文字游戏。要确定广告的主题必须分析消费者购买某种商品的原因是什么，他们想知道什么，愿意在什么时间、什么地点听到或看到你的广告。同时正确的广告主题才是说服消费者购买的关键。

需要注意的是，广告主题不是广告目标、信息个性、消费者心理需求三者的简单相加或拼凑，而是一个有机的融合点。所以，一个广告既要考虑企业，又要考虑商品，还要考虑消费者，更要赋予人情味和联想。一个好的广告主题必须符合易懂、刺激、统一、独特的要求。比如："农夫山泉有点甜"（农夫山泉纯净水），"戴博士伦，舒服极了"（博士伦隐形眼镜），"如果失去联想，人类将会怎样"（联想电脑）等。它们虽然是简单的广告语，却很好地表现出了广告的主题。

6.1.4 广告表现与广告创意的关系

广告主题确定之后，广告活动即进入最为关键的阶段即广告创意阶段。这时广告创意人员应当考虑的是如何完整、准确、充分、艺术地表现广告的主题。美国著名的广告专家大卫·奥格威说："如果广告活动不是由伟大的创意构成的，那么它不过是二流品而已。"成功进行广告的基础是卓越的创意，创意是现代广告的灵魂，是引起消费者注意、激发消费者购买欲望的驱动力。

6.1.4.1　广告创意的概念

何为创意？从字面来理解，创意就是创造新的想法，它是一种创造性的思维活动。将创意应用于广告活动中，就是广告创意。现代广告的核心就在于创意，针对何为创意，不同的学者有着不同的见解。被称为"美国广告之父"的广告人詹姆斯·韦伯·扬曾经提出："创意是把原来的许多旧要素作新的组合，进行新的组合的能力，实际上大部分在于了解、把握旧要素相互竞争关系的本领。"美国广告学者格威克认为："创意就是发现人们习以为常的事物的新意。"

余明阳教授在《广告策划创意学》里将广告创意定义为："所谓广告创意，从动态的角度看，就是广告人员对广告活动进行创造性思维的活动。从静态的角度看，就是为了达到各个目的，对未来广告的主题、内容和表现形式所提出的创造性主意。"

6.1.4.2　广告表现与广告创意的关系

广告创意的核心就是表达广告的主题，广告创意是表现广告主题的构思和意念，它必须以广告主题为核心，围绕广告主题而展开。然而广告主题仅仅是一种思想或观念，这种抽象的意念必须借助一定的具体形象来表现，即广告表现是广告主题的形象化和具体化，是消费者理解、欣赏广告主题的中介，所以广告创意是广告表现的灵魂，而广告表现是广告创意的外化过程。好的广告表现可以准确地体现广告创作人员的创意，有效地传递有意义的广告信息，从而有助于广告与消费者的沟通。一个不合适的广告表现有可能无法实现广告信息的有效传递，甚至会扭曲广告创作人员想要传达的广告信息，从而毁掉一个好的广告创意。

6.2　USP 策略的评价及其应用

6.2.1　USP（Unique Selling Proposition）策略的内涵

6.2.1.1　USP 产生的背景

20 世纪 50 年代被称为"产品至上时代"。第二次世界大战结束后，各国经济迅速扩张，人们收入增加，市场需求旺盛，大规模工业化生产方式普遍形成。在市场竞争中，企业面临的共同问题是：如何以"独特的销售主张"说服消费者购买本企业的产品。这样，促使产品至上的独创性销售理论，成为当时占主导地位的理论。USP 是由罗瑟·瑞夫斯（Rosser Reeves）于 1961 年在《广告的现实》（Reality in Advertising）一书中提出的。他认为，广告的成功与否取决于商品是否过硬，是否有自己的特点。他提出的 USP 理论即独特的销售主张理论认为，广告就是发挥一种建议或劝说功能，该理论使广告界摆脱了随意性很大的经验状态，为广告学殿堂树立了坚实的支柱。

6.2.1.2　USP 理论的基本要点

（1）每一则广告都必须向消费者"说明一个主张（Proposition）"，必须让消费者明白购买广告中的产品可以获得何种具体的利益。

（2）所强调的主张必须是竞争对手做不到的或无法提供的，必须说出其独到之处，在品牌和说辞方面是独一无二的。

（3）所强调的主张必须是强而有力的，必须聚焦在一个点上，集中打动、感动和吸引消费者来购买相应的产品。

USP 策略视消费者为理性思维者，其注意力和兴趣往往集中在那些重要的、有价值的或与自己需要相关的产品上，经常用产品某一独有的特征来辨别、认知某一产品。USP 正是利用人们认知的心理特点，在广告中宣传产品独有的特征及利益，引起消费者注意、理解、记住并产生兴趣，从而促使其作出购买决策和采取行动。由此出发，该策略认为广告必须对准目标消费者的需要，提供可以带给他们实惠的许诺，而这种许诺必须有理由的支持。

6.2.1.3　USP 理论的发展

到了 20 世纪 90 年代，达彼思（Bates，原名 Ted Bates）广告公司进一步认定 USP 的创造力在于挖掘一个品牌的精髓，并通过强有力的说服来证实其独特性，使之变得所向披靡、势不可挡。这时的 USP 策略已经不仅是瑞夫斯时代所强调的"针对产品的事实"，而是上升到了品牌高度，强调创意来源于对品牌精髓的深入挖掘。品牌精髓挖掘的层次由内到外包括品牌个性（Personality）、品牌价值（Values）、品牌利益（Benefits）和品牌属性（Attributes）。具体分为七步①：

（1）设置品牌轮盘（Brand Wheel），明确品牌的基本框架；

（2）进行品牌营销策划（Brand Marketing Agenda）；

（3）进一步审查品牌特性（Brand Interrogation）；

（4）利用头脑风暴法，进行广告创意；

（5）初步形成创意；

（6）进行创意测试，找出样板创意和令人惊奇的事实，然后用词汇鲜明地、直接地表达出来；

（7）撰写 USP 创意演示简报。

6.2.2　USP 策略的成功广告案例

6.2.2.1　M&M's 巧克力豆——"只溶在口，不溶在手"

M&M's 巧克力豆的那一句家喻户晓的广告语——"只溶在口，不溶在手"，便是瑞夫斯 50 多年前的杰作。

1954 年，美国玛氏公司苦于新开发的巧克力豆不能打开销路而找到瑞夫斯。玛氏公司在美国是有些名气的私人企业，尤其在巧克力的生产上具有相当的优势。此次，公司新开发的巧克力豆，由于广告做得不成功，在销售上没有取得太大效果。公司希望瑞夫斯能构想出一个与众不同的广告，从而打开销路。瑞夫斯认为，一个商品成功

---

① 覃彦玲. 广告学［M］. 成都：西南财经大学出版社，2009：28.

的因素就蕴藏在商品本身之中，而 M&M's 巧克力豆是当时美国唯一用糖衣包裹的巧克力。有了这个与众不同的特点，又何愁写不出打动消费者的广告呢？瑞夫斯仅仅花了 10 分钟，便形成了广告的构想——M&M's 巧克力豆"只溶在口，不溶在手"。广告语言简意赅，朗朗上口，特点鲜明。随后，瑞夫斯为 M&M's 巧克力豆策划了电视广告片。如图 6.1 所示：

图 6.1　M&M's 巧克力豆

资料来源：http：//image. baidu. com/i？tn = baiduimage&ct = 201326592&cl =
2&lm = －1&fr = &fmq = &pv = &ic = 0&z = 0&se = 1&showtab = 0&fb = 0&width = &height =
&face = 0&word = M% 26M% A1% AFS% C7% C9% BF% CB% C1% A6% B6% B9&s = 0 #
width = &height = &z = 0&fb = 0&ic = 0&lm = －1&face = 0&pn = 0.

画外音：哪只手里有 M&M's 巧克力豆？不是这只脏手，也不是这只干净的手。因为 M&M's 巧克力豆，只溶在口，不溶在手。

仅仅八个字的广告语，简单清晰，使得 M&M's 巧克力豆不黏手的特点深入人心，它从此名声大振，家喻户晓，成为人们争相购买的糖果。"只溶在口，不溶在手"这句广告语沿用至 20 世纪 90 年代，这条广告语仍作为 M&M's 巧克力豆的促销主题，把 M&M's 巧克力豆送到了各国消费者的心中，而玛氏公司也成为年销售额达 40 亿~50 亿美元的跨国集团。

6.2.2.2　舒肤佳——后来者居上，称雄香皂市场

1992 年 3 月，"舒肤佳"进入中国市场，而早在 1986 年就进入中国市场的"力士"已经牢牢占领香皂市场。"舒肤佳"却在短短几年时间里，硬生生地把"力士"从香皂霸主的宝座上拉了下来。

"舒肤佳"的成功自然有很多因素，但关键的一点在于它找到了一个新颖而准确的"除菌"概念。在中国人刚开始用香皂洗手的时候，"舒肤佳"就开始了它长达十几年的"教育工作"，要中国人把手真正洗干净——看得见的污渍洗掉了，看不见的细菌你洗掉

了吗?

在"舒肤佳"的营销传播中,以"除菌"为轴心概念,诉求"有效除菌护全家",并在广告中通过踢球、挤车等场景告诉大家,生活中会感染很多细菌,用放大镜下的细菌"吓你一跳"。然后,"舒肤佳"再通过"内含抗菌成分'迪保肤'"之理性诉求和实验来证明"舒肤佳"可以让你把手洗"干净",另外,还通过"中华医学会验证"增强了品牌信任度,如图6.2所示:

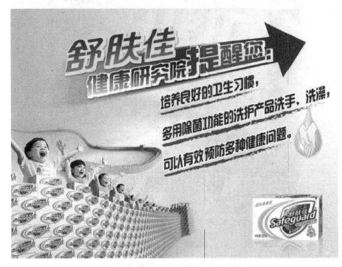

图 6.2　舒肤佳除菌香皂广告图片

资料来源:http://www.nipic.com/show/4/63/fdae4b38fb78e4ff.html.

6.2.2.3　宝洁旗下洗发水

在洗发水市场上,宝洁公司的海飞丝强调去头屑;潘婷强调富含维生素 B_5,使头发加倍亮泽;飘柔则洗发、护发二合一,令头发更加飘逸柔顺。无论是海飞丝、潘婷还是飘柔,它们都只围绕着一个销售点展开诉求,在创意表现上也不断强化这个销售点,由于每个点的选择对消费者都具有极强的针对性和吸引力,因此它们很快就在消费者心目中形成了独特的印象,同时三个品牌的洗发水连包装也在强化宝洁"独特的销售主张"。

6.2.3　人物故事

罗瑟·瑞夫斯(1910—1984)——"美国杰出撰文家"称号的第一位得主。

罗瑟·瑞夫斯于1910年出生于美国弗吉尼亚州,1929年就开始为弗吉尼亚里士满的一家银行撰写广告文案。他曾先后到纽约的"赛梭"等广告公司做广告撰文员。1940年,他与贝茨共同创办特德—贝茨广告(Ted Bates)公司,并在公司负责文案工作,从这时开始,他便在文案写作方面有了更加广阔的用武之地。罗瑟·瑞夫斯提出的"独特的销售主张"的理论,将家庭摆在了宣传的中心位置,并重新研究产品卖点。罗瑟·瑞夫斯还成功地为美国著名的高露洁公司撰写了棕榄牌香皂广告、高露洁牙膏广告等。经过多年的努力工作,他当上了特德—贝茨公司的董事长。尽管董事长的工作繁忙,但罗瑟·

瑞夫斯仍然抽空撰写广告文案。他曾不无自豪地说："我仍然是一位活跃的文案写作人员。我想我是唯一作为董事长仍然这样做的人。我仍然写文案，仍然参与策划，而我认为那是我主要的工作。"在罗瑟·瑞夫斯的领导下，特德—贝茨广告公司发展迅速，到1986年，它已经是全美第三大广告公司了。

6.3 品牌形象策略的评价及其应用

6.3.1 品牌形象策略的内涵

6.3.1.1 品牌形象策略产生的背景

20世纪60年代中后期，随着科技的进步，新产品越来越多，大量模仿性和同质化产品的出现使得寻求"独特的销售说辞"变得越来越困难。在这种情况下，一个企业在市场上的生存和发展，日益依赖于企业在人们心目中的声誉和形象。市场走出了"产品至上"的时代，进入"形象至上"的时代。针对USP理论的不足，美国广告大师大卫·奥格威（David Ogilvy）主张"每一个广告都是对品牌形象的长期投资"，通过树立特别的品牌形象达到企业营销的目标，提出品牌形象（Brand Identity，BI）理论。

6.3.1.2 品牌形象策略的主要观点

奥格威认为，每一个广告都应该看做是对品牌形象的贡献。如果你采取了这种态度，当今的许多问题就能得到解决……品牌越相似，理性思考在品牌选择中就越薄弱。威士忌、香烟或啤酒的不同品牌之间并没有明显的不同，它们几乎一样。广告越能为品牌树立一个鲜明的个性，该品牌就越能获得更大的市场份额和更多的超额利润。具体来说，品牌形象理论的主要观点如下：

（1）为塑造品牌服务是广告最主要的目标。广告最主要的任务是为树立品牌和营销产品服务，力求使广告中的商品品牌具有并且维持较高的知名度。所以，许多企业不惜花很大的代价找明星代言，抢知名度高的媒体进行广告传播。

（2）任何广告都是对品牌的长期投资。从长远的观点看，广告决不能因追求短期的利益而牺牲自身品牌形象，一个具有较高知名度的品牌一定要尽力去维护它。没有眼光的企业往往只顾眼前利益，最终导致企业办不下去而倒闭。奥格威告诫客户，一味搞促销、削价以及其他类似的短期行为，无助于维护一个好的品牌形象。

（3）品牌形象比产品功能更重要。随着科学技术的发展与普及，同类产品的差异性逐渐变小，消费者选择品牌时运用的理性思维就会减少，品牌之间的知名度大小就越来越显示出重要性。因为，这时的消费者感到对选择哪个品牌的产品好坏已不是重点，重点是看谁的产品品牌知名度高。因此树立一种突出的品牌形象可以帮助企业获得较大的市场占有率和利润。

（4）广告更重要的是满足消费者的心理需求。消费者购买商品或服务时所追求的是"物质利益和心理的满足"。对有些消费群体，物质利益已不是第一位，而满足心理需求则上升到首要位置，所以，广告尤其应重视运用品牌形象来满足其心理需求。广告的作用就是赋予品牌不同的联想，正是这些联想给了品牌不同的个性。

与 USP 理论一样，品牌形象理论也是产品观念下的一种产物，深深带有产品时代的烙印。两者的共同点是：它们的出发点都是产品，都把产品作为第一要素，都是为产品寻找一种独特的要素。只是 USP 理论认为这种独特的要素是建立在产品的物理特性之上的，通过对产品自身属性的挖掘可以找到；而品牌形象理论认为这种独特性可以由人们追加给它，在某种意义上说，它是超越了产品的表象而存在的。①

6.3.1.3 树立品牌形象的方法

树立品牌形象的方法很多，常见的有以下几种：

（1）商标人物形象。李奥·贝纳于 1935 年为绿巨人公司（当时叫明尼苏达流域罐头公司）的豌豆虚构的"绿巨人"人物形象就是一个非常成功的品牌形象。贝纳为了表现豌豆的新鲜和饱满，描绘了一幅连夜收割和包装豌豆的夜景，并穿插了一个捧着一个大豆荚的巨人形象。"绿巨人"给人留下了长久而美好的印象。作为对这一成功形象的回报，"绿巨人"牌豌豆总能比其他品牌卖得贵一些。

（2）模特儿形象。万宝路广告中突出强壮、有血性、埋头工作的男子汉——不管是牛仔、渔民还是滑雪者或作家，他们都有一个共同的特征，那就是手背上都刻有文身（借以让广告中的形象显得更粗犷、剽悍）。这些人通过广告邀请烟客"到有这种味道的地方来"（即"万宝路故乡"，Marlboro Country）。

（3）名人形象。用名人来推荐产品是非常流行的品牌形象策略。早在 20 世纪 20 年代，智威·汤普逊公司就事先在力士香皂的印刷品广告中插印影星照片，从而树立起"力士香皂，国际影星所使用的香皂"这一形象，如图 6.3 所示：

图 6.3 力士香皂的明星广告

资料来源：来自网络，经作者整理。

① 袁安府，等. 现代广告学导论 [M]. 杭州：浙江大学出版社，2007：230 – 231.

（4）拟人化的动物、卡通形象。可口可乐公司在中国上市的第一个专门为儿童消费群定做的"酷儿"饮料，就是可口可乐公司首次运用卡通形象作为产品的代言人。

（5）普通人的形象。名人广告的收视率比一般广告高，但其广告费非常昂贵。尤其在进入 20 世纪 90 年代以后，名人广告的可信度开始下降。于是有些企业开始聘请普通人做证人广告。法国有一则洗衣机的广告，选用一位满脸皱纹的老农妇来做，笑容质朴真诚，很容易为消费者理解，该广告将产品销售额提高了 1/3。目前国内许多洗涤用品都是选用普通人来做广告的。

6.3.2　品牌形象理论经典案例

大卫·奥格威创作的《戴眼罩的穿哈撒韦衬衫的男人》的广告中，为了体现衬衫的高档形象，曾想出十八个穿衬衫的人物形象，最后采用了第十八个——一个戴眼罩的仪表不凡的男子，并由俄国贵族乔治·朗格尔男爵作模特。他身后的背景是一间豪华的制衣车间，这就巧妙暗示出哈撒韦衬衫的制作精良，品质非同一般。奥格威用这张照片配上以"穿着哈撒韦衬衫的男人"为标题的文案，刊登在《纽约客》杂志上。对于美国人来说，一个英俊的男士戴着眼罩给人以浪漫、卓越不凡的感觉，从而赋予了哈撒韦衬衫与众不同的形象。这个以戴黑眼罩、穿哈撒韦衬衫而定位的广告形象由此风靡美国，成为高贵气派、风度非凡的象征。奥格威又将戴眼罩的男士用于不同的场景中，并推出了系列广告：在卡内基音乐厅指挥纽约爱乐乐团、演奏双簧管、开拖拉机、击剑、驾驶游艇、购买雷诺阿的画等。在广告刊出的第一年，哈撒韦衬衫销售量就增加了三倍之多。该广告使哈撒韦衬衫从一个从未进行广告宣传的品牌在 116 年默默无闻的日子之后，一下子红起来（如图 6.4 所示）。

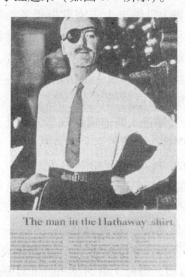

图 6.4　哈撒韦衬衫的广告

资料来源：何修猛. 现代广告学［M］. 7 版. 上海：复旦大
学出版社，2008：24.

6.3.3 人物故事

6.3.3.1 大卫·奥格威（1911—1999 年）

奥格威于 1911 年生于英格兰，先后受教于爱丁堡 Fettes 大学及牛津大学，但因成绩不佳而中途辍学。他称这段经历"是我一生中一次真正的失败……我本可以成为牛津的一颗明星，但是却因为屡次考试不及格而被轰出了校门"。之后，奥格威转道巴黎，在皇家酒店厨房工作。回到英国之后，奥格威受雇于 Aga 厨具公司，成为一名上门推销员。1935 年，他为 Aga 的推销员写了一本推销辅导手册，后来被《财富》誉为"有史以来最好的推销员手册"。当时，他年仅 24 岁，却已写出经久不衰的推销名言。

1938 年，大卫·奥格威移民美国，受聘盖洛普民意调查公司，在其后的三年中辗转世界各地为好莱坞客户进行调查。盖洛普严谨的研究方法与对事实的执著追求对奥格威的思想影响巨大，并成为他行事的准则之一。

直到 38 岁，他才正式涉足广告业，与 Anderson Hewitt，一位他 1941 年相识的会计师一同开创了 Hewitt Ogilvy，并于 1965 年收购了伦敦 Mather & Growther 广告公司，成立了 Ogilvy & Mather 公司。

他一生写了四本书：《一个广告人的自白》、《血、思想与啤酒》、《奥格威谈广告》和《广告大师奥格威——未公之于世的选集》。他被称为"广告教父"（又称"广告教皇"，"The Father of Advertising"），其创办的奥美广告公司已成为世界上最大的广告公司之一。

6.3.3.2 李奥·贝纳

1891 年 10 月 21 日，李奥·贝纳出生于密歇根州圣约翰城。中学毕业后，李奥·贝纳到著名的密歇根大学学习新闻学。李奥·贝纳在密歇根大学过得并不顺利，但是一位学校请来的演讲者法利斯——法利斯州大学的奠基者，后来是密歇根州州长和美国参议员，改变了他的世界观。他让李奥·贝纳相信："在你的生命中总会有这样的机会，那就是理顺你的思路，知道自己该做什么，然后开始全新的人生。"

1915 年，24 岁的李奥·贝纳进入凯迪拉克汽车公司任公司内部刊物编辑。与当时提倡广告应与消费者共鸣的广告大师西奥多·麦克马纳斯（Theodore F. MacManus）一起工作。他为凯迪拉克设计的"领袖的代价"曾轰动一时。为了更深入了解广告，李奥·贝纳每天剪下大大小小的报纸广告及有关广告的讨论议题。这段日子成为李奥·贝纳后来进入广告业的转折点。

1923—1930 年期间他出任霍玛·麦克（Homer McKee）广告公司资深创意总监，但是此时他还没有在美国广告界出名。后来他到了芝加哥，担任俄纹·威西（Erwin Wasey）广告公司的创意副总监。俄纹·威西是当时世界上最大的广告公司，但是这家公司只对东部客户感兴趣，而且只相信硬性推销的方式。他与俄纹·威西广告公司的理念越来越远，终于，他无法忍受"就像洗碗水一样乏味"的广告创意。大萧条中期，44 岁的李奥·贝纳背水一战，抵押了自己的房产，于 1935 年 8 月 5 日创立了李奥·贝纳股份有限公司。消息一传出，立刻吸引了五位工作伙伴和三家非常欣赏他才能的客户加入阵容，这三个客户是：Minnesota Valley Canning Company（明尼苏达流域罐头公司），后来改名为 Green Giant（绿巨人公司）；Hoover（胡佛电动吸尘器公司）；Real Silk Hosiery（真丝针织品公司）。因为李奥·贝纳的名言——伸手摘星，即使徒劳无功，亦不致一手污泥，一只伸手摘星的手成为公司的标志。李奥·贝纳广告公司的客户包括全球 25 个最有价值品牌当中的 7 个，有麦当劳、可口可乐、迪斯尼、万宝路、Kellogg、Tampax 和 Nintendo 等。

6.4 定位策略的评价和应用

6.4.1 定位策略的内涵

6.4.1.1 定位策略产生的背景

20 世纪 60 年代末，随着生活水平的提高，公众在消费中日益追逐个性，讲究差异化消费，流行的不再是大众化而是趋向于群体化、小众化。针对这一现象，美国广告学家艾尔·里斯（Al Ries）和杰克·特劳特（Jack Trout）于 20 世纪 70 年代左右在美国营销杂志《广告时代》、《工业营销》上发表了一系列文章，首先提出"定位"（Positioning）这一概念。此举在营销广告领域引起强烈反响甚至掀起了一场思想论战。当时对它有各种不同的评价和看法，可谓意见纷呈。

当时美国的 RCA 电脑公司和 GE 公司，正在向市场上的 IBM 公司发动全面挑战，营销和广告界对此都抱乐观态度，艾尔·里斯和杰克·特劳特则持相反看法，他们认为按照定位原理不该如此。果然，此后不到一年的时间，RCA 公司和 GE 公司以失败而告终。至此，人们才开始逐渐认识到他们观点的正确性，定位观念也逐渐被营销和广告界所认同。1979 年，艾尔·里斯和杰克·特劳特合作出版了第一本确立 3 定位理论的专著《广告攻心战》（Positioning：Battle for Your Mind）。1981 年，艾尔·里斯和杰克·特劳特把他们的观点加以整理，出版了《定位》一书，从而系统地宣告了"定位"这一理念的确立。① 到 20 世纪 90 年代，经过十年的发展和实践，定位论超越 USP 理论和品牌形象论而被奉为经典。有人评论说："特劳特和里斯擅长于适度简化事物，去掉不相关的细节，然后单刀直入提出重点。"

6.4.1.2 定位策略的内涵

美国著名营销学者菲利浦·科特勒认为："定位是勾画企业的形象和所提供的价值的行为，它需要向顾客说明本企业的产品与现有的竞争者和潜在的竞争者的产品有什么区别。"

大卫·奥格威在他 1980 年底出版的《奥格威谈广告》中也曾提出产品的定位问题："定位是行销专家的热门话题，但对于这个名词的定义却没有一个定论，我自己的

---

① 袁安府，等. 现代广告学导论［M］. 杭州：浙江大学出版社，2007：208.

定义则是——这个产品要做什么，是给谁用的。"

里斯和特劳特对"定位"的定义是："定位始于产品，可以是一件商品、一项服务、一家公司、一个机构甚至于一个人，也许就是你自己。但定位并不是要你对产品做什么事，定位是你对未来的潜在顾客的心智所下的工夫，也就是把产品定位在你未来顾客的心中。"

其基本要点可概括如下：

（1）广告的目标是使某一品牌、公司或产品在消费者心目中获得一个据点，占有一席之地。定位就是要为品牌在消费者的心目中寻找一个有利的位置，使消费者一旦产生某种需要，首先想到的就是已经在他们心目中占有特定位置的某个品牌，从而达到理想的传播效果和目标。

（2）广告应将火力集中在一个狭窄的目标上，在消费者的心智上下工夫，要创造出一个心理的位置。广告在传播的过程中要想不被其他的声音淹没，就必须集中力量于一点。换句话说就是要作出某些"牺牲"，放弃某些利益和市场。如沃尔沃定位于安全、耐用，它就放弃了对速度、外观等利益的诉求。

（3）应该运用广告创造出独有的位置，特别是"第一说法"、"第一事件"、"第一位置"。因为只有创造第一，才能在消费者心中造成难以忘怀的、不易混淆的优势效果。从心理学的角度，人们易于记住位于第一的事物。比如人们往往可以不假思索地回答出世界第一高峰的名字——珠穆朗玛峰。可是第二、第三高峰的名字呢？事实证明，最先进入人脑的品牌，平均而言比第二次进入人脑的品牌在长期的市场占有率方面要高出一倍。

如果市场上已有一种强有力的头号品牌，创造第一的方法就是找出公司的品牌在其他方面可以成为"第一"的优势，在消费者头脑中探求一个还未被他人占领的空白领域。

（4）广告表现出的差异性，并不是指产品具体的特殊的功能利益，而是要凸显品牌之间的类的区别。比如，七喜汽水就称自己的产品为"非可乐"，当人们需要非可乐饮料时就会首先想到它。

（5）这样的定位一旦建立，无论何时何地，只要消费者产生相关需求，就会自动地首先想到广告中的这种品牌、这家公司或产品，达到先入为主的效果。里斯和特劳特认为："定位是在我们传播信息过多的社会中，认真处理怎样使他人听到信息等种种问题之主要思考部分。"定位的基本原则，并不是去塑造新而独特的东西，而是去操纵原已在人们心中的想法，打开联想之门，目的是要在顾客心目中占据有利的地位。定位的观念不仅适用于企业界，任何人都可以利用定位的策略，在生活的各种竞赛中领先对手。[①]

6.4.1.3 定位策略的发展

随着市场的日益成熟和消费观念的变化，定位理论在实践中不断发展。1996年，

---

① 傅根清，杨明. 广告学概论［M］. 济南：山东大学出版社，2004：49.

杰克·特劳特总结整理了 25 年来的经验和 S. 瑞维金合作出版了《新定位》（The New Positioning）一书。该书的突破性成果主要表现在以下两个方面：

（1）该书认为消费者的心灵是营销的终极战场。《新定位》的最大特点和突出贡献是对消费者心理的深切把握。作者指出营销的终极战场是消费者的心灵，营销人员对此知道得越多，定位策略就越有效。

（2）该书提出了到达消费者内心的五道屏障及突破方法[①]。

屏障一：消费者只能接受有限的信息

在当今信息时代，消费者被形形色色的信息所包围，可是接受的信息却是有限的，因为：①信息传播渠道超载，很多信息无法到达消费者；②消费者心智的容量不够大，消费者会按照个人的经验、偏好、兴趣甚至情绪，选择接收部分信息；③消费者对过量的信息会产生抗拒、抵触的心理。

突破之法：使传播的信息成为消费者的关心点

突破这一传播屏障、打开消费者的注意之门，就是要想方设法使传播的信息贴近消费者的生活，让他们产生亲切感、认同感、信任感，从而接受产品、喜爱产品，最后形成依恋以至购买习惯。米其林轮胎就是通过与婴儿搭配，将自身定位在安全、贴近大众的产品，从而牵动消费者的注意。

屏障二：消费者喜简烦杂

消费者有喜欢简单、痛恨复杂的心理。越是简单明了的信息，越容易被消费者识别和接受。例如，"海尔，真诚到永远"、"晶晶亮，透心凉"（雪碧）等都是因为它们的广告用语简练，传达的信息单一而被消费者牢记在心。傻瓜相机为什么风靡全球？电脑为何能进入千家万户？因为它们符合消费者喜简烦杂的心理，无须掌握复杂的知识和技能，消费者就能很方便地进行操作。

突破之法：使用尽量简化的信息

突破这道屏障的诀窍，就是定位简明。集中力量于一个重点并将其清楚地打入消费者心中。例如，M&M's 巧克力的"只溶在口，不溶在手"，孔府家酒的"孔府家酒，叫人想家"，百事可乐的"新生代的选择"等无一不是只诉求一个重点。不少给人留下深刻印象的品牌，其标识也是非常简明的。如耐克的标识只剩下标志性的一勾，然而，看到这一勾，就足以引起关于耐克这个品牌的联想。

屏障三：缺乏安全感而跟随

消费者在购物时，有一种惧怕上当的心理，因而他会采取一种从众的方式，倾向于买跟别人一样或经人推荐的东西。消费者的这一心理在新产品推向市场时表现得尤为明显。新产品刚进入市场时，购买的人数极其有限，最早采用者约占 2.5% 的比例，早期采用者也不过 13.5%。

突破之法：利用市场研究和消费者资料，加强消费者安全感

通过统计资料调查、权威机构认证、早期试用者的现身说法、悠久的历史传统等都可加强消费者的安全感，从而鼓励购买。

---

① 陈乙. 广告策划［M］. 成都：西南财经大学出版社，2002：150-155.

屏障四：品牌印象不会轻易改变

消费者珍藏在记忆中的都是耳熟能详的东西，领导品牌往往都是占据了"先入为主"的优势，后来居上的例子则是鲜见的。

可口可乐"新配方"事件以沉重的代价印证了消费者品牌印象不轻易改变这一心理。20 世纪 80 年代，面对百事可乐强大的竞争压力，可口可乐决定以口感更好的新配方来争取消费者。但由于"可口可乐，真正的可乐"这一品牌印象在消费者心目中根深蒂固，新配方推出后遭到消费者的强烈抵制，甚至引发了忠诚消费者的游行示威，抗议可口可乐公司侵犯了他们饮用"正宗"可乐的权利。可见，改变消费者的品牌印象很困难，有时甚至是不可能的。

突破之法：着眼于长远，借助已有成果巧定位

改变消费者的品牌印象很困难，有时甚至是不可能的。由此我们可以得到以下启示：首先，定位要着眼于长远目标并保持稳定性和持续性，轻易改变定位的结果可能是赔了夫人又折兵，两头踏空。其次，在同一定位上与先进入者（领导者）进行品牌竞争，风险很大，往往会走向失败。柯达在"立即显像"的相机行业敌不过"宝丽来"就是此方面的教训。最后，利用既有成果巧定位。肯德基让已作古的老上校再度出现在广告中就是巧用既有成果成功定位的例子。

屏障五：原有定位容易因为延伸而模糊

企业在获得一定知名度后，常常实行多元化经营，扩展生产线，企图借用原有知名度，通过搭便车的效应将新产品打入市场。结果往往事与愿违，不仅新产品借不了东风，一旦销路不佳，反而会使原有定位因为品牌延伸而模糊，品牌价值受到影响。

从消费者的观点来看，某些知名度高的品牌实质上已成了某一类商品的代名词。比如提起"舒肤佳"，消费者马上会把它与香皂联系起来，而不是别的什么东西。因而，千万不能盲目进行品牌延伸。"娃哈哈"曾是儿童果奶的代名词。可是，随着"娃哈哈"红豆沙、绿豆沙、八宝粥、纯净水相继推出，原有品牌印象变得模糊。特别是它不合时宜地推出老年市场滋补品，使品牌形象进一步受到损害。现在，它在果奶市场的占有率急剧下滑，领导地位已不复存在。

突破之法：有效品牌延伸的法则

品牌延伸容易造成定位模糊，但这并不意味着在任何情况下都不能进行品牌延伸。相反，如果延伸得当，往往会带来出人意料的收获。

6.4.2 广告定位的作用与意义

广告定位是广告策划的基础与前提，只有通过准确的广告定位才能提炼出明确的广告主题；而只有明确了广告的主题，才能保证广告策划沿着正确的方向前进。就一般规律而言：投放产品，广告先行；策划广告，定位先行①。

6.4.2.1 准确的广告定位是广告宣传的基准

企业的产品宣传要借助于广告这种形式，但"广告什么"和"向什么人广告"，

---

① 袁安府，等. 现代广告学导论 [M]. 杭州：浙江大学出版社，2007：215－216.

则是广告决策的首要问题。在现实的广告活动中，不管企业有无定位意识，愿意或不愿意都必须给拟开展的广告活动进行定位。科学的广告定位对于企业广告战略的实施与实现，无疑会带来积极的、有效的作用，而失误的广告定位必然给企业带来利益上的损失。

6.4.2.2　准确的广告定位，是确保广告有效传播的关键

就广告对目标受众发生作用的过程而言，注意力是针对受众发生作用的过程而言，注意力是受众接受和理解广告信息不可逾越的第一道障碍。由于广告信息所处的环境越来越杂乱，因此绝大多数的广告信息都是处在一种不断干扰之中。准确的广告定位，一方面，突出了广告鲜明的诉求点；另一方面，确保了诉求的力度，从而确保了广告信息的有效传播。

6.4.2.3　准确的广告定位，是说服消费者的关键

广告作为一门说服性的艺术，能否打动消费者，往往取决于对消费者需求的洞察与满足。消费者往往会用自己的钱包，给广告在多大程度上打分，这已经成为一个残酷的现实。广告定位就是一种攻心战略，它探讨消费者为什么买你的产品，他们想知道什么，在什么时间想听到、看到你的广告。所以，一个广告能否起到促销的作用，关键就是有无准确的定位。

6.4.2.4　准确的广告定位有利于商品识别

在现代营销市场中，生产和销售同类产品的企业很多，造成某类产品的品牌多种多样，广告主在广告定位中所突出的是自己品牌的与众不同，使消费者认牌选购。消费者购买行为产生之前，需要此类产品的信息，更需要不同品牌的同类产品信息，广告定位所提供给消费者的信息，其中很多为本品牌特有性质、功能的信息，有利于商品识别。广告定位告诉消费者"该产品的有用性"，更告诉消费者"本品牌产品的与众不同个性"。

6.4.2.5　准确的广告定位有利于进一步巩固产品和企业形象定位

现代社会中的企业组织在企业产品设计开发生产过程中，根据客观现实的需要，必然要为自己的产品所针对的目标市场进行产品定位，以确定企业生产经营的方向。企业形象定位是企业根据自身实际所开展的企业经营意识、企业行为表现和企业外观特征的综合，在客观上能够促进企业产品的销售。无论是产品定位还是企业形象定位，无疑都要借助于正确的广告定位来加以巩固和促进。

6.5　其他创意策略的评价及应用

6.5.1　企业整体形象创意策略

企业整体形象（Corporate Identity，CI）理论即企业识别或企业形象理论。所谓 CI

就是指企业为塑造良好的企业形象，将企业的经营理念、企业文化以及社会使命感，通过统一的视觉化、规范化和系统化，运用整体市场传播方式及视觉沟通技术加以整合性宣传，使社会公众对企业产生一致的认同感和价值观，以赢得公众的信赖，为企业的发展创造一个最佳的经营环境。它强调塑造企业整体形象而不是某一品牌形象，这就要求广告服务于企业的战略理念、价值观、企业文化，与企业的整体形象保持一致。

CI 发源于欧洲，成长于美国，深化于日本。最早感知 CI 的是德国 AEG 电气公司。1907 年，德国 AEG 电气公司采用培特·贝汉斯设计的 AEG 三个字母形象的图案作为企业标志，并将企业识别符号应用于系列产品与产品包装、产品宣传以及办公用品上，形成整体形象识别，从而开创了企业实施统一视觉识别系统的先河。

早期成功导入 CI 的当属美国国际商用机器公司（IBM）。这家已有 40 年经营历史的公司，为了跻身于世界性大公司之列，导入 CI 理论，把既长又难记忆的公司全称"International Business Machines"缩写成"IBM"，设计成八条纹的具有个性的标准字体，选用象征高科技的蓝色为公司的标准色（如图 6.5 所示）。通过整体设计，塑造一个全新的 IBM 企业形象，成为美国公众信任的"蓝色巨人"，在美国计算机行业中占据霸主地位。其后可口可乐公司将 CI 理念推向高潮。

图 6.5　IBM 的蓝色标志

资料来源：来自网络，经作者整理。

20 世纪 60 年代日本人引进 CI。日本在引进欧美的 CI 时，并没有完全照搬，而是将民族理念与民族文化融入其中，对 CI 进行了结构上的革命与完善，形成日本式的 CI 体系。与"欧美型 CI"相比，"日本型 CI"的风格侧重于改革企业理念与经营方针。整个 CI 策划是以企业理念为核心开发的，在注重视觉美感的同时，从整体的经营思想、价值取向、企业道德入手来规范员工行为，带动生产，创造利润，并创造了很多的全球品牌，比如 SONY。至 20 世纪 70 年代，CI 作为一种企业系统形象战略被广泛运用到企业的经营发展中。

CI 理论包括三个基本要素，即理念识别系统（Mind Identity System，MIS）、行为识别系统（Behavior Identity System，BIS）和视觉识别系统（Visual Identity System，VIS），三者共同构成了一个企业 CI 的有机整体。

企业理念识别（MI）系统的主体是企业的经营理念，它还包括企业精神、企业宗旨、行为准则、经营方针等内容。企业的经营理念是企业在成长过程中演变形成的基本精神和具有独特个性的价值体系。成功的企业 CI 战略，往往是通过对企业内部经营观念的重新认识和定位来指导企业的长期发展。

行为识别（BI）是指企业在经营理念的指导下，对企业内部的引导和管理活动以及企业外部的经营行为，包括公关和社会公益。企业行为识别系统的个性特征在于充分运用企业所能运用的各种媒体及传播手段，采用多种形式和方法，最大限度地赢得内部员工和社会大众的认同。同时，这种行为系统又要求企业必须长期坚持，注重策略。

视觉识别（VI）是指企业通过静态的识别符号，传达企业的经营理念，强调企业的个性、主体性和共通性，以塑造独特的企业形象。企业视觉识别系统包括老企业名称、品牌标识、专用印刷体、标准字体与标准色、企业宣传标语口号及象征造型、图案等。①

6.5.2　品牌个性创意策略

通过对品牌内涵的进一步挖掘，美国的 Grey 广告公司提出了"品牌性格哲学论"，日本小林三太郎教授提出了"企业性格论"，形成了广告表现策略的一种充满生命力的新策略流派——品牌个性论（Brand Character）。该理论用公式表达就是：品牌个性＝产品＋定位＋个性。该策略理论在回答广告"说什么"的问题时，认为广告不仅是"说利益"、"说形象"，更要"说个性"。该理论的基本思想包括：

（1）在与消费者的沟通中，从标志到形象再到个性，个性是最高的层面。品牌个性比品牌形象更深入一层，形象只是形成认同，但个性可以造成崇拜，品牌个性是品牌形象的内核。德芙巧克力的广告语"牛奶香浓，丝般感受"，其品牌个性在于"丝般感受"的心理体验。将巧克力细腻滑润的感觉用丝绸来形容，意境够高远，想象够丰富，充分利用联觉感受，把语言的力量发挥到极致。

（2）品牌个性就像人的个性一样，因此为了实现更好的传播沟通效果，应该将品牌人格化。

（3）塑造的品牌个性应是独具一格、令人心动、经久不衰的，其关键是用什么核心图案或主题文案来表现的问题。

（4）寻找、选择能准确代表品牌个性的象征物往往很重要②。例如，米其林使用一百多年的轮胎人形象——"必比登"（Bibendum），花旗参以鹰为形象物。

江波在其《广告心理新论》中认为：品牌个性是特定品牌使用者个性的类化，是其关系利益人心中的情感利益附加值和特定的生活价值观的体现。因此个性化的品牌容易引起消费者的注意，易被消费者认同，同时可以提高品牌忠诚度，使得消费者对同一品牌的不同信息保持识别的一致性，有利于消费者对其延伸产品的认同。

---

① 韩顺平. 现代广告学 ［M］. 成都：电子科技大学出版社，1998：124 - 125.
② 陈乙. 广告策划 ［M］. 成都：西南财经大学出版社，2002：159.

6.5.3 共鸣论策略

共鸣（Resonance）理论主张在广告中述说目标对象珍贵的、难以忘怀的生活经历、人生体验，以唤起并激发人们内心深处的回忆，同时赋予品牌特定的内涵和象征意义，建立目标对象的移情联想。通过广告与生活经历的共鸣作用而产生效果和引起震撼，其基本观点如下[1]：

（1）该策略最适合大众化的产品或服务，在拟订广告主题内容前，必须深入理解和掌握目标消费者。

（2）应经常选择目标消费者所盛行的生活方式加以模仿。

（3）关键是要构造一种能与目标对象所珍藏的经历相匹配的氛围或环境，使之能与目标对象真实的或想象的经历连接起来。

（4）广告侧重的主题内容是爱情、童年回忆、亲情等。

每个民族都有它的文化背景，在广告中表现这种传统的文化，也能引起消费者的共鸣。养生堂"父子"系列广告，表现的是中国传统伦理中的孝道，具有深层的文化背景。广告中有一句话更是震撼人心："几乎所有的父亲都知道儿子的生日，又有几个儿子知道父亲的生日？"

2001年雕牌洗衣粉的"妈妈，我能为您干活了"；公益广告"妈妈，我也给您洗脚"；飘柔人参洗发露"帮女儿梳头篇"以及中国移动所做的一系列关于亲情的广告都能很好地引起消费者的共鸣，打动消费者。在中国移动的电视形象广告"母女篇"中，女儿给母亲打电话没人接时焦急的神情，电话接通时说的那句"不是离不开手机，而是我离不开你"，以及短片结束时的字幕"手机接通的不仅是牵挂"，都深深地打动着人们，令人在情感上产生共鸣。

泰国人寿保险的广告无论是"父子篇"、"丘爷爷篇"还是"女儿篇"等都是以普通人的生活情节来体现人的情感或人生的哲理，其中有一个电视广告讲述了一个孕妇为了即将离世的丈夫提前生孩子的故事。广告是以一个医生的旁白叙述整件事，"她拜托我一定要在那时间之前替她接生。我问她原因，她只说，时间所剩不多了。产后才两个小时，她跟宝宝就离开病房。而他，随时将会因脑癌过世。他正在不认输地硬撑着，其实他离死期不远了。有时候，我们不禁自问。我们为何生于今世，而今世我们又该做些什么。宝宝终于及时躺在爸爸的怀里。"孩子稚嫩的小手放在昏迷不醒的爸爸的手中，爸爸仿佛感觉到这幸福的一刻，紧闭的双眼流出泪水。医生看到这一幕发出感慨："也许我们真正该问的是，为什么我们会在这里。"最后爸爸在之前的录像中说道："孩子！爸爸拜托你好好照顾妈妈喔！一定要好好爱爱她。还要记得，我也爱你！爸爸真的好爱你！照顾好妈妈！"这些富有情感的广告让观看的人为之动容，感人至深，让人感受到人世的温暖。

---

① 江波. 广告心理新论［M］. 广州：暨南大学出版社，2002：25.

6.5.4 ROI 创意策略

ROI 是一种广告创意指南，它是广告大师威廉·伯恩巴克创立的 DDB 国际广告有限公司制定出的关于广告策略的一套独特的概念主张，其基本要点如下：

（1）好的广告应当具备三个基本特质：关联性（Relevance）、原创性（Originality）、震撼性（Impact）。

（2）广告与商品若没有关联性，就失去了广告存在的意义；广告若没有原创性，就缺乏吸引力和生命力；广告若没有震撼性，就无法给消费者留下深刻、持久的印象。

（3）一个广告若要单独具备这三个特征之一并不难，关键是同时具备这三个特征，达到关联性、原创性和震撼性的结合是一个很高的要求。

（4）达到 ROI 必须解决下列基本问题：

①广告的目的是什么，为什么要制作广告；

②广告做给谁看，广告的受众是谁；

③有何利益点可以做广告承诺；

④品牌有何特性/个性；

⑤选择什么媒体是合适的；

⑥受众的突破口在哪里。

如凯迪拉克曾做的广告，一架战斗机在沙漠中发现了不明物体在超速前进，引来滚滚沙尘。镜头拉近，观众可以看到原来是三辆凯迪拉克的汽车，但是由于沙尘太大，战斗机上的飞行员只好离去，并向总部报告"还是看不到"，这时凯迪拉克的广告语响起："凯迪拉克，敢为天下先。"这个广告一方面很好地体现了 ROI 策略，一方面高调建立起与市场上其他品牌完全不同的开创性的高端品牌形象，给消费者提供了和其他品牌截然不同的消费感受。

同样是润喉片广告，草珊瑚含片请歌星代言，而"金嗓子喉宝"则是利用球星，撇开原创性和冲击力不谈，后者在关联性上就明显地出了大问题，如果改为球星进球后向呐喊助威的球迷表示感谢而奉上喉宝，似乎效果会更好。

本章小结

本章主要阐述了广告表现的定义、广告表现策划的主要过程、广告表现与广告主题的关系、广告表现与广告创意之间的关系以及主要的广告表现策略。

广告表现是将广告主题、创意概念或意图，用语言文字、图形等信息传递形式表达出来的过程。广告表现就是借助各种表现手段、表现形式、表现符号将广告创意转化成广告作品的过程，是广告创意的物化过程。

广告表现策划的主要过程有：第一步，进行营销分析；第二步，确定广告概念；第三步，选择并确定广告主题；第四步，通过创意形成原稿或图像，开始具体的广告设计、编制工作。

广告表现策略主要包括：USP（独特的销售主张）策略、BI（品牌形象）策略、Positioning（品牌定位）策略、CI（整体形象）策略、Brand Character（品牌个性）策略、Resonance（共鸣）策略及 ROI 策略。

思考题

1. 广告表现与广告创意之间有什么关系？
2. 试述广告表现策划的主要程序。
3. 什么是 USP 策略？什么是 BI 策略？两者之间的差别在何处？
4. 品牌定位理论的主要观点有哪些？

本章参考文献

［1］陈乙. 广告策划［M］. 成都：西南财经大学出版社，2002：122，150 - 155，159.

［2］覃彦玲. 广告学［M］. 成都：西南财经大学出版社，2009：28.

［3］袁安府，等. 现代广告学导论［M］. 杭州：浙江大学出版社，2007：208，215 - 216，230 - 231.

［4］傅根清，杨明. 广告学概论［M］. 济南：山东大学出版社，2004：47.

［5］韩顺平. 现代广告学［M］. 成都：电子科技大学出版社，1998：124 - 125.

［6］江波. 广告心理新论［M］. 广州：暨南大学出版社，2002：25，365 - 371.

7 广告创意

本章提要：

广告创意是广告活动中最引人注目的环节，它用来指导广告创意活动的基本思想和要求。本章就广告创意的指导原则、广告创造性思维的三种类型、广告中采用的创造性思维的方法、广告创意的相关技法和广告创意的表达技巧以及我国的广告创意存在的问题展开分析。

7.1 广告创意的原则

现代广告创意是科学理念指导下的创造性活动，既要突破常规，追求新颖独特，又要建立在市场商品或服务、消费者要求基础之上，因此创意应该有明确的指导原则。广告创意的原则就是用来指导广告创意活动的基本思想和要求，在进行广告创意活动时，应遵循以下原则，以有利于整个创意活动沿着正确、健康的轨道前进，达到预期的目标。

7.1.1 目标性原则

广告创意的目标原则是指广告创意必须与广告目标和营销目标相吻合，广告创意的活动必须服从和围绕它们展开。广告大师大卫·奥格威说："我们的目的是销售，否则便不是广告。"任何广告创意如果背离了这一原则，不论艺术上有多么出色，都只能算是一个失败的广告。因此广告创意必须首先考虑广告要达到什么目的，起到什么效果。

宝洁公司曾经推出的润妍洗发水，其功能是黑发，它的广告创意也是紧紧围绕着黑发的主题（如图 7.1 所示），画面上乌黑的头发仿佛随着旋律在舞动，似乎在向人们诉说洗发水的功效。

7.1.2 关联性原则

所谓关联性原则，是指广告创意必须与商品或服务、广告主题、广告目标、企业竞争者有所关联。关联性是广告目的的根本要求，广告与商品没有关联性，广告就失去了存在的意义。广告最终是要宣传商品，是商品营销策略的组成部分。与广告主题关联性强的创意才能顺利地引导消费者去认同广告意象，自然而然地在产品与广告之

图 7.1　润妍洗发水广告

资料来源：http://www.chinacompanynet.cn/detail1.asp? hw_ id =1899.

间产生联想；相反，缺乏关联性的创意，不但难以表现出产品特征，而且往往使人不知所云。

例如，美孚石油公司曾多年使用"红天马"作为象征以标明其服务站，而不是用"美孚"这个简单的词，因为广告创意人员认为汽车驾驶员看到"红天马"时会感到快乐，它使人联想到敏捷、力量与迅速，而"美孚"这个词则相对枯燥。然而，事实证明美孚公司对"红天马"的期望过高。后来一次实验的结果表明，"美孚"公司因为坚持使用他们自己认为会产生快乐印象的加油站的招牌，造成美孚公司失去了相当部分的销售机会，其最主要的原因就是这种联想与辨识"美孚"加油站毫无关联。

7.1.3　原创性原则

原创性原则是指广告创意中不能因循守旧、墨守成规，而要勇于和善于标新立异、独辟蹊径。原创性是广告创意本质属性的体现，是创意水准的直接标志，更是广告取得成功的重要因素。原创性的广告创意具有最大强度的心理突破效果，与众不同的新奇感引人注目，且其鲜明的魅力会触发人们强烈的兴趣，能够在受众脑海中留下深刻的印象，长久地被记忆，这一系列心理过程符合广告传达的心理阶梯的目标。

如图 7.2 所示的五幅图片是意大利麦肯—埃里克森广告公司制作的一组主题为"清凉"的平面广告，它们对应的五个广告语分别是："为清凉而倾倒"、"突然间的清爽"、"随时随地地休闲"、"船上的清凉"和"随你的本性而去"。这组广告使可口可乐的瓶子在其中有出神入化的表演，可口可乐瓶子与环境融为一体，原创性极高。

图 7.2 可口可乐的广告

资料来源：http://www.360doc.com/content/10/1029/18/3107567_65067851.shtml.

7.1.4 震撼性原则

震撼性原则，就是广告要具有强烈的视觉冲击力和心理影响力，深入到人性深处，冲击消费者的心灵，给消费者留下深刻的印象。震撼性原则是使广告信息发挥影响作用的前提和保证。

广告的震撼性来自于广告主题的思想深度和广告表现的形式力度。广告主题要反映生活的哲理和智慧，对人们关心和感兴趣的生活现象表达出独特的态度，引起人的思考，触动人的情感，使人在震惊、反思、回味中记住并重视产品的信息。具备力度的广告表现形式要简洁而不简单，新颖而不平淡，醒目而不含混，能够牵动人的视线，撞击人的心灵，令人久久不能忘怀。① 现在，广告采用的形式越来越多，以各种不同的方式使得受众的感官受到刺激，刺激顾客内在的情感及情绪，从而使得消费者在多个层次上得到体验的享受，并由此激励消费者去区分不同的公司与产品，引发购买动机和提升广告产品的形象和价值。

在 2001 年的 5 月 10 日，北美的宝马公司委托 Fallon 广告公司推出 The Hire 系列广告。好莱坞知名导演大卫·芬奇（David Fincher）担任制片，并邀请了李安、吴宇森、王家卫以及 Tony Scott 等多位东西方知名导演指导，拍摄了每部六到十分钟不等的总共八部网络广告短片。每部广告电影平均 8 分钟左右，由 8 位导演带出 8 个不同的风格系列，导演的风格迥异，每一段都给人耳目一新的感觉，用电影的手法体现宝马汽车的强大性能，犹如大片的广告极具震撼效果。

图 7.3　禁烟广告

资料来源：http://hi.baidu.com/%C1%A6%C8%CA%EC%FB%C2%EA/blog/item/5ebf8360333c80d78cb10d48.html.

---

① 姚力，王丽. 广告创意与案例分析 [M]. 北京：高等教育出版社，2004：38.

图 7.3 是一幅宣传禁烟的公益广告图片，夹着香烟的手与香烟形成手枪状的影子，暗示着吸烟等于慢性自杀，这样的警示足以让人心有余悸。

广告的震撼性不一定来自于视觉上的震撼，有些语言一样可以达到撼动心灵的效果。下面是长城葡萄酒《三毫米的旅程，一颗好葡萄要走十年》的文案：

"三毫米，瓶壁外面到里面的距离，一颗葡萄到一瓶好酒之间的距离。

不是每颗葡萄，都有资格踏上这三毫米的旅程。它必是葡萄园中的贵族；占据区区几平方千米的沙砾土地；坡地的方位像为它精心计量过，刚好能迎上远道而来的季风。它小时候，没遇到一场霜冻和冷雨；旺盛的青春期，碰上了十几年中最好的太阳；临近成熟，没有雨水冲淡它酝酿已久的糖分；甚至山雀也从未打它的主意。摘了三十五年葡萄的老工人，耐心地等到糖分和酸度完全平衡的一刻，才把它摘下；酒庄里最德高望重的酿酒师，每个环节都要亲手控制，小心翼翼。

而现在，一切光环都被隔绝在外。黑暗潮湿的地窖里，葡萄要完成最后三毫米的推进。

天堂并非遥不可及，再走——十年而已。"

这个广告虽然没有强烈的视觉冲击力，但是它却能冲击消费者的心灵，让人在脑海中呈现出关于葡萄到葡萄酒的唯美画面；诗意的文字带人体验了一次葡萄之旅，给人留下深刻的印象。

再如达克宁的一则电视广告创意，以斩草除根的画面，结合广告语"杀菌治脚气，请用达克宁"，强烈的广告表现完成了整体诉求。这个广告给消费者留下了深刻的印象，广告所传达的消息和产品十分贴切，符合关联性、原创性和震撼性的广告创作原则，是一则非常有效的药品广告。

7.1.5 简洁性原则

广告艺术不仅受到信息的制约，还要受到时间的制约。广告信息的传达，要求简约而又内涵丰富，广告创意必须简洁明了、切中主题才能令人印象深刻、过目不忘。无论是利用语言文字还是画面、图像来表现，都要尽量做到意在言外、含而不露，在准确地把广告的诉求宗旨传递的同时，又能让受众感到意味深长。广告大师伯恩巴克认为："在创意的表现上光是求新求变、与众不同并不够。杰出的广告既不是夸大，也不是虚饰，而是要竭尽你的智慧使广告信息单纯化、清晰化、戏剧化，使它在消费者脑海里留下深刻而难以磨灭的记忆。"世界广告的经典之作，几乎都是创意独特，简单明了。如 1996 年在戛纳国际广告节上获奖的沃尔沃汽车的"安全别针"广告，如图 7.4 所示。这则广告没有广告词，只是一副形状像沃尔沃车的安全别针的图像。这则广告告诉人们，别针的钢很坚韧，不易变形，即使针尖跳出扣槽之外，也很难用外力碰撞使之变形。别针针尖出槽尚且如此，何况别针使用时针尖是绝不会出槽的，这样，受众自然就会将其与沃尔沃汽车的结构精良、安全牢固联系在一起。

又如，李奥·贝纳为"绿巨人"公司所做的富有传奇性的罐装豌豆广告——《月光下的收成》。在这则广告中，他抛弃了"新鲜罐装"之类的陈词滥调，抛弃了"在蔬菜王国的大颗绿宝石"之类的虚夸之词，抛弃了"豌豆在大地，善意充满人间"之

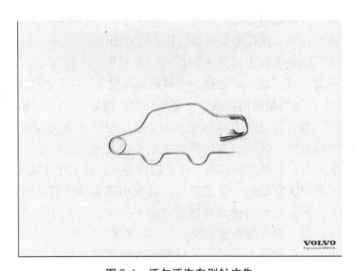

图7.4　沃尔沃汽车别针广告

资料来源：http://baa.bitauto.com/kia/thread-278343.html.

类的炫耀卖弄，而以充满浪漫气氛的标题——《月光下的收成》和简洁而自然的文案——"无论日间或夜晚，绿巨人豌豆都在转瞬间选妥，风味绝佳——从产地到装罐不超过三小时"。以如此自然而简洁的方式，向消费者传递可信和温馨的信息，兼具新闻价值和浪漫情调。

7.1.6　合规性原则

合规性原则指广告创意必须符合广告规则和广告的社会责任。随着广告产业的发展，广告的商业目标和社会伦理的冲突时有发生，因此，广告创意的内容必须受广告法规和社会伦理道德以及各个国家、地区风俗习惯的约束，保证广告文化的健康发展。广告必须体现对人们和社会负责任的态度，不能做与竞争对手相互诋毁的广告，不能违反民族风俗、宗教信仰的广告，不能做法律明令禁止的广告。广告创意人员只有了解了这一要求，才能设计出高水平、符合规范要求的广告。

曾经在国内闹得沸沸扬扬的"丰田霸道"广告、立邦漆"盘龙滑落"篇、耐克"恐惧斗室"等广告就属于无视中国社会民族文化的广告。一汽丰田销售公司的两则刊登在《汽车之友》2003年第12期、由盛世长城广告公司制作的广告中：一辆霸道汽车停在两只石狮子之前，一只石狮子抬起右爪做敬礼状，另一只石狮子向下俯首，背景为高楼大厦，配图广告语为"霸道，你不得不尊敬"（如图7.5所示）；同时，"丰田陆地巡洋舰"在雪山高原上以钢索拖拉一辆绿色国产大卡车，拍摄地址在可可西里。这两则广告引起中国广大网民的极度愤慨，由于石狮在我国有着极其重要的象征意义，代表权力和尊严，丰田广告用石狮向霸道车敬礼、作揖，极不严肃。由于石狮子的模样效仿卢沟桥上的狮子，有网友将石狮联想到"卢沟桥事变"，并认为，"霸道，你不得不尊敬"的广告语太过霸气，有商业征服之嫌，伤害了中华民族的感情。而被拖拽的绿色国产东风卡车又和军车非常像，两个广告的画面都会让人产生相应的联想，严重伤害了中国人的感情。

图 7.5 丰田"霸道"的杂志彩页广告

资料来源：http://auto.sina.com.cn/news/2003-12-03/51714.shtml.

7.2 广告创意的方法

广告创意本质上是一种创造性思维活动。所谓创造性思维就是主体在表象、概念的基础上进行的独创性的分析、综合、判断和推理等认识活动的过程，它是人类特有的一种精神活动，是人类思维活动的最高表现形式，是多种思维形式系统综合作用的结晶。创意者的思维习惯和方式直接影响着广告创意的形成和发展水平，因此，广告创意者必须对创造性思维、广告创意的思维方法、广告创意技法进行深入的研究。

7.2.1 广告创造性思维的类型[①]

创造性思维通常包括逻辑思维、形象思维和灵感思维三种类型。

7.2.1.1 逻辑思维

逻辑思维又称抽象思维，它是借助概念、判断和推理等抽象形式来反映现象的一种概括性、论证性的思维活动。

抽象思维贯穿于广告创意的全过程——在收集资料和分析资料阶段，要运用抽象思维进行分析、综合、抽象、概括、归纳、演绎、比较、推理；在评估发展阶段，也要运用抽象思维对创意进行条理化、系统化、理论化，也就是说，要进行正确的逻辑表述和证明，进行系统的理论挖掘。总之，广告创意的各个阶段，都需要创意者运用逻辑思维对各种资料进行整理、分析和研究，对创意过程的各种意象进行多种形式的

---

① 余明阳. 广告策划创意学 ［M］. 上海：复旦大学出版社，1999：288-290.

拆分、组合。

7.2.1.2 形象思维

形象思维是一种直觉思维，是一种借助于具体形象或表象来进行思考的思维形式，具有生动性、实感性的特点。通俗地说，形象思维就是由"形"及"象"，由"象"及"形"的思维过程。

形象思维的全部过程就是"形"的不断积累、不断筛选、不断组合、不断变幻的过程，也是"象"的分析和综合的过程。形象思维不像抽象的逻辑思维那样直线进行，它是一种多途径、多回路的思维。形象思维是以直觉为基础，通过某一具体事物引发想象，从而产生创意。广告创意是一个意念意象化的过程，形象思维在广告创意过程中具有举足轻重的作用，离开了形象思维，广告创意便无从进行。

7.2.1.3 灵感思维

灵感思维，即顿悟思维。它是一种突发式的特殊的思维形式，在创意过程中处于关键阶段，表现于创意的高峰期，是人脑的高层次活动，它比抽象思维和形象思维更复杂。

灵感思维通常具有一般思维活动所不具有的特殊性质，比如突发性、跳跃性、创造性、瞬时性、兴奋性等。灵感思维是一种非自觉性的思维活动，虽然不受显意识的控制，但它并非完全不可知，只要条件成熟，它就会突然爆发性地由潜意识转化成显意识，以顿悟的形态表现出来。在广告创意的酝酿阶段，常常是灵感思维占据很重要的地位，很多优秀的广告也都是灵感的迸发。

人们在创造过程中，不可能只用一种思维，往往是多种思维交叉使用，相互补充，有效综合，从而创造性地解决问题。只有抽象思维、形象思维和灵感思维三者的互补和综合才能形成创造性思维。

7.2.2 创造性思维的基本方式

进行创意思维是一项极其重要且十分复杂的活动，它涉及一个人的知识、经验、创造技能、思维方式等多种因素，以下从"思维"的角度来介绍一些基本方法。

7.2.2.1 发散和聚合的思维方法[①]

发散思维又叫扩散思维，这是一种可以海阔天空地任意抒发的思维形式。它是由一点向四面八方想象、散发开去，充分运用丰富的想象力，调动积淀在大脑中的知识、信息和观念，重新排列组合，从而产生更多更新的设想和方案。

聚合思维又称收敛思维和集中思维。如果说发散思维是放飞想象的话，那么聚合思维则是回收想象。它是以某个问题为中心，运用多种方法、知识或手段，从不同的方向和不同的角度，将思维指向这个中心点，以达到解决问题的目的。相对于扩散思维，聚合思维是一种异中求同、量中求质的方法。只扩散不集中，势必造成一盘散沙

---

① 余明阳. 广告策划创意学 [M]. 上海：复旦大学出版社，1999：290 - 291.

或鱼龙混杂，因此扩散后必须进行筛选和集中，通过分析比较，选择出最有价值的设想和方案。

作为两种思维方式，发散思维与聚合思维有着明显的区别。从思维方向讲，两者恰好相反。发散思维的方向是由中心向四面八方扩散；聚合思维的方向则是由四面八方向中心集中。从作用上讲，发散思维有利于发挥人的思维的广阔性、开放性，有利于在空间上的拓展和时间上的延伸，但容易散漫无边，偏离目标；聚合思维则有利于发挥思维的深刻性、集中性、系统性和全面性，但容易因循守旧，缺少变化。在开发创意阶段，发散思维占主导地位；在选择创意阶段，聚合思维占主导地位。创意就是在这种发散—集中—再发散—再集中的循环往复、层层深入中脱颖而出的。

7.2.2.2 顺向和逆向的思维方法[①]

顺向思维，是指人们按照传统的程序从上到下、从小到大、从左到右、从前到后、从低到高等常规的序列方向进行思考的方法。这种方法平时用得最多，尤其是在处理常规性事物时具有一定的积极意义。但是顺向思维的常规性容易形成习惯性思维，即思维定势，从而影响创造性思维的开发。

逆向思维，是一种反常规、反传统、反顺向的思考方法。在寻求创意时，我们往往会陷入一种既定的方向，仅仅从正面着眼，只想表达产品如何的好、如何有实惠，此时如果能转换个方向，调过头来，从事情的反面考虑，也许就能构想出一个意想不到的好创意。例如，女性用品一向选用女性模特做广告，这类广告司空见惯，不足为奇。如果用男模特做女性用品广告，则会令人感到新奇刺激。美国的美特牌丝袜广告曾用著名男棒球运动员乔·纳米斯做广告。画面先是一双形象优美穿着长筒丝袜的腿，镜头上移，却是穿绿灰色短裤、棒球队员汗衫的大男人——乔·纳米斯。乔笑眯眯地对着大吃一惊的观众说："我当然不穿长筒女丝袜了，但如果美特女丝袜能使我的腿变得如此美妙，我想它一定能使你的腿也变得更加漂亮。"这则广告用性别的反常和名人的错位，引起人的惊奇，把美特牌丝袜的魅力夸大到无以复加的程度，令人印象深刻。

菲律宾国家旅游公司的广告正是采用逆向思维方法创作的典范之作。该广告中不谈菲律宾旅游的各种诱人的好处，反而大谈菲律宾旅游面临的"十大危险"。这十大危险有：一是小心买太多东西，因为这里物价便宜；二是小心吃得太饱，因为一切食物都质美价廉；三是小心被晒黑，因为这里阳光很好；四是小心潜在海底太久，要记得上来换气，因为海底美景使人流连忘返；五是小心胶卷不够用，因为名胜古迹数不清；六是小心上下山，因为这里山光云影常使人顾不得脚下；七是小心爱上友善、好客的菲律宾人；八是小心坠入爱河，因为菲律宾姑娘热情美丽；九是小心被亚洲最好的酒店和餐厅宠坏了胃口；十是小心对菲律宾着了迷而忘记了回家。这十个正话反说的"危险"，淋漓尽致地展现了菲律宾旅游胜地的极大吸引力[②]，更加诱使游客产生到菲律宾旅游的动机，以亲身体验这些所谓的"危险"。

---

① 余明阳. 广告策划创意学［M］. 上海：复旦大学出版社，1999：290-291.
② 雷鸣. 现代广告学［M］. 广州：广东高等教育出版社，2007：163.

7.2.2.3 垂直和水平的思维（思考）方法

垂直思考法和水平思考法都是由英国心理学家爱德华·德·勃诺（Edward de Bono）博士提出的。

垂直思维是指人们根据事物本身的发展过程来进行深入的分析和研究，即向上或向下进行垂直思考。依据经验和过去所掌握的知识更新，逐渐积累和产生想法。垂直思考法主要是逻辑的思考和分析的思考，以思维的逻辑性、严密性和深刻性见长，一般分为顺向思维和逆向思维两种方法。这种方法由已知推求未知，其优点是思路清晰，比较稳妥。在广告创意中，创意人员往往要依据自己的经验对有关商品的知识进行思考，这种思考方法产生的创意，其改良、重版的成分较多。局限性是容易使人思路受限，难以产生突破性的佳作。因为这种方法偏重于凭借平日经验、旧知识来产生创意，离不开旧的框框。所以采用这种方法创作产生的广告作品往往给人似曾相识的感觉，日常生活中我们见到雷同的广告，就是垂直思考法的结果。

水平思考法又称横向思考法，是指摆脱对某种事物的固有思维模式，从与某一事物相互关联的其他事物中分析比较，另辟蹊径，寻找突破口，是广告创作人员在进行广告创意时向着多方向、多方位发展的思考法。这种方法是在思考问题时摆脱旧知识、旧经验的约束，打破常规，提出富有创见性的方案和观点。丹·E. 舒尔茨（D. E. Schultz）在《广告运动策划新论》中认为：水平思考的概念不像传统的垂直思考要"彻底想通"，而是"想出"新的与此前所未考虑到的可能解决一个问题的办法与途径。要善于捕捉偶然发生的构想，沿着偶发构想去思考，从而产生意料不到的创意。

运用水平思考法，需要注意以下几点：

（1）要敢于打破占主导地位的观念，避免模仿，摆脱常用的创意及表达方式。

（2）多方位思考，对问题提出不同的新见解。

（3）从垂直思考法的习惯中挣脱出来，摆脱旧意识、旧经验的束缚。

（4）有效利用偶发的机遇，深入发掘新的意念、新的构思。

下面我们运用两个创意个案，来说明这两种创意思维方法的差异。

第一则是美国陆军的"征兵广告"。

如果是打传统的常规战争的话，你不用担心你当了兵就会死。当了兵有两种可能：一个是留在后方，一个是送到前方。留在后方的没有什么好担心的，送到前方的又有两种可能：一个是受伤，一个是没有受伤。没有受伤的不用担心，受伤了的话也有两种可能：一个是轻伤，一个是重伤。轻伤没有什么可担心的，重伤也有两种可能：一个是能治好，一个是治不好。能治好的也就没什么好担心的了，治不好的也有两种可能：一种是会死，一种是不会死。不会死的话，不用担心，死了嘛……也好，因为他已经死了，还有什么好担心的呢？

第二则是俄罗斯《消息报》的"征订广告"。

亲爱的读者：从9月1日开始征订《消息报》。遗憾的是明年的订户将不得不增加负担，全年订费为22卢布56戈比。订费是涨了，在纸张涨价、销售劳务费提高的新形势下，我们的报纸要生存下去，我们别无出路。而你们有办法，你们完全有权拒绝订阅《消息报》，将22卢布56戈比的订费用在急需的地方。《消息报》一年的订费可用来：在莫斯科的市场购买924克猪肉，或在彼得格勒购买102克牛肉，或在车里亚斯克购买1 500克蜂蜜，或在各地购买一包美国香烟，或购买一瓶好的白兰地酒。这样的"或者"还可以写上许多。但任何一种"或者"只能享用一次，而你选择《消息报》——将全年享用。事情就是这样，亲爱的读者。

总之，垂直思考法是一种探究前因后果、循序渐进的思维方式，它能够全面地看待问题，有助于加强思考的深刻性和系统性，但不利于产生杰出的、与众不同的创意。而水平思考法则是通过寻求各种要素、情况及事件中的新关系，以产生新颖、独特的构思和创意，它往往可以突破传统观念和常规的束缚，察觉出前一种方法所看不到、想不到的东西。因此在进行创意思考时，两者相互结合方可相得益彰，运用水平思考法可以引发灵感、产生新的构想；而垂直思考法则可以纵向挖掘，使新构思更加深入、具体。[①]

7.2.3　广告创意的技法

广告创作人员在进行广告创意时，不仅需要具有创造性思维能力，还要掌握一定的科学创意技法。常用的创意技法主要有以下几种：

7.2.3.1　头脑风暴法

广告创意的头脑风暴法又称集体思考法、脑力激荡法、智力激励法，是广告创意思考方法中常用的方法之一，这种通过集思广益进行创意的方法，是由美国BBDO广告公司副经理奥斯本在1938年提出来的。这种方法的特点有：

（1）集体创作。在召开会议之前1~2天发出会议通知，告知开会的地址、时间和问题要点等，促使与会者能够有所准备。具体参加人员包括多个广告营销人员、创作人员，人数10~15人。

（2）激发性思维。在"动脑会议"上，每个参加人员利用别人的创意激发自己的灵感，产生联想，进行知识组合。与会成员之间相互交流，相互激发，以期产生好的创意。

（3）自由联想。与会成员发挥充分的联想，自由阐述自己的观点。点子越多越好，越离奇越好，不加限制，畅所欲言。

（4）禁止批评。在会议上，会议参加者彼此之间不能相互指责、攻击、批评，以保证会议的思维展示和联想展开的正常进行。如果有某些分歧或意见，可以放到会后再商榷。

（5）创意量多多益善。在会议上，每个人都畅所欲言，对任何看法都允许自由地发表，以求创意量的不断增多，从最后创意的产生来看，会议上创意的量越多越好。

（6）不介意创意的质量。在会议上，有时不可能立即产生具有可行性的创意思想，但是要允许看似近于荒谬的奇想的存在，因为这样也许会对其他人有所启发，从而产

① 袁安府，等. 现代广告学导论 [M]. 杭州：浙江大学出版社，2007：249－250.

生有可行性的最佳创意。

在创作会上，对创意的质量不加限制。因为在会上不是最终决定创意，在当时即使是不可能实施的创意，也许会启发别人的思维，从而产生优秀的创意。把会议记录加以整理，然后选出创意的基础。

7.2.3.2 检核表法

为了有效地把握创意的目标和方向，促进创造性思维，"头脑风暴法"的创始人奥斯本于1964年提出了检核表法。该方法是将要解决的问题列举出来后放在一个表格中，然后逐条审核，从多角度引发创造的设想。检核表法的主要内容如下：

（1）改变：改变产品原有色彩、形状、声音、气味等，能否有新的效果？

（2）延伸：现有产品功能能否派生其他用途？

（3）扩大：能否将产品扩大或添加些什么？增加功能或提高使用效率？

（4）缩小：能否将产品缩小或减少些什么？能否微型化？

（5）颠倒：能否将产品正反、上下、里外、目标与手段颠倒？

（6）替代：有没有别的东西代替这件东西？

（7）组合：组合就是将原有的元素进行巧妙结合、重组或配置以获得具有统一整体功能的新成果。

7.2.3.3 金字塔法

金字塔法是指思考时的思路从一个大的范围面逐渐缩小到一个较小的范围面，而每次缩小都采用一定的目的加以限制，删除多余的部分，等于让问题上了一个台阶。经过一级级台阶，其构成的结构就像一座金字形的塔。

例如要为某产品做广告，在没有对市场进行调查，也没有听到客户的具体要求之前，就先用自由联想法对该产品进行想象，此时应记下自己的联想而不加评价。这样做的目的是在头脑中没有任何条条框框的情况下，利用自己已有的知识经验，启动发散思维，进行大范围的资料搜索。

接下来，就是把自己想成是一个要买产品的消费者，思考作为一个消费者会考虑到什么因素。在此之后大量搜集有关商品、市场、消费者及同类产品的广告资料，在营销策略的指导下，找到广告要"说什么"。

假如确立了产品的定位点，可进入下一层塔中，再从这一定位出发，发挥想象与创造力。确定广告"用什么说"，即广告用什么媒体发布，因为不同的媒体有不同的心理效果和表现手法。

再下来确定"什么时候说"，广告登载的时间不同，要求表现的手法也有所不同。产品生命周期不同，其诉求主题、表现方法也不相同，这是第三层塔。

第四层塔在第三层塔的基础上发挥创造性，限制"对谁说"。这时要把广告对象描述成具体实在的个体，一则广告不可能面对所有的消费者，而是面对特定的消费者。

第五层塔的目的最为重要，就是找出"为什么说"。创造性思维不仅要产生奇妙的想法，更重要的是找到它们之间的内在联系。

7.2.3.4 联想法

联想就是由甲事物想到乙事物的心理过程。具体地说，就是借助想象把相似的、相连的、相对的、相关的或者某一点上有相通之处的事物，选取其沟通点加以联结，就是联想法。联想是广告创意中的黏合剂，它把两个看起来毫不相干的事物联系在一起，从而产生新的构想。

国外曾有一则消化饼干的广告，创意者把自行车和饼干的形象结合在一起，将车轮用饼干代替，让人联想到该消化饼就像运动一样有助于消化。图7.6是高露洁牙膏的一则广告，它是通过几种不同的颜色与高露洁牙膏组成一个调色板，让人联想到人们在吃饭时牙齿会沾染很多颜色，但有了高露洁牙膏，最终调色板也就是牙齿也会变白。

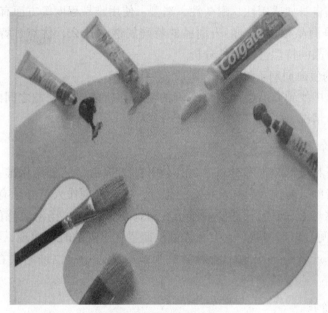

图7.6　高露洁广告图片

资料来源：陶应虎. 广告理论与策划［M］. 北京：清华大学出版社，2007：488.

7.3　广告创意的程序与表现技巧

7.3.1　广告创意的过程

著名广告大师詹姆斯·韦伯·扬在20世纪60年代提出了广告创意五阶段，人们在广告创作过程中沿用至今。

7.3.1.1　收集资料阶段

广告创意的工作首先是从收集资料开始的，创意不是凭空想象，必须为每一个创意收集它所需要的依据和内容。只有在周密调查、充分掌握信息的基础上，才能产生独特、新颖、优秀的广告创意。在这一阶段，广告创作人员必须结合广告主的要求，进行相关资料的收集，主要是了解有关市场、商品、消费者、竞争对手等方面的信息。信息资料掌握得越多，对创意构思越有利。

7.3.1.2　分析阶段

在这一阶段，广告创意者要对收集到的各种资料进行综合，认真分析和研究，用各种思维方式进行探寻，找出商品本身最吸引消费者的地方，发现能够打动消费者的关键点，也即广告的主要诉求点。

首先把商品能够打动消费者的关键点列举出来，主要有以下几个方面①：

（1）广告商品与同类商品所具有的共同属性有哪些，如产品的设计思想，生产工艺的水平，产品自身如适用性、耐久性、造型、使用难易程度等方面有哪些相通之处。

（2）与竞争商品相比较，广告商品的特殊属性是什么，优点、特点在什么地方，从不同角度对商品的特性进行列举分析。

（3）商品的生命周期正处于哪个阶段。

列举后，从中找到商品性能与消费者的需求和所能获取利益之间的关系，结合目标消费者的具体情况，找出广告的诉求点。

7.3.1.3　酝酿阶段

在对有关资料进行调查和分析之后，就开始为提出新的创意做准备。广告创意应该是独特、新奇的，能让人有耳目一新的感觉，这要求创作人员必须有独特的创造性。这一阶段，灵感与潜意识起到重要的作用。詹姆斯·韦伯·扬对灵感的出现做过这样的描绘："突然间会出现创意。它会在你最没期望它出现的时候出现，当你刮胡子的时候，或淋浴时，或者最常出现于清晨半醒半睡的状态中。也许它会在夜半时刻把你唤醒。"

7.3.1.4　开发阶段

在这一阶段，广告创作人员要在撰写广告文案或设计作品之前，先在大脑中构思出广告的大致模样。在这个阶段，可能会提出很多个新的创意，这些创意往往具有不同的特点，应把每一个新的创意记录下来。

7.3.1.5　验证评价阶段

这是广告创意的最后一个阶段，詹姆斯·韦伯·扬称："此阶段可名之为寒冷清晨过后的曙光。"在这个阶段，利用科学对比的方法，将前面提出的许多个新的创意逐个进行研究，检验构想的合理性和严密性，决定最好的和最适合的一个。要注意从几个方面加以考虑：提出的创意与广告目标是否吻合；是否符合诉求对象及将要选用的媒体特点；与竞争商品的广告相比是否具有独特性。

---

① 倪宁.广告学教程［M］.北京：中国人民大学出版社，2004：195.

7.3.2 广告创意的表现技巧

在表达广告创意时要运用各种表达技巧来形成创意中的构思和各个单元，使广告创意更加形式多样和充实丰满，以下对广告创意的表现技巧进行简单介绍。

7.3.2.1 告白

告白就是直接向消费者诉说广告产品与服务的情况、特性以及对消费者的利益点，动员消费者去购买。例如，某些药品广告就是指出某些病症是某种病菌感染而引起的，再通过介绍该药品含有能杀灭这些病菌的成分，从而得出这种药品是治疗这些病症的特效药的结论，如广告语："脚气是由真菌引起的，达克宁治疗真菌引起的脱皮、痒、水泡。杀菌治脚气，请用达克宁。"

7.3.2.2 示范

这是以有效的方式示范产品的性能或利益的一种广告表现形式。如果消费者对产品的理解还有一段距离，则最好采用示范式广告，通过广告的示范解说，可以让产品的特性表露无遗。运用示范的广告形式，必须抓住产品操作或功能的要点，再以简单易懂的步骤表现在广告中。如圣象地板的广告"踢踏舞篇"，其创意就是一个人在地板上跳踢踏舞，最后跳舞者跳的鞋子都磨穿了，而地板却光洁如初、完好无损。

7.3.2.3 生活片段

和虚构的世界相比，日常生活中极其平凡而且俯拾即是的现实世界，更有打动人心之处。生活片段就是根据这种想法制作的。它向消费者展示足以唤起共鸣的生活片段，在展示过程中展开商品广告，借以获得消费者来自生活现实感的共鸣。如海尔007冰箱的广告"母亲的酸菜缸"和"妻子的手"都是以人们生活的片段，来说明"海尔007，无须解冻及时切"，让母亲、妻子的手轻松起来。我们也发现越是生活中常见的产品，采用生活片段来诠释产品的几率越高。

7.3.2.4 代言人

这是名人、专家或社会知名人士出现在广告，介绍、推荐、保证产品的一种广告表现形式。采取这种形式，代言人被消费者理解为保证人，从而加强消费者对产品的友好度。美国派克钢笔就曾在罗斯福总统签字的照片旁写上广告语"总统用的是派克"。现在许许多多的产品都是请名人做广告，比如耐克就请了很多体育界的明星如詹姆斯、科比、费德勒、罗纳尔多、罗纳尔迪尼奥、阿加西等来代言。事实上，很多产品广告都是由名人代言的，大到价格昂贵的奢侈品，小到价格低廉的普通生活用品。

7.3.2.5 数字证明

列举数字、数据来证明产品的功效往往很容易让消费者产生信任，如玉兰油清透平衡露的介绍："特别针对油性和混合性两种皮肤，经过 4 个星期的时间，就可以使肌肤出油状况得到改善，毛孔的出油率可以降低 96%。""全新潘婷深层修护系列"广告中也运用了数字："防止分叉，使毛糙的头发比以前顺滑 70%。"两则广告都是在短短的一句话里，用几个数字概念使产品的特点一览无余，采用数字证明来说服消费者。

7.3.2.6　音乐

在广告上利用音乐的理由是多方面的，但其中主要的理由就是，音乐可以强化广告或品牌的特点。音乐能强化广告的情感或戏剧因素，并且音乐有利于形成产品的形象或定位。如果熟悉的或有亲切感的音乐与广告内容相协调，就有助于广告接收者的产品联想，产生亲切感，使广告接收者长时间记住广告产品。目前一些音乐手机的广告用动听的音乐来表现音乐手机的卖点。中国农业银行2009年推出的"惠农卡"的电视广告就请了著名的作曲家、资深音乐制作人高建华先生来进行音乐创作。

7.3.2.7　幽默

幽默在广告中是指用有情趣的方法来表达自己的思想、感情、见解、态度以及营销观念。它往往是通过比喻、夸张、象征、寓意、双关、谐音等多种表现手法，运用机智、风趣、凝练的语言，针对客观事物的特点含蓄地解释或判断。三九皮炎平软膏的"不求人"和"比我还快呢"两则广告都利用了幽默的表现手法。斯达舒胃药广告里急于给爸爸治病的小男孩把"斯达舒"听成"四大叔"，这则广告用一个充满趣味的小故事，达到让消费者熟记该品牌的效果，品牌知名度建立的同时，药品销售量大幅增长。

2008年2月，在美国职业橄榄球赛"超级碗"决赛的日子里，美国电视台播放了一条汰渍的"会说话的污渍"的广告，非常受欢迎。广告的内容说的是，一个小伙子在和别人见面的时候，他衬衣上有一小块不雅观的污渍在旁边一个劲儿地说话，分散了对方的注意力。接下来的广告中，介绍了"汰渍神奇强力去污笔"产品的功能——可以帮助去除新鲜食物及饮料污渍。汰渍建议人们在公文包里、车里、钱包里或厨房里以及一切可能遭遇污渍的地方放上一瓶。使用方法是先擦去残渣，然后把去污笔的笔尖压在污渍上轻轻涂抹几次，再用湿纸巾擦干净。在广告的结尾，去污笔现身，轻松地抹了几下，污渍就没有了，充分诠释了"立即让污渍闭嘴"的广告主题。

7.3.2.8　比较

比较广告又名竞争广告或挑战性广告，其基本做法就是将自己的产品与其他同类产品进行比较，从而证明自己的产品在某一方面或几个方面胜过其他产品，使受众接受该品牌比对比品牌更优越、更适合目标消费者的主张。比较广告通常具有很强的说服力，能够吸引消费者的注意，效果很好。在美国，比较广告在广告中比重较大，分量曾经达到80%。在宝洁的经典策略里，比较广告应用频繁。无论是洗发水还是香皂，从横比到纵比，展示自己的产品比竞争对手的产品更干净、更便宜。比较的方法是：宝洁将自己的产品与竞争者的产品相比，通过电视画面的"效果图"，你能很清楚地看出宝洁产品的优越性，让你眼服心服。比较的经典广告策略，在宝洁系列产品的扩张之路上，几乎无往不利。

然而，由于宝洁公司过度的使用对比广告，在广告中让人们很明显地知道被对比的是什么产品，直接侵犯了其竞争对手的利益，甚至被被对比产品的公司告上了法庭。

　　2003年7月起，"高露洁"向中国市场推出了一款新产品——高露洁捷齿白美白液。同年11月，"佳洁士"的深层洁白牙贴也在中国问世。佳洁士在产品宣传单和网站打出"佳洁士深层洁白牙贴的产品效果是涂抹式美白牙齿液的三倍"、"美白牙齿液往往于涂上后数分钟便被唾液冲掉而大量流失，洁白成效相对偏低，只能去除牙齿表面的部分污渍"等广告语。

　　当看到"佳洁士"的上述宣传后，"高露洁"以捏造、散布虚假事实，用对比广告贬低竞争对手商誉，构成不正当竞争为由，向法院提起了诉讼。在法庭上，"佳洁士"表示，他们采用如此宣传语都是有科学的依据，并当庭展示了多份临床试验报告。但"高露洁"对此却提出，这些报告都是在"佳洁士"资助下进行的试验，缺乏独立性和公正性。最后上海市第二中级人民法院对国际口腔护理巨头"高露洁"状告"佳洁士"不正当竞争一案作出一审判决，确认宝洁（中国）有限公司与广州浩霖贸易有限公司利用对比广告手法作引人误解的虚假宣传的行为，损害了广州高露棕榄有限公司的商业信誉、商品声誉，构成不正当竞争；同时判令两被告立即停止不正当竞争行为，并在上海、北京、深圳三地有关报纸上刊登致歉说明向原告赔礼道歉、消除影响，并分别赔偿原告经济损失人民币15万元和25万元。

　　而宝洁（中国）公司的新一代多功能汰渍洗衣粉广告，为宣传其产品，使用了"用全新汰渍，很脏的衣服，不用衣领净，都能洗得干干净净"，"用汰渍，不需用衣领净"的广告语。广告中还将与蓝月亮衣领净外形相似的包装瓶代表衣领净来演示洗衣领，以其代表"传统洗衣方法"，并将其与新汰渍洗衣粉比较后，出现用该洗衣粉包装袋（有标识）挡住衣领净包装瓶的画面。该广告使消费者产生"新汰渍"洗衣粉和"蓝月亮"衣领净对比的想象，对蓝月亮衣领净产品有一定的影射作用。蓝月亮因此向法院提出诉讼，告"宝洁"不正当竞争。此案最终判定被告宝洁（中国）公司应依法承担民事责任，停止不正当竞争行为，并在中央电视台公开向原告赔礼道歉，及赔偿其经济损失20万元。[①]

　　在运用竞争广告时，一定要在创意上表现出不容置疑的真实性，即自己产品必须确实具有某种优点，同业的产品也确有不足之处。一味夸大自己的优点、贬低别人的广告，往往会遭到反击甚至违反广告法。我国的《广告法》第十二条规定："广告不得贬低其他生产经营者的商品或者服务。"实践中，一般认为这是指广告中不许指名道姓地与竞争者品牌产品作比较，要作比较也只能是泛泛而谈。[②]

7.4　中国广告创意的问题

　　近年来我国的广告业发展迅速，一些广告无论在创意上还是在制作上都令人称赞，在视觉、听觉上都能给人留下深刻的印象，达到广告的目的。但是与国外的广告业相

---

①　选自交易通网站. http://www. jiaoyitong. com/news/news__show. php？ id = 20775.
②　陈乙. 广告策划 [M]. 成都：西南财经大学出版社，2002：191－193.

比仍有很大差距。中国广告创意尚处于萌芽发展阶段，与国际广告创意相比还有很大一段距离，对比起来，我国的广告创意存在以下一些问题：

7.4.1 广告创意的内容及表现手法雷同

一些广告创意的内容及表现手法雷同或接近，尤其是同类广告，究其原因：一方面是因为很多广告创作人员的思维趋同、创造力贫乏；另一方面是因为广告创作人员受到广告主和媒介的双重压力。广告界在表现手法上的雷同，造成了受众了解广告的套路，司空见惯，对广告麻木或厌烦，对信息的记忆容易产生混淆。[①]

中央电视台五套曾经充斥着各种品牌的运动鞋广告，这些广告几乎无一例外地请来了大大小小的明星，广告中这些明星或跳或跑，再者就是鞋子的特写。画面、情节严重雷同，一个接着一个的广告没有区分度，让观众应接不暇，对于哪个明星代言什么牌子，自己又看到哪些牌子的鞋，观众根本就记不清楚。高露洁和佳洁士在牙膏市场上一直是竞争对手，两者的广告一直也是比着在做，广告创意也存在雷同，两个品牌的广告一个采用贝壳，一个采用鸡蛋壳，都是一面涂牙膏，一面没有涂，放在酸性液体里浸泡，然后在两面各轻敲一下，涂牙膏的一面受到很好的保护，没有涂的一面则遭到侵蚀，一敲就破。到底是哪个品牌采用贝壳，哪个品牌采用鸡蛋壳，消费者根本就分不清。

7.4.2 创意内容夸大其词

很多广告的创意给人脱离实际之感，广告中夸大产品的功效。商业广告创意的最终目的是为了销售，广告创作中，广告创意自然而然要与产品特点相结合，让消费者认识到该产品与其他同类产品相比较下的优势所在而决定购买。因此，必须要求广告的内容真实、健康、清晰、明白，以任何弄虚作假的形式来蒙蔽或者欺骗消费者都是不允许的。但是，在现实生活中，为了追求商业利润，很多经营者在广告中对其商品或服务进行不实宣传，在广告中夸大产品的功效、成分，用误导消费者的语言来进行产品介绍，广告中充斥着各种虚假的信息。

如洗发水的广告中宣传头屑从有到无且永不再生、干枯的头发变得柔顺飘逸，洗衣粉、洗衣皂的广告中告诉人们再脏、污渍再多的衣物用了该产品后都能洁白如新，这些在广告常见的镜头都充斥着虚假和夸大的成分。由于虚假夸大的成分过多，许多企业以及代言的名人已经被消费者告上法庭。

相比之下，电视购物的广告则更虚假，如电视购物中的"好视力智能变焦复原镜"广告，宣传"好视力智能变焦，近视永不加深，去年300度今年200度，眼镜能减度数，一整天轻松不疲劳"，但消费者使用后毫无效果。而"69元抢数码照相机"购物短片广告存在夸大、夸张宣传，未标明商品销售企业名称、无产品名称、无生产厂厂名和厂址。除此之外，某些电视购物广告中主持人的主持格调庸俗低下、语言夸张做作。

---

① 雷鸣. 现代广告学 [M]. 广州：广东高等教育出版社，2007：141.

7.4.3 广告创意过度依赖名人效应

一些企业花巨资请明星，以为利用明星代言就能有良好的广告效果，让消费者迅速关注到本企业的产品，给企业带来丰厚的利润。但往往事与愿违，大制作或明星广告并不一定能够给企业带来高利润的回报。有的广告中明星的年龄、气质与产品形象不符，易造成消费者对广告和产品的双重质疑。如 2002 年喜之郎 CICI 广告请那英做形象代言人，虽然那英的名气足够大，但是她的年龄无疑与之前广告所塑造的纯情、健康、浪漫的青春形象有很大的差别。还有的广告中，明星的风头盖过了产品，让人只记住明星而注意不到产品。有的广告中，产品形象与所请的明星形象严重不符。还有的甚至因为广告的创意存在问题，反而在消费者心目中留下了负面影响。如 2006 年蒋雯丽为某化妆品代言的广告，由于该广告有"妈妈，长大了我要娶你做老婆"的台词，在互联网上批评如潮。不少网友指责其广告是"乱伦"的宣传。广告的创意本是为了说明使用该化妆品会保持年轻美丽，但厂家和广告创意方都没想到，这句话导致了人们对该广告的反感和对蒋雯丽的讨伐，以至于最后广告被停播。

7.4.4 广告创意低俗

许多企业做广告的目的仅仅是为了提高企业、产品的知名度，根本不在乎产品的美誉度。有的企业甚至为了"出名"，被消费者记住，即使被记住的是骂名也无所谓，为了短期利润、利益不惜损害产品形象。在这种要求之下，广告创意低俗不堪，令消费者无法忍受。如太极急支糖浆的广告，一只豹子凶神恶煞地追逐一个女孩，女孩手里拿着急支糖浆一边跑一边大叫："为什么追我？"豹子张嘴说："我要急支糖浆。"这个广告的创意令很多观众感到费解，很多消费者都表示不知道这个广告是什么意思。脑白金的"今年过节不收礼，收礼只收脑白金"，黄金搭档的"送爷爷、送奶奶、送爸爸、送妈妈、送小弟、送小妹、送阿姨、送老师……"，而"慢咽舒柠"的一系列广告也曾让很多消费者崩溃。

在我国广告业蓬勃发展的今天，只有正视我国广告创意存在的问题，才能认清我们的广告与国外优秀作品之间的差距，创作出有中国特色的广告作品，创作出构思巧妙且质量上乘的经典广告。

本章小结

现代广告创意是科学理念指导下的创造性活动，既要突破常规，追求新颖独特，又要建立在市场商品或服务、消费者要求基础之上，因此创意应该有明确的指导原则。广告创意原则就是用来指导广告创意活动的基本思想和要求，在进行广告创意活动时，应遵循目标性、关联性、原创性、震撼性、简洁性以及合规性等原则。

广告创意本质上是一种创造性思维活动。创意者的思维习惯和方式直接影响着广告创意的形成和发展水平，因此，广告创意者必须对创造性思维、广告创意的思维方法、广告创意技法进行深入的研究。广告创造性思维包括逻辑思维、形象思维和灵感思维三种类型。广告中采用的创造性思维的基本方法有发散和聚合的思维方法、顺向和逆向的思维方法、垂直和水平的思维方法。广告创意的技法有头脑风暴法、检核表法、金字塔法、联想法等。广告创意的表达技巧主要有告白、示范、生活片段、代言人、数字证明、音乐、幽默、比较等。

近年来我国的广告业发展迅速，在制作方面令人称赞，但是与国外的广告业相比仍有很大差距。中国广告创意尚处于萌芽发展阶段，与国外广告相比起来，我国的广告创意还存在一些问题，这些都是广告从业人员应该注意并加以避免的。

思考题

1. 广告创意应遵循哪些原则？
2. 对比垂直思维方法和水平思维方法的区别。
3. 什么叫头脑风暴法？
4. 请谈谈你对中国广告创意存在的问题的看法。

本章参考文献

[1] 姚力，王丽. 广告创意与案例分析 [M]. 北京：高等教育出版社，2004：38.

[2] 余明阳. 广告策划创意学 [M]. 上海：复旦大学出版社，1999：288 - 290，290 - 291.

[3] 袁安府，等. 现代广告学导论 [M]. 杭州：浙江大学出版社，2007：249 - 250.

[4] 雷鸣. 现代广告学 [M]. 广州：广东高等教育出版社，2007：141，163.

[5] 倪宁. 广告学教程 [M]. 北京：中国人民大学出版社，2004：195.

[6] 陈乙. 广告策划 [M]. 成都：西南财经大学出版社，2002：191 - 193.

[7] 交易通网站. http：//www. jiaoyitong. com/news/news __ show. php？ id = 20775.

8 广告营销管理：
营销 STP 战略与广告

本章提要：

广告活动和市场营销都是商品经济发展到一定程度的产物。在现代社会经济活动中，广告与市场营销是相辅相成的，广告不仅是企业营销活动的重要组成部分，也是实现市场营销战略目标的重要手段。本章我们按照 STP"三部曲"的顺序对广告与市场营销 STP 战略的关系进行深入的分析。

广告主要想使自己产品的广告能更好地起到促进营销的作用，就要选择相应的产品营销战略。营销战略一般包括三步：首先对市场进行细分，然后选择目标市场，最后整合应用各种营销手段在目标市场上进行定位。这就是 STP 战略，这里 S 指 Segmenting Market，即市场细分；T 指 Targeting Market，即选择目标市场；P 为 Positioning，即定位。正因为如此，营销大师菲利普·科特勒认为：当代战略营销的核心，可被定义为 STP。

8.1 广告与市场细分

8.1.1 什么是市场细分

市场细分是美国市场学家温德尔·史密斯（Wendell R. Smith）于 20 世纪 50 年代中期提出来的。市场细分是按照消费者欲望与需求，把总体市场划分成若干个具有共同特征的子市场的过程，那些可识别的且具有相同欲望、购买能力、地理位置、购买态度和购买习惯的人群构成一个细分市场。企业之所以要把市场划分成不同的细分市场并且区别对待，一方面是因为在市场上存在着差异化的需求，另一方面则是出于竞争的考虑。

市场细分理论是以下述认识为基础的：

（1）每个组织，不管其规模有多大，资金实力有多雄厚，都不可能满足全部市场上的所有需求，所以企业必须选择能为之服务的市场范围。

（2）消费者对商品的需求是千差万别的，但有着相似需求的消费者会形成自愿消费者群。这样市场上就会形成若干个需求差异很大的消费者群体。这就为企业进行有差别的市场营销奠定了客观基础。

（3）企业要取得良好的经济效益，必须实现从注意产品的差别到注意消费的差别的转变。

市场细分以消费需求的异质性理论为基础。从需求角度来看，各种产品的市场可以分为同质市场和异质市场两类。凡消费者和用户对某一产品的需要、欲望、购买行为以及对企业营销策略的反应等方面具有基本相似性，这种产品的市场就是同质市场。只有极少一部分产品（主要是初级产品）的市场属于同质市场，同质市场无须细分。但是大多数商品的市场属于异质市场，这是由于消费者所处的地理环境、社会环境、所接受的教育以及自身的心理素质、购买动机等不同，他们对产品的价格、质量、款式等方面的要求也不尽相同，存在需求的差异性，正是这些差异性使市场细分成为可能。市场细分强调不能笼统地对待所有的消费者，每一个消费者群体就是一个细分市场。

8.1.2　市场细分的作用

市场细分主要有以下几个方面的作用：

（1）有利于企业分析、发掘和捕捉新的市场机会，选择最有效的目标市场，制定最佳的营销战略。

（2）有利于企业开发市场，按照目标市场的需求来改良产品或开发新产品，使各企业在竞争中同存共进。

（3）有利于企业把自己的特长与细分市场的特征结合起来，集中有限的资源，合理分配人、财、物等资源，取得最大的经济效益。

（4）有利于企业针对目标市场的要求，适时调整市场营销战略。

市场细分对于广告的策划、创作来说，最重要的意义集中体现在一个"分"字上。首先，它把市场从单一整体看成多元异质的分割体，这更符合当今消费品市场的特点。其次，它体现了市场竞争从价格竞争转向产品差异性竞争、服务多元化竞争。最后，由于细分市场的出现，就有了目标市场与广告策略组合的前提条件。①

8.1.3　市场细分的过程

8.1.3.1　确定营销目标、选择企业进入市场的范围

企业的市场营销活动首先要确定营销目标，即企业生产什么、经营什么、要满足哪一部分消费者的需求，从而确定本企业进入市场的范围。

8.1.3.2　列出企业进入市场的潜在消费者的全部需求

这是企业进行市场细分的依据，必须全面而尽可能详尽地列出消费者的各种需求。

8.1.3.3　分析可确定的细分市场

企业通过对不同消费者的需求的了解，找出各种消费者作为典型，分析可能存在

---

① 余明阳，陈先红．广告策划创意学 [M].3 版．上海：复旦大学出版社，2008：69.

的细分市场。

8.1.3.4　筛选消费者需求，确定市场细分因素

对可确定的细分市场，企业应分析在消费者需求中哪些需求是重要的，将一些消费者需求的一般要素剔除。

8.1.3.5　为细分市场确定名称

根据各细分市场消费者的主要特征，为各个确定的细分市场确定名称，以便于企业进行分类。

8.1.3.6　进一步调研可确定的细分市场

企业应尽可能地了解各个细分市场的具体需求，深入掌握各个细分市场上消费者的购买行为，以使细分后的市场与市场细分因素相符合。

8.1.3.7　分析各个细分市场的规模

分析细分市场上消费者的数量、购买能力、潜在需求、发展程度等，然后选择和确定目标市场。

8.1.4　有效的市场细分必须具备的条件

8.1.4.1　做到分片集合化

市场细分的过程应从最小的分片开始，根据消费者的特点先把总体市场划分为一个个较小的片，然后把相类似的小片集合到一起，形成一个个较大的片。对这个集合后的相对大一些的片要求特征明确，每个片（即细分市场）必须有各自的构成群体、共同的特征和类似的购买行为。

8.1.4.2　细分后的子市场要有足够的购买潜力

由于对细分市场的开发通常需投入大量的资金，所以这样既要求细分后的子市场具有与企业营销活动相适应的规模，还要求子市场不仅具有现实的购买力，还需要具有相当的购买潜力，这样的子市场才有发展前途。

8.1.4.3　细分后的子市场要有可接近性

这一条件主要指企业能够有效地集中营销力量作用于所选定的目标市场的程度。

8.1.4.4　市场细分要有可衡量性

这一条件主要体现在两方面：其一，作为细分的标准应该是能够得到的，有些消费者特征虽然重要，但不易获取或衡量，不适宜作细分的标准；其二，细分后的消费者市场的人数、购买量及潜在购买能力应该是可以衡量的，否则细分被视做不成功。

8.1.4.5　市场细分要有相对的稳定性

每一个分片划定之后，要有一个相对的稳定期，具体期限的要求要根据市场的变

化和商品的特征而定。

8.1.5 市场细分的标准

市场细分是目标市场决策的基础步骤，对广告策划有重要影响。根据什么标准进行市场细分是搞好市场细分的前提，针对消费者市场而言，细分标准归纳起来主要有地理因素、人口因素、心理因素、行为因素等。

8.1.5.1 地理因素

这是最简单，也是最常见的细分标准。地理因素是按照消费者所处的不同地理位置、气候条件、人口密度、城乡等情况来细分的。

不同地理位置的消费者由于所处的自然环境的不同、地理气候的不同、经济发展状况的不同等，对某一类商品的喜好与需求也会有所不同，其消费行为也存在着不同。发达地区消费者的消费行为存在品牌趋势，而经济一般或落后的地区则对价格敏感度要高些，因此要根据不同地理位置的消费者有针对性地进行广告宣传。我们渐渐地发现许多国际高档化妆品品牌都选择了中国经济发达省份的卫视进行产品宣传。同时，人口密度大的区域，往往商品的需求量也大，因此应把这些地方作为营销的重点区域，在这些地方高频度地进行广告推广，以传播商品信息。

8.1.5.2 人口因素

人口因素主要包括人口年龄、性别、家庭规模、家庭生命周期、职业、教育水平、收入、民族差异、宗教信仰、国籍、种族、文化背景等。

下面举例说明怎样运用某些人口因素进行市场细分。

（1）年龄细分

按照年龄范围划分市场可分为：儿童用品市场、青少年用品市场、成人用品市场、老年人用品市场等。消费者的需求和消费能力随着年龄的变化而变化。如奶粉企业一般将市场划分为婴幼儿、儿童、青少年、中老年等，其中又将婴幼儿奶粉市场划分为出生婴儿（0~6个月）、较大婴儿（6~12个月）、幼儿（1~3岁）等阶段。

（2）性别细分

男性和女性有着不同的态度行为倾向，部分基于遗传因素，部分基于社会因素。女性有着更强的公共倾向，而男性有更强的自我表现和目标导向性。比如，金利来主要针对男性，因此广告语为"金利来，男人的世界"；大多数时尚期刊或杂志就是以女性为目标市场的。

（3）宗教

贝纳通是世界五大服装品牌之一，其最为人所熟知的就是其极具视觉冲击力和争议性的广告图片。贝纳通涉及宗教主题的图片"牧师与修女接吻"，不仅招来了社会的强烈争议，甚至引发了宗教界人士的广泛抗议，最终被意大利政府禁止发布。

8.1.5.3 心理因素

在国内外市场上，按照消费者的心理特征来细分市场显得非常重要，在企业的营销中经常出现这样的情况：在人口等因素大致相同的消费者中，由于个人性格、生活方式等心理因素的差别，人们对同一产品的爱好和态度截然不同。企业使用个性因素来细分市场，用产品的品牌个性（品牌形象、品牌观念）吸引那些相应个性（形象、观念上有相似性）的消费者。在 20 世纪 20 年代末期，福特和雪佛兰汽车的车主就是被认为具有不同个性特征。福特汽车车主具有"独立、冲动、男性化、应变能力强和自信"等个性，倾向于以自我为中心；雪佛兰车主则具有"保守、节俭、重名望、缺乏男性、避免极端"等个性，倾向交往。

8.1.5.4　行为因素

购买行为也是决定市场细分的重要因素之一，商品经济越发达，广大消费者的收入水平越高，这一细分标准越显得重要。按行为因素进行细分就是企业按照消费者购买或使用某产品的时机、购买状态、购买频率、消费者对价格的敏感程度、消费者对产品的态度等行为变量来细分消费者市场。消费者的购买行为一般都是从认识商品到购买商品，广告创作者应该针对消费者行为所处的不同阶段、不同状态，对价格、对产品、对服务的不同态度等来决定广告的宣传策略和营销策略。

8.2　广告与目标市场选择

市场细分的目的在于有效地选择并进入目标市场。在市场细分的基础上，正确地选择目标市场是目标市场营销成败的关键，也是广告创作、宣传与投放的关键。

8.2.1　目标市场的概念

8.2.1.1　目标市场的定义

目标市场是企业为满足现实或潜在的消费需求而运用产品（服务）及营销组合准备开拓的特定市场。目标市场选择则是在诸多细分市场中选择最为合适的细分市场作为目标市场的过程。营销者选择目标市场的原因如下：

（1）市场需求的无限性与企业资源的有限性之间的矛盾。市场需求是没有止境的，企业不能满足市场的所有需求，根据自身条件去满足市场某种特定需求是企业的必然选择。

（2）市场竞争日益激烈，企业要集中资源、发挥优势才能在市场中求得稳定生存和长期发展。特定市场更有利于发挥企业的竞争力，也有可能对企业具有保护作用。

（3）企业通过抢占空白市场，可以获得丰厚的利润。

8.2.1.2　目标市场选择的原则

目标市场的选择是企业整个营销战略最重要的事情，一旦目标市场选择失误就会造成企业营销方向的失误，还会造成最终目的很难或无法完成。一般而言，目标市场的选择应遵循以下原则：

（1）目标市场上必须存在尚未满足的需求，有充分的发展潜力。

（2）目标市场必须具备潜在的效益，目标市场的选择应能够使企业获得预期的或合理的利润。

（3）目标市场的选择要与企业拥有的资源相匹配。如果目标市场范围过大，企业拥有的资源无法满足，反而会造成市场机会丢失；如果目标市场过小，则势必造成企业资源的闲置浪费。

（4）目标市场的选择必须符合企业的总体战略。企业的宗旨、使命以及对象是企业选择目标市场的先决条件，目标市场是实现企业宗旨、目标的渠道途径。

8.2.2 目标市场策略的类型

企业选择的目标市场不同，其市场营销的战略也不一样。一般情况下，企业有三种目标市场策略可供选择：无差异性营销策略、差异性营销策略和集中性营销策略。

8.2.2.1 无差异性营销策略

无差异性营销策略是指企业把整个市场看做是一个整体，即一个大的目标市场，不再进行细分，只推出一种产品，运用一种营销组合，满足尽可能多的消费者的需要所采取的营销策略。早期的美国可口可乐公司，由于拥有世界性专利，因此曾以单一的品种、标准的瓶装和统一的广告宣传长期占领世界软饮料市场。

（1）无差异性营销的立论依据是成本的经济性。

（2）无差异性营销策略的优点：单一的产品线可以降低生产、存货和运输成本，无差异的广告方案则可缩减广告成本，而不进行市场细分又可减少营销调研和计划工作，从而可以降低营销调研和产品管理的成本。

（3）无差异性营销策略的缺点：细分市场需求得不到满足，其他竞争者易于加入从而引起激烈的竞争，降低企业的市场占有率并减少利润，使企业不得不改变这一策略。

（4）采用无差异性营销策略的企业必须具备如下条件：①具有大规模的单一生产线；②具有广泛的分销渠道；③企业产品内在质量好且在消费者中有广泛的影响，企业的财力、生产实力雄厚，商誉好。

8.2.2.2 差异性营销策略

差异性营销策略是指企业把整体市场划分为若干个细分市场，并针对不同细分市场的需求特征，分别设计不同的产品和运用不同的营销组合，分别满足不同的细分市场上消费者需求所采取的营销策略。比如，宝洁公司就针对不同消费者对洗发产品的不同需求，提供适用于不同发质、不同心理需要的价位不同、品质不同、品牌不同的洗发产品给消费者，并且配以不同宣传主题的广告来相呼应。

（1）差异性营销策略的客观基础是：消费者需求的多样性；现代企业的营销能力增强；市场竞争激烈。

（2）差异性营销策略的优点：生产机动性强、针对性强，企业能更好地满足消费者的需求，从而扩大企业的销量；有利于提高企业的市场占有率，提高企业的声誉；

风险小。

（3）差异性营销策略的缺点：增加企业的营销成本；可能使企业的资源配置不能有效集中，顾此失彼，甚至在企业内部出现彼此争夺资源的现象。

（4）采用差异性营销策略的企业必须具备以下条件：①有一定的规模，人力、物力、财力比较雄厚；②企业的技术水平、设计能力能够适应该策略；③企业的经营管理素质比较好。

8.2.2.3　集中性营销策略

集中性营销策略是指企业在市场细分的基础上，选择一个或几个细分市场作为自己的目标市场，实行高度专业化的生产或销售，集中满足一个或几个细分市场上的消费者需求所采取的营销策略。诺基亚公司曾是一个涉足造纸、化工、橡胶、电缆、电信等领域的集团公司，1993 年，公司总裁将移动通信公司之外的所有公司通通卖掉，将所有的财力、物力、人力都集中在移动通信业务上，为了保证移动网络和移动电话业务的持续发展，甚至放弃了其他公司，哪怕它们在当年都是赢利的公司。现在，诺基亚已成为移动电话的领先供应商，同时它也是移动、固定宽带和 IP 网络的领先供应商之一。

（1）集中性营销策略的理论依据是：将有限的资源集中起来，在小市场占大份额。

（2）集中性营销策略的优点：能够有效地利用企业资源，集中企业优势，占领空隙市场或边角市场；提高产品的市场占有率，建立稳固的市场地位；可以降低营销成本，提高企业的投资收益率；产品针对性强，提高利润率和企业声誉。

（3）集中性营销策略的缺点：市场区域相对较小，企业发展受到限制；潜伏着较大的经营风险。

（4）集中性营销策略一般适用于实力有限的中小企业。

8.2.3　选择目标市场策略应考虑的因素

由于三种目标市场策略各有其优缺点，企业必须根据企业本身的条件、产品特点及市场发展趋势，有计划、有目的地加以选择。一般而言，企业选择目标市场营销策略至少应考虑下列因素：

8.2.3.1　企业的资源

如果企业资源雄厚，可以考虑实行无差异性营销策略或者差异性营销策略。若实力不足，最好采用集中性营销策略。

8.2.3.2　产品的差异性程度

如果企业经营的是一些彼此差别不大、规格差不多的产品，如钢铁、化工原料及其他农矿初级产品等，则采用无差异性营销策略比较合适。如果企业经营的商品差别很大，则应采用差异性营销策略或集中性营销策略。

8.2.3.3　市场同质性

如果在市场上所有顾客在同一时期偏好相同，购买的数量相同，并且对营销刺激的反应相同,则可视为同质市场,宜实行无差异性营销策略。反之,如果市场需求的差异较大,则为异质市场,宜采用差异性营销策略或集中性营销策略。

8.2.3.4 产品生命周期

当产品处于投入期时,同类竞争品不多,竞争不激烈,企业可以采用无差异性营销策略。当产品进入成长期或成熟期,同类产品增多,竞争日益激烈,为确立竞争优势,企业可考虑采用差异性营销策略。当产品进入衰退期,企业应尽可能减少各种开支,目标应侧重于少数利润相对丰厚的市场,因而宜采取集中性营销策略。

8.2.3.5 竞争者的市场营销策略

若主要竞争对手实施无差异性营销策略,企业采取差异性或集中性营销策略,很可能取得成功。若主要竞争对手实施了差异性或集中性营销策略,企业也必须在这两种营销策略中进行选择。

8.2.3.6 竞争者的数目

当市场上同类产品的竞争者较少、竞争不激烈时,可采用无差异营销策略;当市场竞争者多、竞争激烈时,可采用差异性营销策略或集中性营销策略。

8.2.4 广告营销策略的选择

与目标市场三种营销策略相对应,广告市场策略也有无差别市场广告策略、差别市场广告策略和集中市场广告策略。

8.2.4.1 无差别市场广告策略

该策略针对的是某一个统一的大目标市场,所有的消费者对某一种商品有共同的需求,因此广告策略相对统一和单一。有利于运用多种媒介做同一主题、同一内容的广告宣传;广告促销费用较小,能迅速提高某一产品的知名度。

8.2.4.2 差别市场广告策略

该策略是指针对多个细分市场的不同特点,采用不同的广告形式,以不同的产品主体、媒介组合、广告创意和设计,向不同的消费群体进行有差别的广告宣传。采用这种策略能较好地满足不同消费者的需求,具有较大的灵活性,但广告费用较高。比如欧莱雅集团旗下拥有众多化妆品品牌,这些品牌的广告也是针对产品本身的特点和不同细分市场的特点来进行策划的,而每一品牌下的不同系列的产品又根据功效等进行广告宣传,由于产品不同和广告的主题不同,因此广告费用很高。

8.2.4.3 集中市场广告策略

这种策略是把广告宣传重点集中在细分市场中的一个或几个主要目标市场,以求在市场上突破一点,进而向市场的广度扩张。这种广告策略适合于本身实力有限的中小企业,为了发挥相对优势,集中力量打开对自己有利的重点市场,获得成功后再图发展。

对于企业来说,上述广告市场策略在某一时期既可以单独运用,也可以综合地加以运用。

8.3　广告与市场定位

8.3.1　市场定位的概念

所谓市场定位，就是根据所选定的目标市场的竞争情况和本企业的条件，确定企业和产品在目标市场上的竞争地位。具体地说，就是要在目标顾客的心目中为企业和产品创造一定的特色，赋予一定的形象，以适应顾客一定的需要和偏好。这种特色和形象可以是实物方面的，也可以是心理方面的，或两方面兼而有之。实际上，定位的实质就是要设法建立一种竞争优势，以便在目标市场上吸引更多的顾客。

8.3.2　广告定位

从广告策划和创作的角度看，产品定位是广告诉求的基础。没有产品的定位就不能决定产品的推销计划和广告要达到的目标。广告的最终目的是促进商品的销售，对于企业来说，一旦找准产品的定位就要全力地维护好，特别是要通过有效的广告活动使产品的形象扎根于消费者的心目中，并在消费者的心目中确定自己牢固的地位。

一直以来，广告定位都是与产品定位紧密联系在一起的。余阳明先生认为产品定位和广告定位是两个不同的概念——前者是确定产品在市场上的位置，后者则是确定产品在广告中的位置。但是两个概念之间又有密切的关系：广告定位是产品定位在广告中的体现，广告定位离不开产品定位；产品定位越明确，广告定位才越准确。所以，确定广告的定位，应该从产品定位开始分析，产品在人们心目中处于什么位置，能够给人们带来什么好处和利益，知名度、美誉度和信任度如何等，这些都构成了产品在人们心目中的形象，这种形象就是广告定位所追求的效果。

8.3.3　产品市场定位的方法

一个产品有好的定位，必须依赖于一个好的定位方法，企业经常采用的产品定位方法有以下几种：

8.3.3.1　根据产品属性和利益定位

产品本身的属性以及消费者由此而获得的利益能使消费者体会到它的定位，如大众车的"豪华气派"，奔驰的"高贵"，沃尔沃的"耐用"，雪佛兰的"大众化、值得信赖"。

8.3.3.2　根据产品的价格和质量定位

对于那些消费者对质量和价格比较关心的产品来说，选择在质量和价格上的定位也是突出企业形象的好方法。质量取决于制作产品的原材料，或者取决于精湛的工艺，而价格也往往反映其定位。

8.3.3.3　根据使用者定位

企业常常试图把某些产品指引给适当的使用者或某个细分市场，以便根据相应的细分市场建立起恰当的形象。如海澜之家的定位是"海澜之家，男人的衣橱"；再如安娜苏（Anna Sui）的消费者定位是那些会为时尚疯狂、热爱购物、喜欢新事物、有一颗年轻心灵的人，且不受年龄的限制。

8.3.3.4 根据竞争地位定位

它是突出本企业产品与竞争者同档次产品的不同特点，通过评估选择，确定对本企业有利的竞争优势加以开发。

8.3.4 产品市场定位策略

8.3.4.1 加强与提高策略

该策略是在消费者心目中加强和提高自己现在的地位。美国及世界饮料市场几乎是可口可乐和百事可乐的天下，而美国七喜汽水公司在自己的广告中宣称"七喜：非可乐（Seven Up：The Uncola）"，奇妙地将饮料市场分为可乐型与非可乐型饮料两部分，进而说明自己是非可乐的代表。这种非可乐的产品定位，确立了七喜在非可乐市场上"第一"的位置，使其销售量不断上升，数年后一跃成为美国市场的三大饮料生产商之一。

8.3.4.2 填补市场空白策略

该策略是寻找为许多消费者所重视但未被竞争者占领的市场定位，企业一旦找到市场上的空白，就应将它填补上。

长期以来，在轿车用户每年呈乐观增长的趋势之下，轿车市场忽视了一个潜在的消费群体——年轻人。他们收入不高但有知识、有品位，有一定事业基础、心态年轻、追求时尚。在他们看来，轿车市场的中、低端轿车虽价格稍低，但外形、色彩等都较单一；高端轿车虽性能好，但价格不菲。对价格、外观、性能都颇为看重的这一群体而言，这些车都不能激起他们的购买欲。而奇瑞QQ恰恰看准这一空白点强力出击，满足了他们的心理需求，形成了奇瑞QQ独特的市场定位。奇瑞QQ借用了年轻人熟悉的腾讯QQ作为自己的品牌，进一步加强了亲和力。借助QQ广泛的知名度，加上奇瑞QQ轻便灵巧的外观、鲜艳大胆的颜色，使它成为走俏市场的产品，如图8.1所示：

图8.1 奇瑞QQ

资料来源：http://www.car163.com.

　　而凤凰卫视的定位是以时事资讯为主，借助中国香港特殊的地理位置和文化背景，将内地不易传播或不可能大规模报道的各类新闻信息予以高度重视和进行有规模、有分量的报道和传达，提供与内地电视传媒具有很强差异性的电视节目，从而赢得观众、占领市场，其台标如图 8.2 所示：

图 8.2　凤凰卫视台标

资料来源：来自网络，经作者整理。

8.3.4.3　重新定位策略

　　产品在目标市场上的位置确定之后，经过一段时间的经营，企业可能会发现某些新情况，如有新的竞争者进入企业选定的目标市场，或者企业原来选定的产品定位与消费者心目中的该产品形象不相符等，这就促使企业不得不考虑对产品重新定位。如省级卫视收视率排名第一的湖南卫视也是重新找准自己的定位——"最具活力的中国电视娱乐品牌"，在国内确立了娱乐传媒的强势品牌地位，其台标如图 8.3 所示：

图 8.3　湖南卫视台标

资料来源：来自网络，经作者整理。

8.3.4.4　高级俱乐部策略

　　此策略是强调自己是某个具有良好声誉的小集团的成员之一，如企业可以宣称自己是行业三大公司之一或者是八大公司之一等。三大公司的概念是由美国第三大汽车公司的克莱斯勒汽车公司提出的，该公司曾宣称自己是美国"三大汽车公司之一"。

本章小结

市场细分是按照消费者欲望与需求把总体市场划分成若干个具有共同特征的子市场的过程，那些可识别的且具有相同欲望、购买能力、地理位置、购买态度和购买习惯的人群构成细分市场。企业之所以要把市场划分成不同的细分市场并且区别对待，一方面是因为在市场上存在着差异化的需求，另一方面则是出于竞争的考虑。

市场细分的目的在于有效地选择并进入目标市场。在市场细分的基础上，能否正确选择目标市场是目标市场营销成败的关键，也是广告创作、宣传与投放的关键。

目标市场是企业为满足现实或潜在的消费需求而运用产品（服务）及营销组合准备开拓的特定市场。目标市场选择是在诸多细分市场中选择最为合适的细分市场作为目标市场的过程。与目标市场三种营销策略相对应，广告市场策略也有无差别市场广告策略、差别市场广告策略和集中市场广告策略。

市场定位指的是根据所选定的目标市场的竞争情况和本企业的条件，确定企业和产品在目标市场上的竞争地位。具体地说，就是要在目标顾客的心目中为企业和产品创造一定的特色，赋予一定的形象，以适应顾客一定的需要和偏好。

从广告策划和创作的角度看，产品定位是广告诉求的基础。没有产品的定位就不能决定产品的推销计划和广告要达到的目标。广告的最终目的是促进商品的销售，对于企业来说，一旦找准产品的定位就要全力地维护好，特别是要通过有效的广告活动使产品的形象扎根于消费者的心目中，并在消费者的心目中确定自己牢固的地位。

思考题

1. 什么是 STP 战略？
2. 市场细分的标准有哪些？
3. 目标市场的营销策略有哪些？广告营销策略该如何选择？
4. 什么叫定位？产品市场定位的策略有哪些？

本章参考文献

［1］余明阳，陈先红. 广告策划创意学［M］.3 版. 上海：复旦大学出版社，2008：69.

［2］吴健安. 市场营销学［M］.3 版. 北京：高等教育出版社，2007：180－190.

9 广告调查

本章提要：

　　广告调查是开展广告活动的重要环节，也是现代广告经营必不可少的环节。要在广告的经营活动中脱颖而出、使广告信息准确有效地传达给公众并使企业在激烈的市场竞争中取得竞争优势，都需要在开展广告活动之前做周密、系统的调查。本章力图系统地阐述广告调查的含义、特点和作用，广告调查的程序，广告调查的方法及内容。

9.1　广告调查概述

9.1.1　广告调查的含义

　　企业的广告活动，是从广告调查开始的，其中广告调查也是广告计划、广告预算、广告组织以及广告效果测定等一系列广告活动的开端。广告调查是指利用有关市场调查的方式和方法，对影响广告活动的有关因素的状况及其发展变化过程进行调查分析的活动。但广告调查又不完全等同于市场调查，广告调查是根据企业的经营目标对广告的要求，根据广告目标和广告策划要求，在企业市场调查的基础上，对影响广告目标活动的因素进行更深入的调查与分析，为企业的广告经营决策提供依据。而市场调查则是企业为制定经营战略，为进行市场预测和经营决策而开展的整个调研活动。因此，广告调查只是市场调查的一部分。

　　具体地说，广告调查的目的是多种多样的。有的是为研究消费者的购买行为而进行的调查，有的是为研究产品市场而进行的调查，还有的是为广告策划提供综合性、全面性的材料而进行的调查。但总体来说，广告调查，是为了制作有效广告而作的调查，如果企业不加强对广告的科学管理，一个失败的广告就意味着使企业产生巨大的经济效益和社会效益损失。

　　由此可见，在开展广告活动之前，必须对广告的市场环境、社会文化背景、广告对象的基本特征以及广告主及其产品特性等一系列因素展开科学、全面的调查。因为，只有成功的广告才能促进企业的经济效益和社会效益，而广告调查有助于企业选择目标市场，有助于对核心产品定义和品牌定位，对于广告主题和广告表现的确定也能起到积极作用。

9.1.2 广告调查的作用

9.1.2.1 广告调查是企业制定广告活动决策的重要依据

企业做广告的目的，是推动消费者购买其发布了广告的商品。在购买之前，运用广告的力量，以引起消费者对广告商品的注意，使其对商品发生兴趣并产生需要，激发消费者对该商品的购买行为，而只有成功有效的广告才能达到此目的。要制作有效广告，就必须对本产品的市场情况、消费者的购买动机等有一个详细了解，广告调查便能解决这些问题。

由此可知，做好广告调查工作对于拟订广告计划、确定广告目标市场、决定广告具体实施的战略有重要的指导作用，并有助于选择恰当的广告代理和广告媒体，有助于根据广告计划编制的广告预算建立在科学的基础上，使企业支出的广告费获得实效，对实现企业营销目标进行有力的支援。为此，广告调查是企业制定广告活动决策的重要依据，是实现企业营销目标的工具。

9.1.2.2 广告调查是测定广告效果的基本手段

广告效果是广告主最关心的问题。站在企业的立场上，在支出广告费之前，预测广告效果是为了有效地运用广告费用，谋求广告合理化；在广告活动结束后，测定广告的经济效果、社会效果及心理效果也有重要的意义。随着广告事业的发展，广告调查越来越受到重视。

再来看一个缺乏充分广告调查的案例：在 2003 年和 2005 年，七匹狼对皇马中国秀的两次赞助行动，给业内人士留下了不少笑资。第一次，七匹狼耗费 400 万元赞助费成为皇马中国行的唯一指定服装赞助品牌。两年后，皇马开始第二次中国行，七匹狼仍是以服装赞助商出场的（如图 9.1 所示）。事后有人谈及七匹狼的此次赞助，戏谑七匹狼将 300 万元一个星期花完了，却什么也没得到。

图 9.1 七匹狼资助皇马宣传广告

资料来源：http://image.baidu.com/i? ct = 503316480&z = 0&tn = baiduimagedetail&word = % C6% DF% C6% A5% C0% C7% BB% CA% C2% ED&in = 26873&cl = 2&lm = − 1&pn = 1&rn = 1&di = 15885723243&ln = 1&fr = &fmq = &ic = 0&s = 0&se = 1&sme = 0&tab = &width = &height = &face = 0&fb = 0.

七匹狼在搭皇马顺风车的过程中，似乎缺乏长远的营销理念及严密的环节控制，把赞助当成了一次性商业行为，而没有将其作为一种广告媒体宣传活动，因此并没有对该广告行为作出周密的广告调查，结果导致漏洞百出：

其一，在赞助前，不知是七匹狼没作调研还是有意忽略一个事实：皇马早就有了服装赞助商——阿迪达斯。按照排他性合同，在全队出现的公共场合，皇马队员必须穿阿迪达斯的服装。所以后来人们在七匹狼的大幅广告中看到，皇马巨星身着的竟然是阿迪达斯运动服，七匹狼花了大价钱却是为竞争对手做广告……

其二，七匹狼号称"中国夹克之王"，是国内休闲服的领军品牌，然而这次在广告中出现的代言人形象全是身着运动装。七匹狼到底是休闲服还是运动服，不免让人产生困惑。

9.1.3　广告调查的特点

9.1.3.1　调查的科学性和全面性

现代广告调查必须运用科学和全面的方法来收集和分析资料，借助几种方法对资料进行综合分析是获得可靠信息的主要途径。在本章的第三节列举的许多有关广告调查的科学方法均值得参考。但需要注意的是，每一种广告调查方法都有其优点和局限性。

9.1.3.2　有明确的目的性

广告调查的最终目的是制作有效的广告或者测定广告效果。因此广告调查的目标从一开始就是极为明确的，即如何通过有效的广告活动来传播某个产品或企业，以达到预期的社会效益、经济效益以及心理效果。

9.1.3.3　资料库的建立

通过广告调查所收集到的资料是广告档案建立或企业资料库建立的一个重要方法，企业可以根据已形成的资料库为以后的市场调研提供相关数据，并作出相对科学的理论分析，以减少每次市场调研所需的人力和资金成本。

9.1.3.4　保密性

广告公司一般同时承担很多企业的广告，调查资料通常是不允许在竞争者之间相互泄漏的。当然这也是职业道德问题，是每个调查公司或者调查人员都必须遵守的原则。

9.2　广告调查的程序

广告调查是一项复杂而细致的工作，广告调查若没有科学的程序，就很难收到预期的效果。企业只有合理安排调查程序，使调查工作有序、高效地运行，才能避免时间和资源的浪费，取得预期的调查效果。

当然，由于调查内容的广泛性、调查时间的不确定性和调查目的的多样性，广告调查的步骤在某些具体调查活动中呈现出不一致性。然而，广告调查总的程序还是相同的，掌握了广告调查的一般流程，进行广告调查时就有章可循。广告调查的步骤主要分为广告调查的筹划阶段、广告调查的实施阶段和总结利用调查成果阶段。①

9.2.1　广告调查的筹划阶段

筹划阶段可以说是广告调查工作的正式起点，指在多种途径中确定最佳途径，在多项调查内容中确定必须调查的内容，主要包括以下几项内容：

9.2.1.1　明确本次广告调查的目的，然后再根据调查目的，限定调查的题目、范围以及研究领域和方向

只有明确本次广告调查的目的，限定调查的题目、范围以及研究领域和方向后，才能使整个调查工作有的放矢、方向明确。这是一个由抽象到具体、由一般到特殊的过程。

9.2.1.2　在确定了广告调查目的的基础上，分析要研究的具体问题

调查者应当首先限定调查的范围，根据所需研究的问题，结合实际情况，找出广告中最需要了解或解决的问题，并写出调查问题的说明。

调查能否成功，关键在于如何把一个大问题分解为若干个调查事项，但并不是一切都要作为调查事项。在确定调查事项时，什么是必须调查的，什么是能够调查的，什么是不须调查的，什么是必须调查但受条件限制不能调查的等，这些必须在筹划阶段中确定下来。

9.2.1.3　分析与现有调查问题有关的资料

分析与现有调查问题有关的资料，并明确广告调查需要重新收集的资料，拟定调查提纲、设计调查表。这是一个将调查内容逐步具体化、可操作化的工作。

9.2.1.4　拟订调查实施计划

调查轮廓基本形成之后，需要编制一个周密的调查实施计划，包括调查的时间、调查机构的选择、调查费用与预算。此外，还应该对广告调查方法作出规定，确定广告调查研究策略。最后，还要确定如何选取样本，用哪些统计方法来分析资料等。

9.2.2　广告调查的实施阶段

筹划阶段完成以后，就可以实施广告调查计划。但是，计划中的各步骤未必完全可行，应该首先作些小规模试点调查，也就是在一定范围内对研究对象作一次小规模的试验性调查，以检验调查表是否完备、调查计划是否合理可行；假若有问题，马上修改计划，然后才可以进行大规模的调查与研究。

---

① 马广海，杨善明. 广告学概论［M］. 济南：山东大学出版社，1995：58.

在实施调查阶段，广告调研人员要严格、细致地按照广告调查计划实施广告计划，以获取各项所需资料。具体说来，实施阶段包括搜集资料和整理资料两项内容，它是广告调研人员直接或间接同被研究者接触、向被调查者索取资料的过程，是广告调查最关键的阶段。

9.2.3　总结、利用调查成果阶段

要使在实施阶段获取的大量资料变成对广告策划有用的信息，就需要消化、处理这些资料。具体过程如下：

第一，对资料进行分析，运用恰当的统计方法，将资料简化，进行数量分析，揭示它们的数量特征；另外再运用比较、归纳或推理的方法发现各变量间的内在联系。

第二，解释调研成果。广告调查是以设立假设开始的，现在则要运用调查得来的资料验证假设是否成立，得出建立在调查资料基础上的正确结论。

第三，说明调研结果的贡献，既包含理论的贡献，也包含实际工作的贡献，形成调查报告或建议。

这三个步骤是相互联系、密不可分的。在千变万化的市场活动中，广告调查的方式程序也是因时因地而变化的，不应受理论的拘泥。这里提供的只是一般模式，在具体操作中，则应当具体问题具体对待。

9.3　广告调查的方法

所谓广告调查的方法，是指捕捉信息或搜集资料的方式与方法，它是实施调查计划的重要环节。广告调查的方法很多，并且随着科学技术的进步而发展。

9.3.1　按选择调查对象的方法分类

按选择调查对象的方法分类，广告调查方式一般可分为普查、典型调查、抽样调查和重点调查等。

9.3.1.1　普查

普查，是对某一社会现象进行全面的调查，如人口普查、物资普查等。广告调查中的阅读率与视听率调查等都属于普查性质。普查法准确性高，使用价值大，但需要的人员多，费用大，在广告调查中，一般只用于小范围的具体问题与项目。

9.3.1.2　典型调查

典型调查，是对被调查对象中的一些具有代表性的单位所进行的调查。这些典型单位数量虽然比较少，但在研究对象的总体数量中，占有很大比重，而且携带的总体信息较典型，只要调查了几个重点对象，就可了解对象总体的基本情况。典型调查的优点是调查对象集中、范围小，花费的时间、费用少。

9.3.1.3 抽样调查

抽样调查是选取一部分调查单位与对象，从所得的数据中推算总体单位与对象的方法。它是广告调查中最基本的一种方式，如果样本选取得合适又具有代表性，就可以得到类似普查方式所获得的较精确结果。抽样调查又可分为随机抽样调查和非随机抽样调查两类。随机抽样指总体中的每个个体被抽取为样本的概率相同；非随机抽样则指样本的选取具有较强的主观性，以调查人员的主观意志来选择样本。

广告抽样调查要遵照适用、及时、成本低的原则。因为调查一般是由企业来进行的，它没有大规模的国家调研机构那样多的人员、设备与经费，因此，抽样调查的一些原则与方法要灵活运用，根据自己企业的人员、条件、经费与时间要求，有目的地选取适当方法，以较小代价获取较为接近总体实际情况的精度，取得较大的调查成果。

在实践中，大多数广告调查都采用非随机抽样，原因在于调查组织者不知道产品或竞争产品的确定整体；被调查者通常极为分散，调查较多的样本可能降低误差；取得资料的成本较低；最后，广告主或调查组织者愿意损失部分可信度换取概率所需要的大量费用。[①]

9.3.1.4 重点调查

重点调查是一种非全面调查，它是在调查对象中，选择一部分重点单位作为样本进行调查。重点调查主要适用于那些反映主要情况或基本趋势的调查。重点调查的主要特点是：投入少、调查速度快、所反映的主要情况或基本趋势比较准确。根据重点调查的特点，重点调查的主要作用在于反映调查总体的主要情况或基本趋势。因此，重点调查通常用于不定期的一次性调查，但有时也用于经常性的连续调查。

9.3.2 按照搜集资料的方法分类

以下介绍几种按照搜集资料的方法分类的广告调查方法：

9.3.2.1 访问法

访问法就是通过询问的方式获得所需资料的调查方法。其特点是与被调查者保持直接联系，获得较为全面而又具体的调查资料，尤其可了解到消费者的购买动机与意图。在广告中常用到的询问法有面谈调查、邮信调查、电话调查和网络调查等。

（1）面谈调查。这是指调查人员直接访问被调查者，通过面谈的形式获取调查所需情报与资料的一种调查方法。面谈调查根据调查的目的与要求，可以分为个人面谈与小组面谈、一次面谈和多次面谈等。

面谈调查的优点是可以当面听取被调查者的意见，方式灵活，能直接观察被调查者的反应，随时提出与调查有关的各种问题，并能掌握被调查者较全面的资料。这种访问不但资料比较真实，回收率也高。其缺点是：调查成本较高；对调查人员的素质要求也高，因为调查人员的技术直接影响调查结果的质量高低；另外，还有些被调查

---

① 苗杰. 现代广告学［M］. 北京：中国人民大学出版社，2004：302.

者不愿意当面回答问题，使面谈调查受到一定的限制。

（2）邮信调查。这是指将设计好的问卷邮寄给被调查者，请其填好后寄回的一种调查方法。其优点是：调查成本低、范围广；样本的数目较多，费用支出较少；被调查者可有充分时间考虑作答，而且调查人员不直接接触被调查者本人，可以避免面谈调查中受调查人员主观偏见的影响等。其缺点是：回收率偏低，答卷人有可能并不是目标被调查者；获得资料的时间较长，且被调查者可能误解调查意图，导致错误作答；或因被调查者回答问题不够明确或回答不认真而影响调查的代表性、客观性等。

（3）电话调查。这是指通过电话询问形式，依据调查样本所规定的内容进行调查的方法。其优点是：可以在短期内调查较多对象，且成本较低；可以调查许多无法对其进行个别访问的人；能听到被调查者对所提出问题的及时反应等。其缺点是：对没有电话设备的对象无法进行调查；不能获得反映总体全貌的样本资料；由于通话时间短而不能询问复杂内容；不易得到对方的合作等其他情况。

（4）网络调查。一些调查公司将设计好的调查问卷发布在互联网上，利用互联网这种新型媒体进行调查。采用互联网进行调查的优点是：覆盖面广，费用较低，时效性很强。其缺点是：目标消费群体的针对性较差，从而影响调查结果的可信度；另外，这种方法较之面谈法也不易取得被调查者的合作。

除了以上四种主要的访问调查方法外，还有一些介于几种调查方法之间，或混合运用前面几种方法的调查方式，可以弥补个别方法的某些不足或提高综合调查的效益。如留置问卷调查，将调查询问表由调查员当面交给被调查者，说明回收方法后，留交本人自行填写，再由调查员定期收回。本法可以弥补邮信调查回收率低的缺点，又可弥补面谈调查不愿当面作答或当时没有时间接受访问的缺陷。

9.3.2.2　观察法

观察法就是由调查人员或调查机器在调查现场，从旁观察并记录被调查者行为的一种搜集资料的方法。其特点是调查者同被调查者不直接接触，被调查者的活动不受外在因素的影响，因而可以客观地记录事实发生的现状和经过，使收集的资料具有较高的准确性和可靠性。观察法一般可以分为下列几种：

（1）直接观察法。这是指派人到现场去直接观察以搜集有关资料，如调查人员要了解商场的商品包装广告对消费者影响作用的大小问题，就可以直接到商场去观察。

（2）行为记录法。该法又称为仪器观察法，就是通过录音机、录像机、照相机、监视器等监听、监视设备记录下被调查者的活动或行为。下面介绍几种此类方法的应用：

①透视镜研究法。一般是在一间特别设计的房间墙壁上镶上一面极大的镜子，从这间特别设计的房间来看是一面镜子，但从毗邻房间来看，却只是一块大玻璃，能够看到这个房间的内部。

例如，可以将该测试室设计为一间休息室，并在室内桌上堆满各种杂志，被测试者在进入休息室后，通常会为了解闷而翻阅这些杂志。此时，被测试者如何阅读，阅读哪一页，视线情况如何，都可以被详细记录；然后针对被测试者所读的内容或看过的广告当面询问其感受。本法与使用仪器来测量被测试者相比，是一种很接近正常状态的测试，因而可以得到较为令人信赖的资料。

②瞳孔计测法。越是有趣的事物，越会使人瞳孔放大，由此可以运用机械将瞳孔伸缩情况测出来并加以统计，以测定瞳孔放大与趣味反应之间的关系。该方法一般用于广告效果的测定。

③视听率调查法。如电视台为了测试节目的收看效果，在一些典型视听者家中安置电视节目测试仪，把他们收看电视广告的时间、电台名称、时间长短等记录下来，供电视台分析研究和选择电视广告的播放时间、内容与方法时参考。

观察法虽然具有调查结果客观可靠的优点，但其设备费用较高，又无法解释事件发生的原因和顾客动机，因而受到一定的限制，通常还要通过其他调查方法来配合使用。

9.3.2.3 实验法

实验法是指通过实验对比来取得资料的方法，其步骤是先进行一些小规模的实验，如改变一种产品的包装、价格、广告以及陈列，观察市场反应，然后再分析研究这些方法是否值得大规模推广。广告调查常用的实验方法有：

（1）实验室实验。先按一定的抽样方法选取具有代表性的样本，集中到实验室中，按一定的实验内容（如放广告片等）加以实验，然后将结果进行统计分析，做成报告。如对广告文案效果的测定多采用此法。

（2）销售区域实验法。把少量产品或广告先拿到几个有代表性的地区试销，然后根据试验结果，分析是否可以大范围推广。例如，找两个在人口、收入、销售类型等方面近似的细分市场，将广告在其中的一个市场上推出，然后观察对比市场的反应。该法主要用于广告的执行调查。

（3）模拟实验。这是指在实际市场中无法控制的试验或实验时间长、费用巨大的实验，可以运用电子计算机模拟实验市场而得到和实际市场实验较为相似的结果。这种实验的好处是费用低、时间短，而且可以自觉地进行各种方案的对比。其缺点是实际市场的因素繁多，很难用电子计算机模拟到真实的市场环境。

（4）购买动机实验。这是指运用心理学原理，通过各种心理实验以了解消费者购买动机的实验方法。常用的有文字联想法、漫画测验法和主题视觉测验法等。

实验法的优点是调查结果较为客观、准确，缺点是实验的时间较长，较多不可控因素都有可能影响到实验对象，进而影响实验效果；另外，试验的成本费用也比较高，且各地区环境与经济条件差别很大，使得实验与推广都受到一定的限制。

9.4 广告调查的内容

广告调查的内容主要包括市场调查、媒体调查、企业形象调查和广告效果调查。

9.4.1　广告的市场调查

市场调查是人们为解决某个产品营销问题而有意识地对市场进行具体了解、认识市场的运行状况和运行机构的过程。广告的市场调查是指调查广告的诉求对象、目标市场、产品及竞争者等。广告市场调查的内容主要包括广告环境的调查、广告对象基本特征的调查、产品调查以及竞争情况调查等。

9.4.1.1　广告环境调查

广告的市场环境是指广告活动所处的总体环境，包括自然环境、政治环境、文化环境、产业环境和经济环境等。一般来说，在广告策划之前都要进行环境调查与分析，以比较准确地判断各种环境对广告活动所产生的影响力，从而在策划广告时充分考虑到环境因素的影响，使广告策略服从于广告环境。

9.4.1.2　广告对象基本特征的调查

广告对象指的是产品的消费者、广告信息的接收者。广告对象调查主要了解消费者群体范围和性质，如消费者的年龄、职业、性别、生活方式、文化程度等；了解消费者的消费需求、消费习惯、购买动机等。要知道消费者需要什么，就要对消费者进行较为全面的调查。

9.4.1.3　产品调查

进行产品调查主要是了解与产品内外性能以及和作用有关的产品情况，主要包括两个方面：一是向本企业调查要宣传的产品的生产能力、工艺水平、原料来源、用途特性、包装装潢、价格特点、质量、生命周期、有无季节性要求等详细情况；二是向消费者调查对该类产品相关事项的了解程度，如产品的知晓度、理解度与口碑等，进而分析出该产品是否是消费者所需要的商品，能否为产品开发出新的用途和新的市场等。这一部分通常叫做消费者产品调查。依据以上两个方面的调查，分析出产品的优点和不足。

9.4.1.4　竞争情况调查

竞争情况调查主要包括调查市场需求规模的大小，需求与销售的变化趋势以及各分割市场的市场潜量与销售潜量；调查竞争企业在市场上的数目、地位、性质、市场占有率，以及在产品、价格、销售渠道、销售促进等方面的策略运用；调查本企业的市场营销情况，如历年的市场销量、市场占有率、市场营销组合策略的运用等。

9.4.1.5　其他

其他方面的调查，包括广告商品将要进入的区域或将要拓展的市场的基本情况。应当注意的是广告费用一般属于企业的重要商业秘密，在绝大多数情况下只能进行估算。

对于所要进行广告的商品来说，以上资料是广告策划、广告的主题确定和广告表现的基础，也是形成广告策划创意和产品市场定位的关键环节。因此在对上述情况进行调查的时候，还需要依据具体企业和产品的特点进行必要的补充调查。

百事可乐的广告就是建立在深入的市场调查的基础上的。由于可口可乐比百事可乐早十多年开拓市场，到百事可乐上市时早已声名远扬，控制了绝大部分碳酸饮料市场，当时，只要提到可乐就非可口可乐莫属，这在人们心目中已形成了定势。而百事可乐在第二次世界大战以前一直不见起色，尤其是广告的竞争不得力，使其被可口可乐远远甩在后头，曾两度处于破产边缘。

然而经历了与可口可乐的无数次交锋之后，百事可乐终于明确了自己的定位，以"新生代的可乐"形象对可口可乐实施了反击，从年轻人身上赢得了广大的市场。如今，饮料市场份额的战略格局正在悄悄地发生变化。

百事可乐的定位是具有战略眼光的。因为百事可乐无论从配方、色泽、味道上都与可口可乐相似，所以百事可口在质量上根本无法胜出，百事可乐选择的挑战方式是在消费者定位上实施差异化。为此百事可乐摒弃了不分男女老少"全面覆盖"的策略，从年轻人入手，并且通过广告，力图树立百事"年轻、活泼、时代"的形象。

百事可乐完成自己的定位后，开始研究年轻人的特点。精心调查后发现，年轻人现在最流行的东西是"酷"，百事可乐抓住了年轻人喜欢酷的心理特征，开始推出了一系列以年轻人认为最酷的明星为形象代言人的广告，如图9.2所示：

图9.2　百事可乐明星广告

资料来源：来自网络，经作者整理。

百事可乐广告语也是颇具特色的。百事可乐认为，年轻人对所有事物都有所追求，比如音乐、运动，于是百事可乐提出了"渴望无限"的广告语。百事可乐提倡年轻人作出"新一代的选择"，那就是喝百事可乐。百事可乐这两句富有活力的广告语很快赢得了年轻人的认可。配合百事可乐的广告语，百事可乐广告的内容一般是音乐、运动，比如迈克尔·杰克逊、郭富城的劲歌劲舞。另外百事可乐还利用大部分青少年喜欢足球的特点，特意推出了百事可乐足球明星等，如图9.3所示。

图 9.3　百事可乐球星广告

资料来源：来自网络，经作者整理。

由此可见，百事可乐能成为今天世界饮料业的两大巨头之一，与其广告营销中准确、全面的市场调查不无关系。

9.4.2　广告媒体调查

媒体调查是指对各种广告传播媒体的特征、状况、覆盖面、收费标准等进行的调查。在广告活动中，由于媒体费用要占到总费用的 80% 左右，所以媒体调查是广告调查的重要组成部分。以下是广告媒体调查的主要内容：

9.4.2.1　印刷类媒体的调查

调查的重点范围为报纸、杂志和直邮等媒体。

（1）对其媒体性质的调查。如了解所委托的广告媒体是日报还是晚报，是专业性报纸杂志还是知识性、趣味性的报纸杂志，是邮寄铁运还是零售或直接运送。

（2）调查印刷类媒体的发行量，包括了解区域性读者媒体与全国性读者媒体的比率，同时要调查在预定目标市场内的发行数量，了解在该区域内广告的宣传效果。

（3）调查读者的基本情况。要了解读者的年龄、性别、职业、地区、收入等，也要了解读者所阅读报刊的类型、平均阅读时间以及对印刷类广告的态度和信任程度等。

（4）调查发行周期。调查报刊发行日期的间隔时间，如是日报还是周报，是周刊还是旬刊、月刊、季刊等。

9.4.2.2　电子类媒体调查

调查重点放在广播、电视等媒体上。

（1）调查该类媒体的传播范围，即调查在电台与电视台的播放区域内可收听和观看到节目的视听人数。

（2）调查电视、电台节目的编排与组合。如哪些频道更容易受到关注，哪些节目比较有特色，节目的质量如何等。

（3）调查收听、收视率。调查做广告的电视（广播）媒体的覆盖范围、收视的户数或人数，以及收看该节目的人的性别、年龄、职业、文化，对电视及其广告的态度如何等。

9.4.2.3 其他媒体调查

除了大众传播媒体外，户外、交通、特制品、POP 等均归入这一类，主要调查它们的功能特点、影响范围、广告费用等。如调查交通广告、霓虹灯广告、路牌广告、POP 广告，一般都是通过调查交通人数、乘客人数、进出商店人数等来测算这些广告的接触率。

在对上述内容进行调查的同时，为了使广告调查效果达到最佳，还应在整个广告媒体调查的过程中对以下几点予以特别注意：

（1）将各类媒体进行比较，确定其相对效果。如确定在某一地区的电视上进行广告，那么，中央电视台、地方电视台、卫星电视台和有线电视台对广告对象的影响有多大是需要认真进行对比调查研究的。

（2）事前对媒体所给资料进行核实与补充，特别是对某一特定地区或特定消费者对象的媒体接受状况的具体情况进行确定。

（3）媒体调查还包括对广告过程中媒体实施情况的监测调查和媒体实际传播效果的调查，以确定进行怎样的媒体组合才能使广告效果最好。

9.4.3 对广告公司的调查

选择一个优秀的广告公司，并与之保持友好合作关系是使广告实施取得预期效果的另一个关键性要素。尤其是从广告主的角度来看，广告调查还必须包括对广告公司进行全面的调查、鉴别、比较和选择。在选择广告公司的时候，除了考虑和评估其经营业绩、声誉、管理、人才结构和素质、成功案例、收取费用的高低等因素外，还需要考虑广告公司与本公司有无合作经历、经历如何以及与竞争对手现在有无合作经历等其他相关因素。以下是选择广告公司的一般程序：

9.4.3.1 前期准备工作

从媒体上寻找一些令你心动的广告，如搜索曾创作获奖广告作品的广告公司（如图9.4、图9.5），打听这些广告是由哪些公司制作的，从中剔除正在为你竞争者工作的广告公司，对剩余公司的背景、组织、规模、财务等情况进行调查分析。

图9.4　一则获奖的糕点广告

资料来源：来自网络，经作者整理。

图9.5　大众汽车获奖广告作品

资料来源：来自网络，经作者整理。

9.4.3.2　约见名单上的广告公司

安排时间和每家广告公司的管理人员、创意人员或将来可能为你服务的主要负责人见面，进行沟通和了解，并明确列出本公司面临的问题及对传播活动的需要，看他们有什么办法来解决你目前的问题。

9.4.3.3　选择并审查

根据前面沟通的结果来选择你的合作伙伴；同时，可以跟目标广告公司的目前客户进行沟通，以了解更详细的相关服务情况等。

9.4.3.4　签订合约

和所选定的广告公司签订一份长期合约，一方面表达诚意，维护长期的合作伙伴关系，另一方面会使广告公司更加努力地工作，且不易为其他竞争者所引诱。

9.4.4　广告效果调查

广告效果调查，是指针对某一产品所开展广告活动的全部效果而展开的调查，是一种运用各种调查手段的综合性调查。对于广告效果调查的具体内容在广告效果评价一章中作了具体阐述，因此这里只作简要介绍。根据广告传播活动的时间，一般可以把广告效果调查分为事前调查、事中调查和事后调查三个阶段。

9.4.4.1 广告事前调查

事前调查除前面所谈到的广告环境调查、广告媒体调查与对广告公司的调查之外，还要调查广告信息可能在传播过程中引起消费者什么样的心理反应和可能发生什么作用，以便找出最适当的创作途径与方法，据此改进广告设计。广告事前调查内容如下：

（1）广告主题。目前确定的主题是否有效；是否找到了卖点；是否达到了广告目标的规定等。

（2）广告表现。作品是否明确表达了主题；是否使广告主题变得容易记忆和易于接受；是否会形成不必要的联想和感觉等。

（3）广告制作。制作水平直接影响广告效果。

（4）广告作品的各有关要素。广告是否能立刻引起注意；广告作品中各部分是否能一眼就被看到并形成记忆；广告的感觉信息与企业形象是否相符并使企业形象得到强化；广告中有关品牌识别要素是否准确；广告作为一个整体是否会造成误解等。

（5）对媒体策略的评估。

9.4.4.2 广告事中调查

广告的事中调查是指广告作品正式投放到市场之后到整个广告活动结束之前的广告效果调查，即在广告进行中对相关因素进行的一系列调查，其目的是及时发现问题并随时予以纠正。它主要向部分消费者了解该广告是否将广告信息内容正确传达，并在目标市场上产生效果，通过本广告是否影响或改变了顾客的态度和反应。

9.4.4.3 广告事后调查

广告的事后调查，又称做广告效果调查和测定，是指对广告活动进行之后的广告效果、销售效果与社会效果作全面调查，以便总结经验，纠正错误，为下一步的广告计划决策做准备。

尽管广告事后调查比事前调查更耗费金钱和时间，但广告事后调查能在实际市场条件下进行，因而可以获得较为准确和实际的信息。

本章小结

企业的广告活动，是从广告调查开始的，其中广告调查也是广告计划、广告预算、广告组织以及广告效果测定等一系列广告活动的开端。广告调查是指利用有关市场调查的方式和方法，对影响广告活动有关因素的状况及其发展变化过程进行调查分析的活动。但广告调查又不完全等同于市场调查，广告调查是根据企业的经营目标对广告的要求，根据广告目标和广告策划要求，在企业市场调查的基础上，对影响广告目标活动的因素进行更深入的调查与分析，为企业的广告经营决策提供依据。而市场调查则是企业为制定经营战略，为进行市场预测和经营决策而开展的整个调研活动。因此，广告调查只是市场调查的一部分。

　　广告调查的步骤主要分为广告调查的筹划阶段、广告调查的实施阶段和总结利用调查成果阶段。

　　广告调查的方法，是指捕捉信息或搜集资料的方式与方法，是实施调查计划的重要环节。广告调查的方法很多，并且随着科学技术的进步而发展。广告调查的内容主要包括市场调查、媒体调查、企业形象调查和广告效果调查。

思考题

1. 简述广告调查的含义、作用和特点。
2. 广告调查的具体程序包括哪些？
3. 广告调查方法中的市场调查法需要调查哪些内容？
4. 列举对广告公司调查的程序。
5. 阐述广告效果调查的内容。

本章参考文献

［1］马广海，杨善明．广告学概论［M］．济南：山东大学出版社，1995：58.
［2］苗杰．现代广告学［M］．北京：中国人民大学出版社，2004：302.

10 广告组织

本章摘要：

　　广告组织是指广告人以及广告相关人士，为了实现共同的目标而组成的，具有稳定的社会关系和活动关系的，从事广告或广告相关活动的集合体，包括企业的广告部门、广告公司、媒体广告组织等。没有健全完善的广告组织，广告活动就无法正常地、科学地进行。本章就广告公司的组织层次、分类、业务范围、广告公司的组织结构、广告公司组织职责以及企业内部广告组织的结构等展开分析。

10.1 广告公司概述

　　我国的《广告法》指出广告公司"是指受委托提供广告设计、制作、代理服务的法人及其他经济组织或个人"。广告公司的组织和其他任何正式组织一样，是从对职务结构的构想中形成的。我们可以把组织工作看成是：把为达到目标所需的各种业务活动进行组合分类；把监督每一类业务活动所必需的职权授予管这类工作的主管人员；规定公司活动中上下左右的协调关系。组织结构的设计应当职责分明，使每人都知道应该做些什么，谁对什么结果负责；应能排除由工作分配的混乱和多变所造成的故障；能提供反映和支持公司目标的决策沟通网络。

10.1.1 广告公司的组织层次

　　在一个团体结构中，任何一个组织都需要解决组织应分为多少层次，每个层次需要多少人这些问题。而广告公司的规模悬殊甚大，业务项目也有所不同，所以在层次和人员设置上也有较大差别。如国际著名的广告公司盛世公司（Saatchi & Saatchi），2005 年时在 91 个国家拥有 161 家公司，公司员工 7 000 名。沟通服务集团（WPP）也是全球性的广告公司，它的服务网络遍布 106 个国家的 1 400 个分部，其总部在伦敦，员工人数达到了 57 800 人。而一些小的广告公司则只有十几人到几十人，甚至只有几个人。不同的公司其具体的组织层次是千差万别的。在几人的小公司中，无所谓组织层次。所以，对广告公司组织层次的研究，一般偏重于有一定规模的广告公司。

　　公司在运转过程中，如果组织设置不当，层次过少，每个人都直接汇报，高层人员可能陷入巨大的具体事务当中，从而降低工作效率。而设置很多层次也是不必要的，因为层次越多，管理成本越高，而且部门或级数太多容易导致沟通复杂，上下左右在信息传递中造成疏漏或误解。另外，部门或级数太多，会使计划和控制变得复杂化，往往在上层是明确的计划，经过层层分解和加工，最后却失去了准确意义，弱化了协调性。

如果我们对广告公司的业务运作状况进行一个比较透彻的观察，就会发现广告公司的工作简单地说，就是一部分人在出主意制造"广告产品"，一部分人把它卖给客户即"销售产品"，其实际的职能部门就是这两大块，其他的则是围绕这两大块形成的辅助机构或协调机构。根据这样的工作模式，其组织层次一般是建立在这样一个层面上的：策划创意——客户沟通——辅助协调。

广告公司多采用小组作业的方式，一个小组中需要多少人除了业务分工的需要，还要看小组的凝聚力、个人的满足感、工作成绩以及领导等的影响。

尽管不同广告公司的部分设置可能有差别，但在总体上都是以此为依据的。广告公司应根据具体情况设计有效率、有利于实现经营目标的组织结构。

10.1.2 广告公司的分类

广告公司的分类方法有很多，这里按照功能分类，将其分为全面服务型广告公司和专业服务型广告公司。

10.1.2.1 全面服务型广告公司

全面服务型广告公司，亦称综合服务型广告公司。全面服务型广告公司提供全方位的广告和非广告服务。广告服务也包括广告策划、广告创意、广告制作、市场调查和媒体选择等；非广告服务范围广泛，包括从营销到公关，直到协助广告主制作销售推广材料、撰写年度报告、准备交易展会以及销售培训材料等的方方面面。随着整合营销传播（IMC）的日益普及，很多全面服务型广告公司都在向整合营销传播代理方面发展。同时，全面服务型广告公司具有七大服务标准内容：

（1）产品研究。广告公司通过搜集各方面的资料并经研究分析之后，为广告客户提供制订广告计划所需的产品研究资料。

（2）市场调查与预测。通过分析市场调查资料和市场历史，广告公司为客户找出潜在顾客，显在顾客，影响市场、价值的外在因素以及市场环境对市场的影响等。

（3）产品销售分析。广告公司对产品的销售渠道和销售网络的情况进行一定的调查了解，使广告能利用健全、良性运转的分销网而发挥作用。

（4）媒介分析。广告公司应能够为广告客户选择最有效而又最便宜的媒介，把广告信息传播到消费者的心中。

（5）拟订广告计划。为客户提供有关确定产品市场、改进销售网点、改变价格策略、创作广告作品、应使用的广告媒介、广告诉求主题、广告信息内容、广告预算和广告活动内容的建议和咨询意见，以达到最佳的促销效果。

（6）执行广告计划。在制订广告计划后，广告公司必须把广告计划中的建议付诸实施，负责到底。

（7）配合客户的其他市场活动，以使广告活动发挥最大的效益。

10.1.2.2 专业服务型广告公司[1]

（1）创意公司。创意公司一般侧重于创意概念的开发、方案和广告表现艺术的服务。广告主可以利用这种公司，在信息主题或独立广告中注入更多的创意。正如国外一位广告专家所说："如果客户想要的就是创意，大量的创意，以便从中进行挑选并按照自己的心愿组合，那么，他们就不会想要传统的全面服务公司，他们会去找手脚麻利、光彩夺目、收取创意费的点子工厂。"创意公司就是这类"点子公司"。

此外，还存在一种独立创意服务。一些广告客户聘用一些高级创意人员，以兼职或单个项目的形式，开展业务合作。许多创意工作人员也在他们的业余时间做一些自由职业性质的创意工作。

（2）媒体购买公司。媒体购买公司是一个独立的组织，专门为广告公司和广告主购买广告时间或空间，尤其是广播和电视时间。由于媒体形式的日益丰富，媒体购买成了一项复杂的工作。在这种情况下，广告公司或广告主可以承担媒体发布的战略策划工作，然后将实际购买时间和空间的任务交给媒体购买公司。利用媒体购买公司的另一个好处是，由于媒体购买公司购买的媒体数量多，所以常常可以拿到价格比广告公司和广告主要低得多的媒体时段或广告位置。此外，媒体购买公司还可以利用与媒体的特殊利益关系，为广告主做一般广告公司做不到的事，譬如，媒体购买公司甚至可以在广告发布前的最后一分钟替广告主安排广告。在我国的广告市场上，这样专门的媒体购买公司很活跃，如实力媒体、传力媒体、星远莉广告传媒公司等。近年来，媒体购买公司纷纷试图实现从单纯的媒体买卖角色向投资顾问角色转换。

（3）互动广告公司。互动广告公司主要是协助广告主开展新媒体（如网络、手机、互动电视等）上的传播活动。这些新型广告公司拥有许多传统的全面服务公司所没有的专业人才和专家，公司的技术人员帮助广告主开展新媒体的传播活动，此外互动广告公司还拥有其他专业人才来维护电脑的文档服务器，利用这些服务器掌管与客户的互动传播活动，为客户建立数据库。

（4）特定广告代理公司。这类公司一般以特定的广告业务为中心，提供有关服务内容，如房地产公司、公共交通广告公司、地下铁路广告公司、户外广告公司等。由于这些公司在客户源、运作经验、各类资源等方面颇有优势，因此在广告市场上占有一席之地。

10.1.3 广告公司的业务范围及收费制度[2]

10.1.3.1 广告公司的业务范围

（1）代理广告客户策划广告。广告公司以广告代理为工作核心，代理广告客户策划广告是广告公司最本质的功能，具体包括为广告客户进行有关商品的市场调查和研究分析工作，为企业发展确立市场目标和广告目标，为代理客户制订广告计划以及进

---

① 何海明. 广告公司的经营与管理 [M]. 2 版. 北京：中国物价出版社，2002：45 - 46.

② 赵杰. 广告经营管理术 [M]. 厦门：厦门大学出版社，2000：32 - 35.

行媒体选择。广告公司从自己专业领域出发，为广告客户提供广告主题和实现广告主题的广告创意、构思和策划。

（2）为广告客户制作广告。这是指广告公司将创造性构思和创意转换成具体外在表现的广告产品的活动。广告公司选择最具表现力、影响力和感染力的手法，客观地、真实地、具有美感和艺术性地去表现创造性广告思想的广告形式，是制作广告的根本要求。

（3）为广告客户发布广告。广告公司在策划和制作出广告作品之后，通过广告媒介的合理选择和应用，把广告信息及时地、迅速地传递给广大社会公众。发布广告时，广告公司要为客户利益着想，注意选择最具表现和传播效果、又能最低投入的媒介，将广告信息传递到最多的潜在购买者，从而引导社会公众对广告信息的认可、接受，以产生购买行为。

（4）为广告客户反馈广告信息、评估广告效果。广告公司在代理客户发布广告之后，要对所发布的广告进行市场调查和研究，并对广告效果进行科学测定和评估，及时向广告客户反馈有关市场的销售信息及相关的变动信息。

（5）为客户提供咨询服务。广告公司要为广告客户的产品计划、产品设计、市场定位、营销策略、广告活动和公共关系等方面提供全方位的综合信息，为客户提供各方面的咨询服务，从而实现企业资源的合理流向与最佳配置，推动经营企业的发展。

（6）影响广告业水平。对于广告行业来讲，广告公司是广告业中最重要的主体之一。广告公司的活动会影响到广告行业的整体水平和发展状况。在与客户和媒介合作时，广告公司又对广告市场的容量、分配、流向、趋势等具有一定的调节功能。

10.1.3.2　广告公司的收费制度

（1）固定佣金制。佣金制起源于19世纪20年代的美国，始于艾耶父子广告公司。到20世纪五六十年代，美国、加拿大、日本、西欧等国家和地区开始接受15%的佣金，使15%的佣金成为国际惯例。

我国国家工商行政管理局在1993年7月颁布的《关于进行广告代理制试点工作的若干规定（试行)》中，对我国广告代理制中的代理费的收费标准明确规定为广告费的15%。

（2）实费制。实费制是广告公司根据广告主提出的要求，开展业务，确定整个广告活动中使用各类广告人员从事工作的时间和精力，广告公司把这些换算成以工时为单位的工作量，并且拟定每个员工的工时单价，从而以实际工时与单价计算出应收取费用的制度。

（3）全蛋制。全蛋制又称为全蛋式经营，是指广告公司在向广告主收取业务代理费用时，以广告主获取利润为基数，根据双方协议，给广告公司分得利润的方式。在这种收费制度下，广告费与广告效益挂钩，广告公司参与广告主的经营全过程，实行利润均沾、风险共担。

10.1.4　广告代理制

广告代理制就是在广告活动中，广告主委托广告公司实施广告业务活动，广告媒介通过广告公司承揽广告业务的经营体制。

10.1.4.1 广告代理制的产生与发展

1729 年美国的富兰克林创办了《宾夕法尼亚日报》，他在创刊号的第一版上，在报头下社论的前头开辟了广告栏。在广告经营上，广告经营部门是从属于报纸的职能部门，仅仅以单纯地直接贩卖媒介版面来维持经营。到 1841 年帕默在费城开办广告公司，为各家报纸兜售广告版面，自称"报纸广告代理人"，宣布广告代理业的诞生。在 1880 年前后，广告代理的业务范围扩大，开始向广告主提供除媒介版面之外的代办广告设计、制作等劳务服务。这就是历史上的广告技术服务代理阶段。

19 世纪末，在美国工业革命的推动下，企业经营和销售领域开始由生产阶段向销售阶段转移，企业的经营观念发生了重大变革，开始把目标集中于市场和消费者的研究。广告代理业开始向广告客户提供全职能的、全面服务的近代广告代理。到 20 世纪，由于传播媒介种类越来越多，广告代理又有了新的发展，广告公司不仅能够为广告客户制订和实施广告计划，而且还为提高企业销售效果和企业形象效果而开展整体广告战略制定和实施。广告代理进入了行销代理的时代。

广告代理制是目前发达国家广告业的通行做法，广告代理制是一个国家广告业成熟或发达的主要标志。在西方国家，广告公司全面代理广告客户的广告业务，媒介只与广告公司打交道，除分类广告（即礼仪、征婚、挂失、招聘、书讯以及开业广告）外，不能直接承揽广告业务。

10.1.4.2 我国广告代理制的内容 ①

在国家工商行政管理局《关于进行广告代理制试点工作的若干规定（试行）》中，对广告代理制的基本内容作了规定，具体有以下几个方面：

（1）广告客户必须委托有相应经营资格的广告公司代理广告业务，不得直接通过报社、广播电台、电视台发布广告。分类广告，如简短的礼仪、征婚、挂失、书讯广告和节目预告等可例外。

（2）兼营广告业务的报社、广播电台、电视台，必须通过有相应经营资格的广告公司代理，才可发布广告（分类广告除外）。报社、广播电台、电视台的广告经营范围核定为："发布各类广告（含外商来华广告），承办分类广告。"

（3）代理广告业务的广告公司要为广告客户提供市场调查服务及广告活动全面策划方案，提供、落实媒介计划。广告公司为媒介承揽广告业务，应有与媒介发布水平相适应的广告设计、制作能力，并能提供广告客户广告费支付能力的经济担保。

（4）报社、广播电台、电视台下属的广告公司，在人员、业务上必须与本媒介广告部门相脱离，不得以任何形式垄断本媒介的广告业务。

（5）实行广告代理制后，广告客户和广告媒介可以自主地选择服务质量好的广告公司为其代理广告业务。广告代理费的收费标准为广告费的 15%。

---

① 卫军英. 广告经营与管理 [M]. 杭州：浙江大学出版社，2001：66.

10.1.4.3 广告代理业与媒体的关系

广告代理业和媒体间的关系，有下列基本原则：

（1）代理业对媒体负有支付广告费等一切责任。如广告主不向代理业支付广告费，则代理业承受损失，如广告主已向代理业支付广告费，而代理业不支付给媒体，则媒体承受损失。

（2）代理业向媒体约定，决不把媒体所认定的佣金拆让给广告主。

（3）媒体对代理业公开发布广告费用，并对所有代理业一律公平对待。

（4）代理业所支撑的广告内容，必须获得媒体的承认，但媒体如果没有得到代理业的同意，不得任意变更广告内容。

这些原则，由美国广告代理业协会拟订，并印刷在会员代理业使用的广告订单上；在签订版面契约时，代理业和广告媒体应共同遵守以上原则。

10.1.4.4 广告代理业对媒体的贡献

根据詹姆斯·W. 扬（James W. Young）的报告，广告代理业对媒体的贡献有下列几项：

（1）代理业会去寻找新的广告主。

（2）代理业使广告费倒账的危险减少，协助媒体避免倒闭。

（3）代理业间相互以创意争取客户，故能产生更多的广告创意。

（4）代理业创作推销商品所必需的广告文字。

（5）代理业会发展及改善广告技术，因为它提高了广告的生产性。

（6）代理业会简化媒体的信用业务，并减少其业务费用。

（7）代理业负担广告主倒账的广告费。

（8）代理业节省或减少媒体用于广告的制版费。

（9）代理业尽量遵循媒体发行计划，并配合广告计划，减少经费。

10.2 广告公司的组织结构

组织结构涉及组织的管理幅度的确定、组织层次的划分、组织机构的设置、各单位之间的联系沟通方式等问题。因此，组织结构也可以理解为一种组织形式。这种形式是由组织内部的部门划分、权责关系、沟通方向和方式构成的有机整体。组织结构是反映组织成员之间的分工协作关系，合理地把组织成员组织起来为实现组织目标而协同努力。

广告公司组织结构的类型主要有五种：按职能设置部门、按客户或品牌设置部门、按产品和服务设置部门、按矩阵组织设置部门以及按地区设置部门。

10.2.1 按职能设置部门的组织结构

职能部门型组织结构即公司内部划分为若干个职能部门，公司总部对这些部门进行策划和运筹，直接指挥各部门的运行。它的优点是有利于各部门的集中统一，直接协调各部门的工作。

和其他任何公司组织一样，按职能划分，广告公司一般都有人力资源部、财务部、行政部。除此之外，广告公司根据其业务的需要可设置客户部（或销售部）、创作部、调研部、媒介部、公关部等业务部门（如图10.1）。公司按主要职能划分部门以后，每个部门还可以按衍生的次要职能再细分部门。

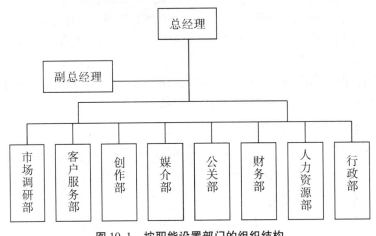

图10.1　按职能设置部门的组织结构

按职能设置部门的优点是：它可以确保高层管理者能直接管理；它符合业务专业化的原则，从而使人力资源的利用更为有效；它有利于专业管理之间的统一和协调；它减轻了部门经理的日常事务。

按职能设置部门的缺点是：各职能部门容易片面强调自己部门的重要性，从而破坏公司的整体性；只有总经理才对公司的全面事务负责，对个人的依赖性太重。这种模式适合规模不大的区域性中小公司。

10.2.2　按客户或品牌设置部门的组织结构

按客户或品牌划分部门是广告公司中典型的组织结构形式，也称之为小组作业式的组织结构。其组织结构如图10.2所示。

公司各部门的划分中，除了财务部、办公室、媒介部和市场部外，其他部门都是按照服务的客户设置，如英国的WPP，旗下客户名单让人印象深刻的就有：IBM、福特、AT&T、联合利华和高露洁等。公司对每一个客户都按组配备客户服务人员、创作人员及公关协调人员，有的还根据需要增加其他专门人员。这些服务组的规模不等，视客户业务量的大小而定。如奥姆尼康（Omnicom Group Inc.）旗下的广告公司BBDO有上百人为克莱斯勒汽车公司服务，电通（Dentsu）广告公司有100多人为丰田汽车公司服务。

有的广告公司是按照客户行业类型来进行分类的，比如房地产行业、电信业、食品业、医疗器械业、药品业等。因为这些行业具有一定的特性，且某些行业在《广告

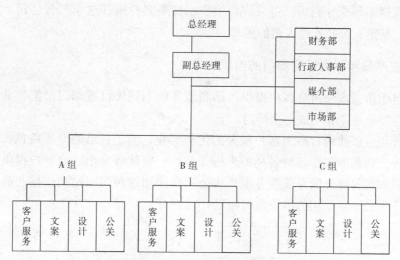

图 10.2　小组作业式的组织结构

法》中对其有特殊的要求，客户更希望能有产品行业广告经验的广告公司为其服务，比如成立于 1997 年的深圳风火广告有限公司就是国内首家专业地产广告领域的运营型企业组织。

业务量大的广告公司不见得客户多，但其代理的客户的广告投入很大，这些客户对为其服务的公司的员工要求高，并希望能保持相对的稳定。小组作业式的组织结构更能满足他们的要求。

以往的公司采取传统的广告公司组织架构，分业务、创意、制作管理、媒体等部门，各部门各司其职。长此以往，各部门由于工作特性的不同，不免有所冲突，造成沟通方面的诸多问题。为了提供给客户一定品质的服务，一些公司便循序渐进地进行"品牌小组"的组织改革计划。以"品牌"作为人事编组的基础，根据客户的实际需求，挑选符合客户需求的人员组成品牌小组，以求机动有效地提供客户服务。这种组织以客户服务为导向，向客户型、专业化的扁平型组织发展，期望成为客户的中介伙伴。广告公司将公司所属客户与业务、创意、设计人员平均分配成几个品牌经营部，各部由一部门主管统管，并由一人统筹调配各部的业务状况，再以办公领域分隔，每个部门各有业务、创意、设计人员，增进互相的衔接，形成机动、全能的团队。这样可便于客户联络，不再发生客户为找某个专业人员而跑来跑去的麻烦，增加对客户的服务度与亲切度。同时，在评判工作业绩时，这种组织由各部主管提报而不采用利润中心制。因为利润中心制易造成部门间无法互相支援，仅在利润上相互攀比、扯皮，不利于内部团结。

按客户划分部门的优点是：公司能满足客户的特殊需要，人员沟通方便，能产生很好的合作默契；无论是客户还是广告公司，都能节省大量时间，降低沟通成本，提高工作效率。

按客户划分部门的缺点是：客户对其服务部门的特殊要求，使这个部门同公司那些按其他方式组织起来的部门协调起来困难；另外，根据客户的类别而专门化的人员和设备可能得不到充分利用,造成资源浪费;如果客户离开这家广告公司,相应部门就得撤销,易造成公司安排人员的困难。

10.2.3 按产品和服务设置部门的组织结构

公司组织依据本公司给客户提供产品和服务的不同来设置部门,把与某产品和服务有关的各项业务工作组成一个部门。

广告公司应该找到自己为客户服务的优势所在,明了自己的专业特色,因为并非每一个广告公司都能包揽各种各样的广告业务。一些优势突出、给客户提供部分服务的广告公司和销售媒介的专业服务型广告公司常采用这种组织结构。按产品和服务设置部门的广告公司常采用的组织结构如图10.3所示:

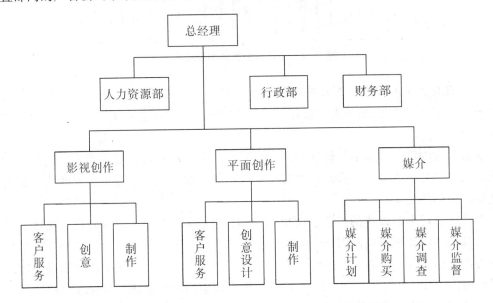

图 10.3　按产品和服务设置部门的广告公司组织结构

按照销售产品设置部门的典型是媒介购买公司,它是一个独立的组织,专门为广告公司和广告主购买广告时间或空间,如电台、电视台、报纸杂志、网络、公交广告、地铁广告、户外广告等。由于媒介形式的日益丰富,媒介购买成了一项日益复杂的工作。在这种情况下,广告公司或广告主可以承担媒体发布的战略策划工作,然后将实际购买时间和空间的任务交给媒介购买公司。下面是销售媒介的广告公司的组织结构图,如图10.4所示。

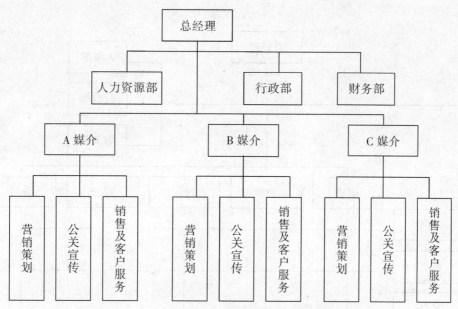

图10.4 按销售媒介设置部门的广告公司组织结构

　　按产品和服务设置部门的优点是：它使公司的注意力集中在产品和服务上，这对公司适应竞争激烈、日趋变化的市场环境非常重要，分部的业务流程相对完整，承担了公司的部分责任，便于以利润为目标的管理；业务管理相对简单，部门随产品和服务的增加而复制；便于培养高级管理人员。

　　按产品和服务设置部门的不足是：管理成本较高；分部权力较大，增加了总部的控制难度，各部门间因业务不同而难以平衡，如果分权及控制不当，会使公司的整体性受到破坏。

10.2.4　按矩阵组织设置部门的组织结构

　　矩阵结构（Matrix Structure）代表了围绕产品线组织资源及按职能划分组织资源二者之间的一种平衡。实质上，矩阵结构是对两种部门化形式（职能部门化和产品部门化）的融合（如图10.5）。矩阵模式有时也称为"项目组织"，它融合了职能部门和跨职能部门团队的特点。整合营销传播的计划和执行工作就是由不同跨职能部门的客户团队承担的，整合工作的领导者是协同作业的组织者，采用矩阵结构，引导不同领域的专家协同开展工作。

　　矩阵式结构适用于以下情况：

　　（1）产品线之间存在着共享资源的压力。该组织通常呈中等规模，拥有中等数量的产品线。在不同产品共同灵活地使用人员和设备方面，组织有很大压力。

　　（2）环境对两种或更多的重要产品存在要求。当环境一方面要求专业技术知识，另一方面又要求每个产品线能快速作出变化时，就需要矩阵式结构的管理。

　　（3）组织所处的环境条件是复杂和不确定的，要求组织能迅速应变。频繁的外部变化和部门之间的高度依存，要求无论在纵向上还是横向上都要有大量的协调与信息处理。

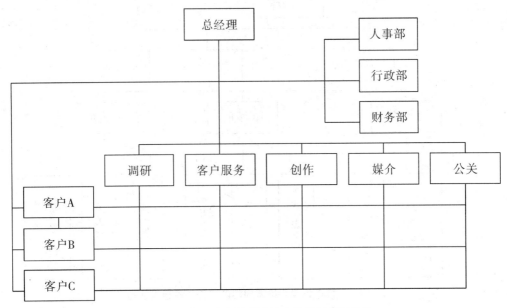

图 10.5　按矩阵组织设置的广告公司组织结构

　　这种团队中拥有不同知识背景的人员、专家以及丰富的信息资源。在这样的氛围里，各种想法都可以得到整合。由此可以看出这种架构的优势：①节约人力资源，研究表明，一般用这种管理模式的企业能比传统企业少用20%的员工；②层级结构加水平结构，有助于遏制部门主义倾向；③垂直结构和层级结构并行，使组织同时拥有职能部门专业知识的深度和水平结构之间各营销手段整合的宽度；④专家既归属于某个职能部门，又跨越职能部门和各自的专业进行合作；⑤各领域专家一起工作，能更好地进行部门间的沟通，且容易产生更多的创意，而创意的所有权归大家所有，克服了专家纷争的陋习；⑥团队的协同工作能产生更合适的媒体组合。

　　矩阵组织的主要不足在于：它会带来混乱，使组织产生争权夺利的倾向，并给员工带来较大压力。命令统一性消除后，模糊性就大大增强了，这样就容易导致冲突。例如，谁向谁汇报工作常常不清楚，产品经理经常为得到出色的专家而展开争斗。官僚组织通过制定工作规则而减少了权力斗争的可能性。而在矩阵组织中，这些规则富有弹性，因此职能部门主管和生产部门主管之间的斗争就不可避免。对于渴望安全感，却因工作中的模糊性而得不到安全感的员工来说，这种工作环境会产生压力。员工向多个上司汇报工作会带来角色冲突，模糊不清的角色期待会导致角色模糊。官僚组织中一切都可预测的安全感不见了，取而代之的是不安全感和压力增加。

10.2.5　按地区设置部门的组织结构

　　对于公司业务在地理上分散的公司来说，按地区划分部门是一个较为普遍的做法。许多全球性跨国公司或全国性的广告公司，往往采用按职能划分和按地区划分相结合的组织结构。

2005 年 12 月 10 日，《外商投资广告企业管理规定》出台之前，我国政策不允许外商成立独资广告公司，来华的跨国广告公司只能在国内设立合资公司。他们大多选择在北京或上海设媒介部、客户服务部、市场部，而创作部设在中国香港或中国台湾。在国内一个城市注册一个合资公司，在其他大城市设立分公司，几个分公司既是一个整体，又有相对的独立性。在业务上有所分工，也有配合。这些公司代理的外商客户在国内的合资公司总部可能设在不同的城市，因而这些广告公司按客户总部在哪里，公司的客户服务人员在哪里的原则设立组织。

如图 10.6 所示，按地区划分部门提高了公司的办事效率，客户服务人员与客户在同一地区办公，既能加快沟通的速度，又能感受同一地区的文化，因而有更多的共同语言。尽管现代的通信技术在传达双方的意向时不会迟滞和误解，然而在更多情况下，双方业务人员面对面地交谈会达到更好的传播效果。在经济上，与客户在同一地区办公更能节省成本，因为客户要参与他们的广告活动，他们会感到广告公司离他们越近，他们工作越方便。

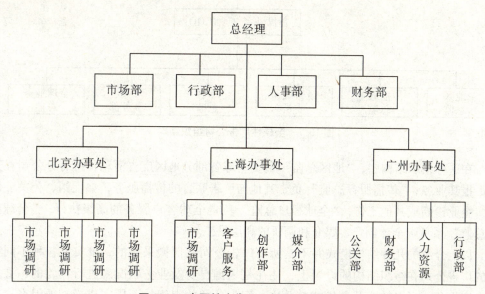

图 10.6　全国性广告公司部门的组织结构

按地区划分部门的缺点是增加了广告公司管理的难度，使业务小组不能快速地面对面讨论；另外按地区划分部门对部门主管的素质有更高的要求，他们要有很强的理解力和表达能力，才能很好地和异地的同伴协同为客户提供服务。

10.2.6　跨国广告公司的组织结构

大型全国性广告公司通常也是国际广告公司，他们在世界各地的主要传播中心均设有办事处或分支机构，在必要时可以为自己的客户提供国际化或全球化服务。

跨国广告公司的发展，主要得益于跨国集团客户的需要。许多跨国大品牌大客户，往往在其母国与代理广告公司签订合约时，就有"全球捆绑"协议。他们需要广告公司为他们分布在全球的品牌服务。以宝洁为例，它是世界上最大、最有影响力的消费者广告主之一，单在美国境内一年的广告费就超过 27 亿美元，但其一多半的销售额来自海外。宝洁的销售已经覆盖全世界约 140 个国家。从全球来看，宝洁广告业务分别由盛世长城、李奥·贝纳（Leo Burnett）、阳狮（Publicis）和精信（Grey）四家广告公司代理，前三家都为全球排名第四的 Publicis Groupe 集团所有，精信属于世界排名第二的 WPP 集团，两者均为著名的跨国广告集团公司。为跨国集团服务要求广告公司有雄厚的实力和全球服务网络。合理的组织结构也是决定跨国公司稳定发展的重要一环，如图 10.7 所示：

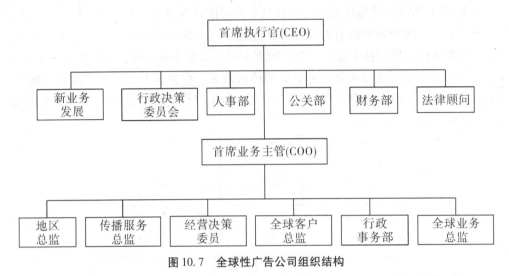

图 10.7　全球性广告公司组织结构

在这种组织结构中，"地区总监"负责全球各部分地区广告活动，所有分公司在这里汇报其业务；"传播服务总监"负责其他与广告联合的传播服务，如促销、公关、设计、企业诊断或其他工作；"全球客户总监"负责全球客户服务的高级执行；"全球业务总监"系负责全球创意、媒介和调研的高层员工。

以上介绍的几种结构模式并不是所有广告公司都照搬采用的，事实上各种不同类型的广告公司在组织结构的设置上，往往是根据自身及业务状况来进行设置的，甚至一个广告公司可以结合几种模式。总之，广告公司的组织从不墨守成规，须因客户的需求随时调整公司组织。

10.3　广告公司的组织职责

在广告公司组织中，人事部、行政部、财务部这些部门的职能与其他类型的经营组织的相同部门一样。而广告公司区别于其他企业组织的是其业务部门。虽然因公司情况不同，组织结构设置有不同，但无论什么类型的公司在业务运转中，都有三个部门是不可缺少的，即客户服务部（Account Servicing）、创作部（Creative）和媒介部（Media），并以这三个部门为主实现广告公司的"产品营销"全过程。现在随着市场的规范和竞争的激烈，许多广告公司都强化了其调研能力，在公司主干业务部门中又专设了调研部。

10.3.1 客户服务部

客户服务部有的也称业务部，其主要职能是业务及客户资源的开发，负责与客户的联系沟通，并为客户的广告活动进行策划、管理及支配广告公司的内部资源。在广告公司里，客户服务部是龙头，其他部门都是在其带领下围绕客户服务展开工作的。

在 4A 广告公司中，客户服务人员分为三个层次：客户总监（Account Director）；客户经理（Account Manager）；客户执行（Account Executive，以下简称 AE）。

由于在广告公司组织中的 AE 角色具有非常重要的地位，故我们特别加以介绍。

在美国企业界盛行一种商品一个代理店（One Product One Agency）的做法，实际上应当是一种商品一个 AE（One Product One AE）。一种商品一个代理店和一种商品一个 AE，其意义迥然不同。日本采用的是一种商品一个 AE 制度，每种商品有品牌经理（Brand Manager 或 Product Manager），品牌经理和广告代理业 AE 共同研究广告作业。如图 10.8 所示：

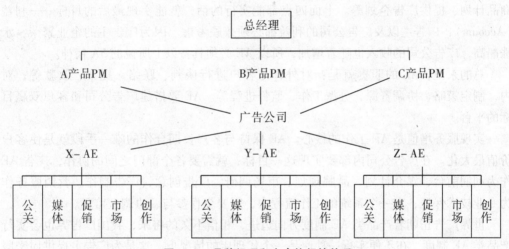

图 10.8　品牌经理和客户执行的关系

广告主的各主要产品都有一个产品经理（PM），假定某广告主有 A、B、C 三种主要产品，那么就有 A、B、C 三个 PM，广告公司也跟着有 X、Y、Z 三个 AE，就是一个 AE 跟着一个 PM。换言之，一个 AE 负责一种产品的广告。在该 AE 下有创作人员、撰文、美术、市场活动人员、销售促进人员、公共关系人员、媒体人员等，为该产品从事广告工作，这是日本正在实施中的产品类 AE 制度。在这样的 AE 制度下，广告主的产品经理 PM 与 AE，同心协力，共同推行广告计划，广告主的事业成败，与 PM 和 AE 息息相关。

那么，究竟什么是 AE 呢？AE 是广告主与广告公司之间的联络员，其职责是开发广告业务，检查并督促广告服务，负责客户与公司之间的沟通和联络。AE 在广告公司中的角色是相当关键的，广告公司的 AE 甚至由业务经理或总经理、副总经理、创作总监、策划部经理等担任。

AE，并不只是"拉业务"那么简单。他要熟悉销售、市调调查、企划、设计、制作、媒体等方面的专业知识，也要有良好的人际关系处理能力和准确的判断力。

一个真正的 AE 需要具备五个 A，即 Analysis，Approach，Attach，Attack，Account。第一个是 Analysis，即分析，要分析做的广告业务，要分析广告商品情况，要分析商品推销情况，还要分析广告负责人的生活情况以及思想情况，他必须对这些问题一一加以分析。第二个是 Approach，即接触，他必须和广告作业的人接触，更重要的是必须和更高的经营层接触，因为他是一个联络员，虽然和现场作业人员经常在一起，不过现场作业人员并不一定了解广告主的整个企业状况，所以他必须经常和经营者接触，从他们的谈吐当中，了解商品和整个企业的情况。第三个是 Attach，就是和广告主联系的程度。如果和广告主负责广告的人员太亲密的话，便成为私人的交易，就无法为公司争取利益，也无法为广告主争取好的广告效果。与人接触固然重要，但不得忘记对工作 Attach 的精神。第四个是 Attack，就是攻击，在广告作业方面，广告主不一定对广告了解，了解最清楚的却是广告公司的人，AE 就是广告公司的代表，因此 AE 如果受广告主操纵的话，做出的广告就没有风格，所以 AE 必须采取主动，必须向广告主提供商品计划、提供广告企划等。上面四点都能实行的话，就能实现最后的目标——利益（Account），广告主以及广告公司的利益都必须兼顾考虑。因为广告主的企业繁荣，水涨船高，广告公司的收入也随着增加，所以 AE 必须具备以上所说的 5A 精神。

总的来说，AE 的职责就是：对外，与客户进行谈判、联络、提案、收款等；对内，制定策略、协调资源、分派工作、监督进程等。AE 要搭建广告公司和客户双赢目标的平台。

实现服务增值是 AE 工作的核心。AE 保持与客户长期合作的唯一手段就是使客户价值最大化。在广告公司内部要实现这一目标，就需要各个部门之间的协作，广告 AE 作为利润前台，媒介计划、品牌规划、市场调研、广告创意、广告制作、营销服务作为专业技术保证，在一个系统的工作流程中，需要全程参与、协调、监督。

世界广告正朝着产品类 AE 制度方向迈进，相信不久的将来，我国广告界也会实行产品类 AE 制度，在不便实行一种商品一个代理店的情况下，这是为广告主提供周密服务的最适宜的途径。

10.3.2 创作部

广告公司的工作不属于简单操作或重复操作性工作，而是具有独立性、创新性、技能性的独特工作，它完全是依靠广告公司中人员的智能与创造来维持其存在和不断发展的。

美国《现代经济词典》中将广告公司界定为"以替委托人设计和制作广告方案为主要职能的服务性行业"。可以看出，广告公司是以专业技术为客户提供广告产品的，其专业技术部门就是创作部。广告公司主要的任务就是把自己的创意产品卖给客户，因而创作部可称为广告公司的核心部门，是广告公司的灵魂和大脑。具有很高的广告创意往往是客户认可的主要因素，也是广告公司参与竞争的主要利器。

通常在广告公司中，属于创作部这一范畴的还包括策划、创意、设计、制作等部门，整体负责广告创意及广告制作工作。

这一部门采用小组制，根据不同的广告主和商品开展业务。在结构上创作部主要有：①策划创意总监（Creative Director），主要负责总体协调广告作品的策划和创意，并最终审定广告作品制作。其下会视人手而分为若干组，每组由文案写作（Copy Writer）、美术设计（Art Director）构成，共同构思广告。②制作人员（Producer），包括电视制作（TV Production）、平面制作（Print Production）、画房（Studio）及平面统筹（Traffic）四个小部门。电视制作部设有监制（Producer），负责电视广告的统筹，但实际上广告拍摄由广告制作公司负责；平面制作部设有平面制作经理（Print Production Manager），主要负责跟进平面广告的印制工作；画房设有绘图员（Visualizer）、计算机绘图员（Computer Visualizer）、正稿员（Artist）等；平面制作统筹（Traffic Coordinator）则负责统筹平面制作事宜。

一般广告公司中少有影视拍摄部门，大多是联系专业的制作公司完成作品，故此类部门在一般广告公司中不存在。

10.3.3　媒介部

当设计制作完成以后，广告公司的产品就要在各种媒体上进行刊播，通过大众传媒的信息传达发挥广告的作用。媒介部主要为客户建议合适的广告媒体（如电视、报纸、杂志、海报、网络、直销等），制订最为有效合理的媒介计划，为客户与媒体争取最合理的收费，落实购买，并监督实施情况。

一般而言，营销商预算中最大的一部分用于购买媒体，因此媒体策划与购买部门肩负着重任。

一般情况下，广告公司的媒介工作分为四个部分：媒介计划（Media Planning）、媒介购买（Media Buying）、媒介调查（Media Researching）、媒介监督（Media Monitoring）。

以上四项职能中，媒介计划是核心指导，媒介策划人员按照客户服务、市场调查及媒介调查人员提供的信息作出有利于品牌或企业传播目的的媒介发布计划，也就是怎样通过电视、广播、杂志等媒介的组合，以最低的成本辐射到尽可能广泛的目标消费者。他们的研究与分析工作产生的结果就是媒体计划。媒体计划的格式酷似日程表，规划了各种广告推出的时间与地点。媒体计划的有效性可以通过多种途径加以衡量，并由媒介购买人员去实施。

媒介调查人员关注媒介的特点、收视率或发行量、竞争产品在媒介上发布的时间、费用、频次等。一方面给计划人员提供参考和建议；另一方面反馈给其他相应部门，调整客户的广告策略或预算。媒介调查常外包给一些专门的媒介调查公司。

媒介监测是给予公司广告发布情况的关注，监测媒介是否按与公司的广告协议准时发布广告，以免漏播或误播而造成广告损失。

媒介部的工作层级由媒介总监（Media Director）、媒介经理（Media Manager）及媒介执行（Media Planner，Media Buyer，Media Researcher 等）组成。

10.3.4 市场调研部

"广告公司往往非常看重广告的制作，他们请电影导演来做，最后导致的结果就是广告看起来非常漂亮，而观众却没有记住是什么产品。此外，广告失败的另一个重要原因就是缺乏与消费者之间的沟通。"益普索集团旗下 Ipsos - ASI 的首席执行官吉姆·汤普森（Jim Thompson）说的这些话恐怕能够得到目前很多从事传播行业的人士的共鸣。

一个广告的完成要经过创意、制作、发布等多个环节，其中的每一个环节都有可能出现偏差，如果出现广告与品牌诉求不一致就会使企业的广告费浪费掉，因此汤普森建议，在广告制作的每一个环节中都需要主动与消费者进行以调研为基础的沟通，而这种调研也应该是一个贯穿始终的长期过程。

随着广告公司的发展以及工作的规范化，市场调研在广告公司的地位越来越高。而客户对市场调研也越来越重视。市场调研部已经慢慢成为广告公司不可缺少的部门。它的工作贯穿整个广告活动的始终，从事前对产品、消费者、市场的调查分析到广告活动中、广告活动后的效果调查等；还要负责对广告行业的信息搜集和分析，确定广告客户目标。

调研部除了做本公司代理产品的市场调查外，还要收集媒介对公司代理产品和对客户的反应、主要竞争对手在市场上的活动、竞争对手的广告创意和媒介表现等方面的情况。

市场调研部通常设有市场调研总监（Research Director）、调研经理（Research Manager）、调研执行（Research Executive）。

如果是非常大的调研项目，市场调研部可以负责联系和监测专业调查公司完成。例如：上海 AC 尼尔森市场研究公司在中国主要提供三大市场研究服务：零售研究，研究覆盖全国主要城市和城镇的 70 多类非耐用消费品；专项研究，包括一些独创的研究工具，如预测新产品销售量、顾客满意度研究（Custorner QTM）、测量品牌资产的优胜品牌（Winning Brands TM）以及广告测试服务，最近还推出了在线研究服务。其提供的电视收视率数据和报刊广告费用监测已成为媒体和广告行业的通用指标，其研究范围覆盖了全国超过 75% 的广告市场。

10.4 企业内部广告组织的结构

广告公司一般根据自己的服务范畴、地理范围、业务类型来进行分类。无论是哪种模式，它的组织结构都基本是前一节交代的几种模式之一或者组合。

但有一种比较特殊的广告组织需要特别介绍，它就是企业内部广告组织即广告部，欧美一些企业也称之为专属广告公司，如贝纳通公司就设置了这个机构。它的职能就像一家独立的全面服务公司，也包括创意、制作、媒介发布、宣传和促销。它是由广告主设立的从属于广告主的整体管理与组织结构，受制于广告主对广告的认识。

设立这样的组织是因为广告主希望通过减少日常经费、保留媒介代理费和省去外部购买差价的方式来节省资金，也有广告主认为自身的广告部门更用心，他们非常了解本公司的产品和市场，能够听从公司统一的调配。在企业的营销活动中，广告部承担的责任是十分重要的，但是它并不能取代专业广告公司，因为专业广告公司的专业性、客观性以及给予的附加服务是内部广告部门不可比拟的。广告主会把监督的责任交付给本公司的广告部门，而把策划创意制作等业务委托给外界的专业广告公司。

以宝洁为例，公司拥有 300 多种消费者品牌，公司希望这些品牌在公司内部彼此竞争。管理部门认为，如果它能在市场上保持多个品牌而不是少数的话，就可以为特定的产品获得市场占有率。宝洁仅强力洗涤剂就不下十种。为谋求保住市场份额这一目标，较为流行的做法是指定一位品牌经理。始于 1929 年的"品牌经理制"便源于宝洁公司。

在品牌经理的管理下，各品牌一般都有自己的广告代理和独立的广告预算，品牌经理之间相互激烈竞争，他们也与外部公司竞争。实际上，品牌经理就是某一品牌的市场营销经理，能作出该品牌广告的大部分决定。公司的广告部总经理因而可以管理一个相对完整的机构，负责政策的制定。

虽然品牌管理是一种流行多年的组织形式，但近来也有所改变，最明显之处是在品牌经理之上又增设了一个管理层，以便产品品种间更好地合作。比如宝洁公司的皂类及洗涤品部门，最初它被分为三个种类管理小组——洗碟剂、洗涤剂和特制品，同一品种的每个品牌均有一位品牌经理和一位广告经理。这种组织体系通常被叫做品种管理体系，如图 10.9 所示：

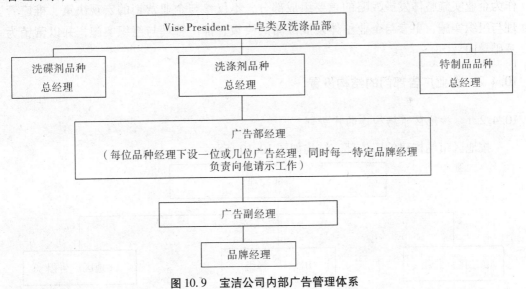

图 10.9　宝洁公司内部广告管理体系

其好处在于：

（1）品牌经理可以更专心于广告战略，减少对广告细节的关注；

（2）广告是一种复杂的东西，但现在可由一位专家来处理；

（3）公司可以以品种的形式向零售贸易商展示产品，而不必使每个品牌孤立地去竞争。

10.4.1 企业广告部门的管理隶属关系

10.4.1.1 隶属于企业的行政管理部门

作为企业行政管理部门的一个分支机构，这种广告管理模式，显然是基于企业广告的宣传功能定位。在这种广告管理模式下的企业广告组织，主要是履行企业广告宣传、新闻宣传、公关宣传等方面的职能，只是作为企业的行政职能部门而非业务职能部门而存在。

10.4.1.2 隶属于企业的销售部门

其功能定位于销售配合，这是目前国内外企业采用得最普遍的一种广告管理模式。在这种管理模式和组织下，企业的销售总管也就是企业的广告主管，与企业销售组织的其他部门互相配合，相互支援，共同为企业的销售服务。这种模式有两种不同的管理组织类型：一种是以市场为基础的管理组织类型；另一种是以产品为基础的管理组织类型。

10.4.1.3 直接隶属于企业主管

在这种模式下，企业广告部门同时参与生产、销售、人事、财务等几大职能部门的宏观决策和组织管理。此时的广告部门，不仅作为企业营销的重要推广组织，而且作为企业实施整体发展战略的重要组成部分，不仅参与企业营销的宏观决策、推广管理与组织实施，更参与企业整体发展战略的决策、推广管理与组织实施，并以营销为基础导向。

10.4.2 企业广告部门的结构设置

10.4.2.1 按地区市场构建的广告部

按地区市场构建的广告部，结构如图 10.10 所示：

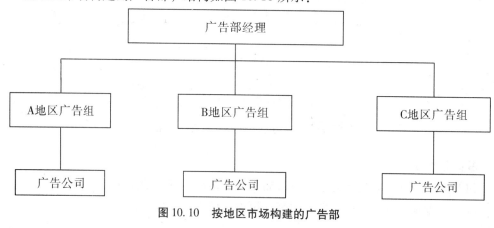

图 10.10 按地区市场构建的广告部

10.4.2.2　按产品类别构建的广告部

按产品类别构建的广告部，结构如图 10.11 所示：

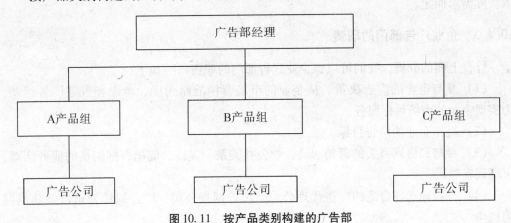

图 10.11　按产品类别构建的广告部

10.4.2.3　按媒体类别构建的广告部

按媒体类别构建的广告部，结构如图 10.12 所示：

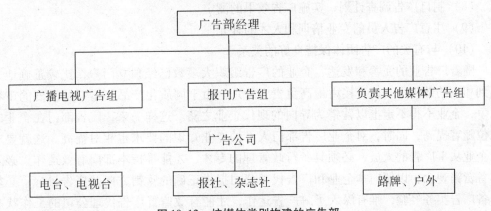

图 10.12　按媒体类别构建的广告部

上述销售配合型的几种不同广告管理与组织结构模式各有优势，其共同优势则在于注重广告对企业销售的配合，在于能更好地把握和发挥广告的销售力和直接的销售效果。但也存在明显的不足：一是由于过分强调广告对销售的配合，影响企业广告的长期规划管理，不利于企业整体形象推广和品牌体系的建立，不利于广告对企业长远发展战略的配合；二是由于管理与执行层次过多，导致企业广告宣传的零乱与分散，影响企业广告宣传的整体效果，并会造成各品牌、各阶段、各市场广告宣传的较大无计划投入。

从另外的角度看，广告部可分为中央集权式和地方自治式两种方式。所谓中央集权式，即不管拥有多少品牌、多少种类的产品，都由同一个广告部统一负责办理广告事务。所谓地方自治式，即企业不同产品或品牌拥有各种独立门户，比较正确地归属到相应的部门之下，或直接由最高负责人管理。

无论有多少种类型，综合起来，广告主的广告部门为了完成横向沟通（即企业内部跨部门的沟通）和纵向沟通（即在本企业与广告代理公司沟通）的职责，其类型多依实际需求而定。

10.4.3 企业广告部门的职责

综合上面的分析，我们可以将企业广告部门的职责归纳如下：

（1）参与企业的广告决策。从企业的市场营销战略角度，考虑和策划广告活动，为实现企业的市场目标服务。

（2）提出企业的广告目标。

（3）参与和协调有关的营销活动，如公共关系、宣传、促销、推销员的业务活动、市场调查等。

（4）有效地选择合适的广告代理公司、广告调查公司、广告制作公司以及其他促销机构。

（5）制订广告预算方案，对广告预算精心管理，有效利用。

（6）选择广告对象、广告主题和诉求点，参与广告作品的制作。

（7）选择媒体，并注意对媒体的利用和管理。

（8）制订广告调查计划，实施广告效果的测定。

（9）注意广告人员的专业培训和人才的补充。

（10）与有关的广告团体保持良好的关系。

随着广告业的完善和发达，企业的广告组织大多数已经独立门户，比较正确地归属到相应的部门下，或直接由最高负责人管理。由于同质化产品剧增以及激烈的市场竞争，企业不得不走上以营销为导向的现代企业之路。这样一来，广告部门在企业的地位随着提高，同时，对企业广告部门人员的专业知识的要求也相对提高。这就要求在企业从事广告的人员，必须具备行政管理的专才，才能维持本部门有效运作；必须具备营销观念，以便向本企业和广告代理公司提供正确的营销方向及广告目标；必须具备广告实务经验，唯有深入了解广告运作，才能有效监督广告代理公司的工作状态及效果。

本章小结

作为行业组织之一，广告组织具有不同于一般组织的行业特点。广告组织是为了对广告工作实行有效管理，以便更好地完成各项广告业务而设立的对广告活动进行计划、实施和调节的经营机构。

经过多年发展，广告公司的客户所面临的商业环境的复杂程度已不可同日而语。简单的产品演变为多层面的品牌，制造公司也已让步于营销带动型公司，而营销对于其生存的重要性也与日俱增。同时，传播信息的渠道也更加复杂化。消费者通过广播、电视、电缆和卫星能够接触到数百种信息传播渠道。可供人们阅读的报纸、杂志有上千种之多，网站更是数以百万计。广告无处不在，公司也更需要寻找适于自己的商机。

广告市场活动中，主体呈多元性质。广告组织与广告人以及广告管理机构一起组成了广告市场活动中最重要的主体因素，缺一不可。广告组织中各部分功能和作用的发挥，直接影响到广告市场的发育成长、广告活动的成败优劣和广告专业化水平的高低。当前，我国广告业正从起步阶段走向发展，同时也面临着一些问题与困难，广告组织的理论也需不断摸索、改进。

思考题

1. 广告公司按照功能分为哪两类？这两类又分别含有哪些类型的公司？
2. 广告公司的业务范围有哪些？
3. 广告公司的组织结构包括哪些类型？
4. 什么是 AE？一个真正的 AE 需要具备哪 5A 精神？

本章参考文献

［1］何海明. 广告公司的经营与管理［M］. 2 版. 北京：中国物价出版社，2002：45 - 46.

［2］赵杰. 广告经营管理术［M］. 厦门：厦门大学出版社，2000：32 - 35.

［3］卫军英. 广告经营与管理［M］. 杭州：浙江大学出版社，2001：66.

［4］樊志育. 最新实用广告［M］. 北京：中国友谊出版社，1995：86 - 88.

11　广告媒体及策略

本章提要：

广告媒体是广告构成的基本要素之一，在现代广告活动中，广告信息必须借助于广告媒体来进行发布和传播。可以说，没有媒体来承载信息，广告就不能存在。本章主要针对现代社会各种广告媒体的特点进行分析，并以此为前提确定广告媒体策略。

11.1　媒体概述

11.1.1　广告媒体的概念、特性与功能

媒介（media）是指使两者之间发生某种联系的物质和非物质的中介，包括所有看得见或看不见的传播中间物；媒体指交流、传播信息的工具，其范畴要小得多，只是人们通过眼睛可以看得见的传播物。也就是说，媒体是媒介的组成部分。

自人类社会出现广告起，广告与媒体就密不可分地联系在一起，任何广告都必须依赖于一定的媒体存在，并通过媒体进行传播。人类广告业发展的历史实际上也就是广告媒体的发展历史。可以说没有广告媒体，广告的目的也就无法实现。

11.1.1.1　广告媒体的概念

广告媒体指传播广告信息的中介物，是传递广告信息以达到广告目标的一种物质技术手段。或者说凡是能看到广告作品，并实现广告主与广告对象之间的联系的可视物体，均可称为广告媒体，它是信息的一种载体。

11.1.1.2　广告媒体的特性

广告媒体的特性指媒体的物质属性和功能属性。不同的广告媒体有各自不同的特性，但总体而言具有以下共同特性：

（1）传达性。广告媒体要适时、准确地传送广告信息，根据广告计划来安排广告发布时间，如实传达广告内容。传达性是广告媒体的最基本特性。

（2）时间性。不同媒体传播信息的传播效果长短、传播速度快慢各不相同，如电子媒体就比印刷媒体传播广告信息的速度快。因此，广告主在制订广告计划时要依据产品的特点及市场营销策略要求，选择不同媒体传播。

（3）空间性。不同媒体具有占据不同空间的特性，如报纸与杂志的空间性体现在

其版面的大小与位置的安排上，而可视性媒体的空间性则表现在其放置的具体地点与场所上。不同空间的差异性选择直接导致传播效果的不同。

（4）适应性。广告主可以根据信息发布的范围、受众多少、地区远近、对象阶层、时间长短以及速度快慢等不同要求，选择具有不同适应性的广告媒体，以提高信息传播效果。

以上是广告媒体的共同特性，由于不同广告媒体又具有各自不同的属性，因此本章在后面几节对不同媒体的特点进行了详细阐述，便于读者了解如何选择最优的广告媒体组合。

11.1.1.3　广告媒体的功能

（1）传播功能。广告的基本功能就是传递商品信息，广告媒体只有适时、准确地传达广告信息，使目标受众看到、读到或听到，才能实现企业预期的广告目标。

如图 11.1 所示的禁烟广告便很好地向受众传达了吸烟危害环境、不利于人类生存发展的理念。

图 11.1　禁烟广告

资料来源：http://image. baidu. com/i？ ct ＝503316480&z＝0&tn＝baiduimagedetail&word ＝％BD％FB％D1％CC％B9％E3％B8％E6&in＝16492&cl＝2&lm＝－1&pn＝16&rn＝1&di＝ 46820281053&ln＝1&fr＝&fmq＝&ic＝0&s＝0&se＝1&sme＝0&tab＝&width＝&height＝ &face＝0&fb＝0

（2）吸引功能。人们在接触媒体时会表现出一种选择性，这种选择主要是根据媒体对它是否具有吸引力来判断的。为此广告媒体必须具有一定的吸引力，通过媒体自身的吸引力，把广告信息传送到目标受众的视听范围。

（3）服务功能。广告媒体一方面要根据自身的特点为广告主、广告经营单位提供优质服务，向广大受众提供真实有用的信息；另一方面还要适应广告主的不同目的和要求，具有机动性和灵活性，在发布时间、版面安排、时间长短、速度快慢等方面尽量满足客户的要求。在我们日常生活中，这类广告比比皆是，最为典型的就是在报纸、杂志上刊登的招聘、出租、商品信息等。

11.1.2 广告媒体的分类

广告媒体分类的意义在于对各种媒体的特点有一个概括性的初步了解，这也是选择媒体运用的重要依据之一。广告媒体按照不同的分类标准可作出不同分类，下面介绍几种常见的分类方法：

11.1.2.1 按媒体的物质属性分类

这是最常用的媒体分类方法，它可分为：

（1）印刷品媒体。如报纸、杂志、书籍、传单等。

（2）电波媒体。如电视、广播、手机、网络等。

（3）邮政媒体。如销售信、说明书、商品目录、订购单等。

（4）户外媒体。如广告牌、橱窗、招贴、交通工具、霓虹灯等。

（5）销售现场媒体。如店内广告、货架陈列、门面幌子等。

（6）其他。如气球、建筑物等。

11.1.2.2 从媒体传播信息的有效期限分类

（1）长期广告媒体，指媒体本身使用时间较长，不会轻易更换或被淘汰。这类媒体一般具有使消费者主动或被动保留或收藏的特性，如印刷广告中的杂志、书籍、说明书等。

（2）短期广告媒体，指使用或传播时间较短的媒体，如报纸、橱窗、海报等。

（3）瞬间广告媒体，指信息在上面转瞬即逝的媒体，如电视、广播等媒体。

11.1.2.3 从接受者的感觉角度分类

（1）视觉广告媒体。如报纸、杂志、海报、橱窗、交通工具等。

（2）听觉广告媒体。如广播、电话、叫卖等各种形式的口头宣传媒体。

（3）视听觉广告媒体。这是指兼有视觉和听觉效果的媒体，如电视、录像等。

11.1.2.4 按发布广告的影响范围分类

（1）国际性广告媒体——包括一切国际间发行的出版物、国际间交通工具、出口商品的包装物等。

（2）全国性广告媒体——包括全国性电视台、广播、杂志、报纸等。

（3）地方性广告媒性——包括地方性电视台、广播、杂志、报纸等。

11.1.2.5 按媒体与广告主的关系分类

（1）他有媒体，又称租用媒体，指由广告主以外的其他部门经营的媒体，广告主使用时要付费。如报纸、杂志、电视、广播电台等广告媒体。

（2）自营媒体，又称自用媒体，指广告主自己设立的广告媒体，如招牌、霓虹灯、橱窗、传单等广告媒体。

11.1.3 广告媒体的历史演变

广告媒体是随着人类社会的发展及科技的进步而不断发展变化的，从古代的一些简单的传播媒体，如叫卖、招牌、酒幌、烽火等发展到后来的大众媒体。尤其是随着现代信息时代的到来，可以作为广告媒体的物质技术也越来越多，广告媒体的内容更是在不断变化发展。在这里，我们把广告媒体的发展分为以下几个阶段：

11.1.3.1　古代广告媒体

人类社会发展早期，商品交换形式比较简单，商业活动范围也很狭窄，所采用的广告媒体都比较原始和简单。在古代，最常用的一种广告形式是"叫卖"，商贩们常以走街串巷的叫卖形式来招徕顾客；另一种常用的广告形式是以实物、旗幌或招牌来招徕顾客，如卖扫帚的店铺挂一把扫帚，卖灯笼的铺子挂一盏灯笼，卖酒的店铺挂一个酒葫芦等，以此作为标志介绍店铺所经营的内容。

从当时媒体的主要特点来看，大多是相对静止的（叫卖广告除外），广告的内容和表现形式都非常简单，广告的传播、影响范围也很有限，如图 11.2 所示：

图 11.2　古镇酒楼的仿古酒旗

资料来源：来自网络，经作者整理。

11.1.3.2　近代广告媒体

进入近代社会后，商品市场的扩大和激烈的自由竞争为广告业的发展提供了契机，对于广告媒体而言，最大的一个特点就是媒体大众化，形成这一特点的标志是报纸、杂志这两种大众传播媒体的兴起。自人类第一张印刷报纸出现以后，报纸与随后出现的杂志便一同登上了广告媒体舞台，并一举成为广告媒体最重要的组成部分。

11.1.3.3 现代广告媒体

随着科技的进步，广告媒体也日益丰富，新的高科技成果正不断地在广告媒体上得到应用，使广告媒体朝电子化、现代化和艺术空间化的方向发展。目前，广告媒体有数百种，而常用的广告媒体也达几十种。

目前，广告媒体的科学组合运用，已引起国内外广告主和广告从业人员的日益重视，使得广告媒体组合的运用也日渐凸显出重要性。

11.2 常规媒体的特色与发展趋势

传统的四大媒体包括报纸、杂志、广播、电视。若将这四种传统广告媒体以消费者所能感受到的广告视觉冲击来划分，又可将其分为平面媒体和电波媒体两类，下面具体介绍这两类常规媒体。

11.2.1 平面媒体

11.2.1.1 报纸

报纸是以刊载新闻和新闻评论为主的定期的、用印刷符号传递信息的连续出版物，一般以散页形式出现。从发行范围来看，报纸有全国性、区域性、地方性之分；从内容来看，有综合性、专业性之分；从出版周期来看，有日报、周报、月报之分。

相比其他广告媒体，报纸具有以下优点：

（1）传递信息速度较快、时效性强。报纸的固定发行渠道和明确的发行对象，使得报纸在刊印出来后能迅速通过邮电部门投递到读者手中，这为报纸的迅速传播和时效性奠定了牢固的基础。

（2）受众面广且稳定，影响面宽。报纸是深受人们喜爱的新闻传播媒介之一，因此有其固定的读者层面，而且这个层面涉及范围很广，同时使读者对报纸形成一种信赖心理。在这种情况下，报纸广告也就被赋予了权威性意义，从而为报纸广告的有效传播提供了保证。

（3）报纸版面多，容量大，编排灵活。版面多是报纸在信息传递方面的又一重要特点，这一特点决定了报纸的信息刊载量大，对于广告主而言就有更充足的空间可以利用。此外，报纸还可运用特殊的版面语言，如空间位置、字符、线条、色彩，以及图片和文字的巧妙布局等方式来加强某个信息，吸引读者阅读，增强视觉效果。例如成都某房产公司在报纸上刊登的一则广告，如图11.3所示。

图 11.3   成都某房产公司在报上刊登的广告

资料来源：来自网络，经作者整理。

（4）选择性强，便于保存。报纸的发行区域和发行对象十分明确且相对固定，这为针对不同的受众对象选择不同的报纸作为刊布广告的媒介提供了极大方便，如产品的专业性特别强，则可以选择专业性报纸作为广告媒介。同时，报纸具有电视、广播等媒介无法比拟的一个优点就是它不会转瞬即逝，易于长期保存，便于日后重新翻阅核查。

报纸媒体除具有以上优点外，其自身又存在一定的缺陷，主要表现为：

（1）报纸版面众多，广告的被注意率往往随内容的庞杂而下降。据有关方面统计，报纸版面越多，容量越大，广告效果越差。因此，尽管报纸版面多、容量大为广告宣传提供了方便，但广告效果的下降往往又不可避免。

（2）发行方面，由于报纸出版频繁，因此每张报纸发挥时效性的作用都受到一定限制，这在一定程度上会影响商品的广告效果。

（3）对于文化程度很低的人，报纸的广告效果就不太理想，甚至没有效果；同时对于理解能力差或缺乏读报兴趣的人，广告效果也不佳。

对于报纸媒体的这些缺点，可以采取适当的方法弥补，如通过扩大广告版面，加强设计感染力，提高印刷效果来增强报纸广告的吸引力、提高阅读率等，从而提高广告效果；另外也可以采取恰当的媒体组合方式予以弥补。

11.2.1.2 杂志

杂志也是一种以印刷符号传递信息的出版物，属于视觉平面媒体的一种。杂志的种类从出版时间上看，有周刊、月刊、季刊、年刊和不定期刊物等；从内容上看，有专业性杂志和综合性杂志。

现在，杂志作为一种大众传播媒体已在社会生活中享有广泛的影响力，它作为平面广告媒体所拥有的优势是：

（1）读者对象确定，选择性强。每种杂志的读者对象几乎是固定的，尤其是专业性杂志。虽然从受众范围看比不上报纸，但杂志特别适合做对于传播对象明确、传播目标确定的广告宣传，广告杂志比报纸有更强的选择性。

（2）印刷精美，有利于吸引读者。杂志的印刷比报纸精美，且大多选用较为优质的纸张，运用优良印刷技术印刷（图11.4）。因此，杂志广告效果清晰、颜色鲜艳、形象逼真，易于表现广告的良好形象，更易吸引读者。

图11.4　瑞丽杂志封面广告

资料来源：来自网络，经作者整理。

（3）有效时间长，便于阅读和保存。由于杂志印刷和装订精美，传阅率相对于报纸要高得多，易起到反复传播的效果。这也决定了杂志的有效时间比报纸要长，所刊登广告的有效时间也更长。

（4）可利用的篇幅多。一份杂志可作广告之用的有封面、内页、插页等，且广告的位置可机动安排，供广告主进行选择并施展广告设计技巧等。

（5）可信赖性较强。杂志广告受杂志本身信誉度等因素的间接影响，其广告的效果和可信赖度都较好，广告主可选择那些信誉较高的杂志作为首选媒体。

作为一种大众传播媒体，杂志也有其固有的弱点：

（1）周期长，传递速度较慢且时效性差，使广告难以收到立竿见影的传播效果。对于那些对时间要求很强的广告来说这是个致命缺陷，这一缺点限制了很多广告主对杂志的选择；但对于那些时效性不强的广告，这一弱点体现得并不很明显。

（2）杂志的专业性较强，读者面又比较固定，使得杂志的影响范围有限。

（3）杂志广告相比报纸来说印刷成本较高，再加上杂志的发行量一般比不过报纸，其平均成本也就相对较高。

11.2.2 电波媒体

11.2.2.1 广播

广播是利用电波传播声音的工具，它诉诸人们的听觉，通过语言和音响传达各种信息，唤起人们的联想。

广播媒体用于广告宣传，具有十分突出的优点：

（1）传播速度快，广告制作简单。利用电波传送的广播媒体，不需要经过复杂的制作过程，临时改动也很方便，它能配合营销活动及时传递信息，根据目标市场、广告对象和产品特点的变化情况及时调整广告内容，灵活性强。

（2）收听方便，费用低廉。无线电广播不但接收设备简单，而且不受时间、空间、气候等因素的影响和限制；不管何时何地，只要拥有一台收音机，你就可随时随地收听广播信息。

（3）易发挥听觉效果。广播媒体能充分利用语言及音乐的特点来吸引听众，带有现场感的音响及富有吸引力的美妙音乐，使人身临其境，获得特有的美感。

当然广播媒体仍有其局限性，主要表现在以下几个方面：

（1）信息稍纵即逝，无法查存。广播媒体由于受节目时间的限制，往往转瞬即逝且难以保存。而且，听众一般是在毫无心理准备的情况下接收广播广告的信息，难以形成记忆；另一方面，即使听众想接受某一广告信息，也不易找到播出的频道或时间。

（2）有声无形。广播广告靠声音来传送广告信息，使广告对象只有听觉印象，而无视觉印象，对商品的印象没有直观感受，从而影响宣传效果。

（3）听众分散。由于现代城市中大众传媒较多，广播的传播能力便相对较弱且听众分散，广告的宣传效果不能尽如人意，这使广播广告的使用受到一定程度的影响。

11.2.2.2 电视

电视是一种兼有视、听功能的现代化广告媒体，具有很强的表现力和感染力，所产生的效果也远远超过了其他广告媒体。

虽然电视媒体的发展较晚，但已成功成为当今非常重要的广告信息传播媒体之一。电视媒体的独特优点表现在：

（1）传播面宽，影响面广。电视媒体的覆盖面相当大，甚至全球都可同时收到同一电视信号。因此，电视广告信息可不受时空制约，传递迅速，使得电视媒体影响面广、诉求力强。

（2）视听结合，声形兼备。电视媒体将视觉形象和听觉形象集于一身，可综合性、立体化地传播广告信息，使其具有愉悦性和艺术感，电视观众可能会因受到强烈的刺激作用而产生购买行为。

（3）表现手段灵活多样。电视媒体视听结合的特性可以突出展现商品的个性，如产品外观、内部结构、使用方法、生产程序等。因此，电视广告可将广告意图予以最大限度的诠释以获得最佳广告宣传效果。

（4）具有一定的强迫性。电视广告一般是在精彩节目中间插入的，观众为了收看电视节目不得不接受一定数量的广告信息，即使观众不看屏幕，也能听得到广告声音。因此，电视媒体又具有强迫观众收看这一特性。

电视广告媒体的局限性主要表现在以下几个方面：

（1）时间较短，信息难以保存。一方面由于广告播出时间较短，难以使观众在首次收看时就留下清晰的印象；另一方面，广告内容也受播出时间的限制而不能充分展示产品各方面的特性，且不便观众事后查找，影响了广告的记忆效果。

（2）制作及播出费用较高。电视广告的制作要求很高，需要投入大笔资金，而电视广告播出的费用也比一般媒体要高得多，尤其是黄金时间的广告播出费用是一般小企业难以承受的。

（3）对象不易确定，选择性较差。电视媒体具有宽广的覆盖范围和广泛的传播对象，因此对于专业性强、目标市场集中的商品无法选择特定的广告对象，其效果也难以测定。

11.2.3　常规媒体发展趋势——面向特定观众

媒体市场竞争日趋激烈，四大常规媒体更是面临窘境：报纸、杂志读者人数下降，年轻读者流失率严重；广播人均收听时间大幅度减少；电视也受到计算机、因特网等新媒体瓜分受众的威胁。

因此，各传统媒体需要利用自己的特长进行顾客细分和面向特定目标市场。报纸、杂志可以通过专门的知识、特定化的内容寻求特定观众；广播、电视也可以以特别栏目吸引特定受众，这些特定受众就将成为广告商最好的广告目标。如专门面向汽车爱好者的汽车类杂志上刊登的汽车广告；面向电脑和数码产品爱好者的电脑数码类杂志上刊登的电脑、DV、数码照相机等广告；旅游类杂志上刊登的户外用品和越野车的广告；体育电视节目播放期间的体育用品、剃须刀、男装等广告。如图 11.5 所示。

特定化观众的划分还可以不断挖掘。因此，面向特定观众是一个很有前途的方向，也是广播、电视、报纸、杂志正在努力的方向。

图 11.5 体育用品广告

资料来源：来自网络，经作者整理。

11.3 自制媒体的特色与发展趋势

11.3.1 店铺广告媒体

在零售店店内或店门口布置的广告，称为店铺广告，又可称为售卖点广告。店铺广告是近二三十年才兴起、发展的一种新兴广告媒体形式。常见的店铺广告可按以下两种标准进行划分：

11.3.1.1 按表现形式不同分类

（1）店堂招牌。店堂招牌是最古老的广告形式之一，其主要作用在于使消费者通过招牌上言简意赅的文字或画面了解店铺里的业务范围和经营品种。

（2）橱窗展示。橱窗展示是在商店等营业场所内借助玻璃橱窗等媒介物质，运用各种艺术手段和现代科技展现商品物质与内容的一种广告形式，如图 11.6 所示。

（3）商品陈列架。它是店铺广告中的一种典型表现形式，作用在于利用某种与商品相适应或配套的陈列架吸引顾客注意，如化妆品专柜、鞋柜等，如图 11.7 所示。

（4）墙体展示。一般而言，只要有陈列室之类展示场地的店铺，广告主都会展开墙体展示活动。

（5）声响展示。这种展示方式具有以图像和声音同时直观地介绍商品性能的显著优势，缺点是成本较高。

（6）自动售货机。随着现代社会的不断发展与进步，自动售货机随处可见，昼夜服务，能为消费者提供极大便利，所以它也是一种较好的广告媒体。

图 11.6　橱窗展示

资料来源：来自网络，经作者整理。

图 11.7　商品陈列架展示

资料来源：来自网络，经作者整理。

11.3.1.2　按陈列方式的不同分类

（1）立式陈列店铺广告。多用于广告印刷制成后裱在三夹架上，背面用细铁丝或木架撑立于地面，陈列在商店门口引人注目的一种广告媒体。当然，随着现代科学技术的进步，其表现形式也日趋多样化，如图 11.8 所示。

（2）挂式陈列店铺广告。广告印制成后，悬挂于零售店的门楣上或店堂内上空的一种媒体形式。

（3）柜式陈列店铺广告。专门陈列在柜台上或橱窗内的广告媒体。

图11.8　新一代立式广告机

资料来源：来自网络，经作者整理。

11.3.2　户外广告媒体

户外广告媒体，也叫 OD（Out Door）广告，指利用户外公共区域或建筑、交通工具等，设置、张贴的各种广告。该类广告媒体的优点包括：

（1）广告形象突出、主题鲜明，使人一目了然、易于记忆。

（2）具有长期时效性，当受众反复接触广告时，能强化他们对该广告的印象，以刺激消费者的潜在意识来达成促销的目的。

（3）易于被各阶层消费者接受，广告的影响面宽。

户外广告媒体一般会受到场地等因素的限制，使其传播范围较小，广告效力不如四大媒体。下面介绍几类常见的户外广告形式：

11.3.2.1　招贴

招贴又称海报，作为一种广告媒体，能通过告知行人确定的信息以引起人们相应的行为反应。招贴广告画面大、远视易见的特点可以让行人注意并在短时间内感知信息，受到鼓动进而有所反应。同时，由于招贴的价格相对低廉，故深受许多广告主喜爱，在我国的各大城市地下通道的墙面与廊柱上尤其可见。如图11.9是一则城市的地铁招贴广告。

图 11.9　城市地铁的招贴广告

资料来源：来自网络，经作者整理。

11.3.2.2　路牌

路牌是城市中常见的一种广告媒体，由于画面大而醒目，能轻易地抓住行人视线，且又有不怕风吹雨淋、保存时间长等特点，能给过往行人留下深刻印象。但路牌媒体也存在一定的缺陷，比如说它不能将商品特性详细说明，只能对广告内容中最重要的部分予以突出，且行人视线往往一闪而过，具有阅读停留时间短、受众对象不明确等缺点。

目前，路牌广告呈现出自动化、大型化发展趋势，许多城市中出现的三面翻转广告牌，不仅增加了路牌广告的动感，而且增加了其涵盖的信息量，如图 11.10 所示：

图 11.10　路牌广告

资料来源：来自网络，经作者整理。

11.3.2.3 霓虹灯

霓虹灯是由玻璃管制成，并在管内注入稀有气体后通过高压电流使其发光的一种广告媒体（如图 11.11 所示）。运用霓虹灯不断变换的色彩，给人以视觉上的强烈刺激，在瞬间对产品或厂商产生深刻印象的同时诱发顾客的潜在需求。其缺点是只适用于夜间，耗能较多，成本也高。

图 11.11　霓虹灯广告
资料来源：来自网络，经作者整理。

11.3.2.4 充气广告

充气广告包括气模广告和气球广告，如图 11.12 所示。气模广告是用气体充入各种颜色的人物、动物或其他塑料形体，形体上标有简明的广告文字和商标等，设置在商店门前或飘浮在活动会场，以吸引人们注意。气球广告则是在大型气球下面悬吊巨幅布幔，其上书写或剪贴企业及产品的名称，由于气球高悬半空，容易引人注目。

11.3.2.5 灯箱

灯箱也是城市中常见的广告媒体，一般以透明有机玻璃、铝合金材料等制成，悬挂在商店门口或闹市广场。灯箱表面有商品名称、商标图形、商店字号等，夜间通电后，灯箱表面的广告内容便被灯箱中央的灯管映出，形象明亮、光彩夺目，为商店、企业增色不少。

11.3.2.6 大型电子屏幕

电子屏幕有多种用途，除做广告外，还可作机场、车站或码头的时间显示器，以及大型体育比赛成绩显示器等。矗立在大都市街头的大型电子屏幕，是现代新兴广告媒体中的一种，可昼夜连续播放广告图像和信息。由于屏幕巨大，色彩绚丽且动感十

图 11.12　充气广告

资料来源：来自网络，经作者整理。

足，能够吸引行人注意力，其宣传效果良好。

11.3.2.7　交通广告

凡设在火车、电车、公共汽车、地铁、船舶等交通工具箱体内外及站台上的广告总称为交通广告。交通广告因其流动性大、接触人员多、人员阶层分布广而成为影响力较强的地区性广告媒体，其中，交通广告又可细分为车身广告、车厢广告和车站广告，图 11.13 就是一则经典的车身广告。

图 11.13　经典车身广告

资料来源：来自网络，经作者整理。

户外广告种类繁多，除以上列举的这些外，还有粉刷外墙广告、风筝广告等不同形式。总之，户外广告具有较高的认识率和接收率，对户外行人起广告提醒作用，并且因为成本低、作用时间长而深受广告主喜爱。

11.3.3　商业广告信函（DM）

11.3.3.1　什么是 DM 广告

商业广告信函也称直接邮寄，简称 DM（Direct Mail），是通过邮局传递商业函件的一种媒体形式，可邮寄销售函件、商品目录、说明书、宣传手册、明信片等内容。DM 与其他媒体的最大区别在于它以明确的信件把信息送到指定消费者那里，并把受众视为个体对象，与其建立一对一的关系，这种关系经常是一种持续性的双向沟通关系，便于信息传播与反馈。同时，DM 形式能使生产厂商直接掌握用户信息，不易受到中间商控制，因而它在现实生活中越来越受到广告主的重视。

11.3.3.2　商业广告信函的特性

（1）选择性好

DM 的选择性体现在厂商可任意决定接收广告的受众，即可以自行选择广告对象和广告宣传区域，使所发放的广告目标性强、准确性高。同时，还可以决定广告的大小和形式，不像报纸、杂志上的广告会受到媒体宣传环境、信息安排、出版日期及版面设置等各种限制。

（2）曝光率低

由于 DM 的不公开性，使得竞争对手对本企业的广告策略不易得知，因此 DM 广告可以在较长一段时间内重复使用，不会像其他媒体那样看到商品广告的人数较多，且所有的广告策略都暴露在竞争对手眼下。

（3）效果反馈快

一般来讲，通过大众媒体刊播的广告，其效果的测定较为复杂，它需要经过组织人员、设计问卷、抽样调查然后进行分析评估等程序，而 DM 在测定广告效果方面则较为容易，只需通过受众的回执单便可简单测定。

总之，DM 是针对个人或具体单位进行的广告传播，因而更容易使受众产生亲切感，并可以深入家庭，以一对一的形式吸引他们的注意力，读者也不会受到其他广告打扰。但一对一的寄发也带来了 DM 的局限性，即传播面非常狭窄。

11.3.3.3　商业信函广告的新发展趋势

随着社会发展到信息时代，人们发现仅仅利用一种单一媒体已很难达到预期广告效果，于是在 20 世纪 50 年代，DM 发展为包括电话行销、传真行销、印刷品直递和公众礼品等各种形式的综合性广告直销，即"整合性直接行销"，简称 IDM（Integrated Direct Mailing）。IDM 就是将各种单一的直接行销媒体组合起来，发挥其整体合力，其效力是以往运用单一媒介的 DM 所无法企及的。

11.3.4　媒体新星——网络广告和体验广告

11.3.4.1　网络广告

随着现代通信技术和计算机网络技术的迅速发展，网络广告媒体成为媒体业的新星。网络媒体具备先进的多媒体技术，并拥有灵活的广告投放形式。目前全球网络广告主要以横幅式广告形式来表现，将其定位在网页中，同时还可利用插件等工具来增强表现力。除此之外还有以下几种网络表现形式：

（1）邮件列表广告。利用网站电子刊物服务中的电子邮件列表，将广告加在每天读者所订阅的刊物中发放给相应的邮箱所属人。

（2）赞助式广告。广告主可根据自己感兴趣的网站内容或网站节目进行赞助。

（3）墙纸式广告。把广告主要表现的广告内容都体现在网页墙纸上，以供感兴趣的人进行下载。

（4）插页式广告。广告主选择自己喜欢的网站或栏目，在该网站或栏目出现之前插入一个新窗口显示广告。

（5）互动游戏式广告。在游戏页面开始或结束的时候，广告都可能会随时出现，并可根据广告主的产品要求为之量身定做一个属于自己产品的互动游戏广告。

伴随电子商务与网络营销的日趋发展，网络广告以空前速度向前发展，如何迅速提高网络广告媒体的效用，并建立一种机制来促进这一行业部门的协作关系，已成为该领域研究的主要课题。

11.3.4.2　体验式广告

体验式广告是一种基于行为激励的新型广告形式。广告体验者在一定的物质或精神激励的刺激下，主动地、深入地、全面地去了解或试用某个需要做广告推广的产品。比如在网站推广中，就可以让广告体验者去注册、去点击、去回答问题等。通过这样的深入体验，用户将会对该产品有一个深入而全面的了解，这些体验者中的一部分将成为该产品的实际客户，或成为该产品的口碑传颂者。结合第一章有关体验式广告的内容，本书认为体验式广告主要包括以下几种类型：

（1）感官体验式广告引发联想效应。感官体验广告就是通过视觉、听觉、触觉、味觉和嗅觉等要素强化或建立消费者感官上的体验。一个完整的感官综合，会产生骨牌效应。如果触动一种感官，就会引发下一个储存在脑中的印象，然后再下一个，整个记忆与情感的情景会突如其来地展开。所以，我们在广告创意方面的思路可以更灵活，调动更多的感官力量，全方位地引起消费者的注意和兴趣。

（2）情感体验式广告让人身临其境。通常我们可以利用的正面、积极的情感包括爱情、亲情和友情以及满足感、自豪感和责任感等，或是在诉求点上追求消费者的情感认同。但需要注意的是情感体验广告不能仅仅把诉求点放在产品本身上，还要将对消费者的关怀与产品利益点完美结合，获得广大消费者的共鸣。

（3）思维体验式广告引起心理共鸣。思维体验是指人们通过运用自己的智力，创造性地获得知识和解决某个问题的体验。通常可以在广告中故意设置讨论的话题，引发消费者积极地思考，使得消费者在思考中对产品或品牌有更深层次的了解或认可，从而接受产品或品牌的主张，或是激发兴趣，引起消费者的好奇心理。

（4）行动体验式广告改变消费习惯。行动体验是消费者在某种经历之后形成的体验，这种经历或与他们的身体有关，或与他们的生活方式有关，或与他们与人接触后获得的经历有关等。行动体验广告诉求主要侧重于影响人们的身体体验、生活方式等，通过提高人们的生理体验，展示做事情的其他方法或另一种生活方式，以丰富消费者的生活。

（5）关系体验式广告整合体验情感。关系体验包括感官、情感、思考与行动等层面，但它超越了"增加个人体验"的私人感受，把个人与其理想中的自我、他人和文化有机联系起来。消费者非常乐意在某种程度上建立与人际关系类似的品牌关系或品牌社群，成为产品的真正主人。而关系体验广告诉求正是要激发广告受众对自我改进的个人渴望，或周围人对自己产生好感的欲望等。

11.3.5　广告媒体创新

除以上提及的各类广告媒体外，还有一些方式也被人们用来做广告，它们都颇具特色[①]：

11.3.5.1　人体广告

人体广告又称模特儿广告，是利用人体作为传播广告信息的一种媒体形式。目前，有很多商场和服装厂利用人体来展示商品的形象和特性，极大地推动了商品最新款式的销售，图11.14就是一则人体餐具广告。

图11.14　人体餐具广告

资料来源：来自网络，经作者整理。

---

①　汤哲生．现代广告学概论［M］．扬州：扬州大学出版社，1997：148.

11.3.5.2 征集广告

征集广告一般有征集名称或征集意见两种途径，这类广告带有较强的趣味性和竞争性，主要通过提高商品知名度来达到促销目的。征集广告的优势是取信于用户，并缩短买卖双方的距离感，在扩大厂商影响力的同时，又可获得有价值的信息反馈，有利于新产品的开发。

11.3.5.3 谢赠广告

谢赠广告分为贺谢和馈赠两种类型：贺谢指因为某种理由向自己庆贺或向别人庆贺，利用这种机会扩大厂商产品的影响力；馈赠就是在感谢消费者的同时让人们得到实惠，一般是在购物现场进行，如买一赠一活动。

11.3.5.4 竞演广告

竞演广告是厂商利用资助举办体育或文艺活动来进行促销的一种方式，主要目的是提高企业的知名度，显示厂商的形象和产品特征，如阿迪达斯就是皇家马德里队的特约服装赞助商。

11.3.5.5 服务广告

服务广告即把广告做到服务之中去，这种方式最容易得到消费者的好感。服务广告又可分为两种类型：一是现场指导，即现场教授产品的使用方法；另一种是售后服务。

广告媒体形式多样，不管何种形式的广告媒体，只要考虑到消费者的心理需求就能取得良好效果，以上所列举的几种广告形式说明的也就是这一道理。

11.4 广告媒体战略

11.4.1 广告媒体战略概述

广告媒体战略，指根据商品市场和广告对象等情况来选择适宜的广告媒体，并将其巧妙组合，以发挥最佳广告效果的重大计划和策略。制定广告媒体战略是一个复杂的决策判断过程，应充分体现出总体营销策略的思想，并且与其他营销策略密切配合。广告媒体战略的判断和实施要以总体营销规划和广告计划为依据，而广告媒体战略又会影响广告计划的完成和企业目标的实现。其中，实施广告媒体战略的主要原因表现在以下几方面：

11.4.1.1 商品和市场的特点决定了媒体的选择性

由于商品种类增多，某种商品要进入市场并为消费者所接受，就必须做大量广告宣传并开展丰富的市场营销活动，而这些都需要选择适合该商品特性和市场发展需求的媒体来做广告。

11.4.1.2　媒体种类繁多，不同的宣传手段需要选择不同的广告媒体

随着现代科学技术的不断发展，媒体的类型、形式与种类日益繁多，广告主所要进行劝说的方式也日趋复杂。因此，广告媒体的选择不能再单凭经验进行，必须对媒体进行深入分析和研究，找出适合广告主的媒体，充分发挥广告的效果，科学、系统地做好媒体优化选择。

11.4.1.3　广告媒体战略符合广告运动的要求

媒体的选择要符合广告运动要求，使广告的宣传更具有针对性。为此，开展广告活动必须对商品的质量、包装、价格、商标等推销条件进行市场调查分析，在掌握商品特性和消费者需求后再制定广告媒体策略，以选择适宜的媒体。

11.4.2　确定广告媒体战略应考虑的因素

11.4.2.1　覆盖域

广告主要考虑媒体在哪一区域内传播产生的影响有多大，并结合其覆盖面积衡量其费用。国际性宣传、全国性宣传、地方性宣传或是掠过性宣传均需对应不同的覆盖域。

11.4.2.2　接收人数和接收频率

为了达到广告目标，必须让一定数量的消费者接收到广告，这就需要考虑接收人数和接收频率。

11.4.2.3　连续性

广告必须重复才能产生影响。对于连续性要考虑两个问题：一是传递的间隔和次数；二是同一类产品不同的广告宣传形式的前后协调配合问题。增加重复性，前后很好地配合，可以增加广告的威力。

11.4.2.4　权威性

购买更大的媒体空间，占用更长的媒体时间，花费昂贵的媒体材料等，均可增加广告的权威性。

11.4.3　广告媒体战略体系

媒体战略的内容主要包括确定目标市场、地区分布、媒体选择和广告效果四个方面，但要形成一个完整的媒体战略体系，还需注意以下两点：

11.4.3.1　确定媒体战略指标

在一般情况下，媒体的到达率、媒体频度和媒体的总视听率是考核媒体战略的三大指标，媒体战略原则上是通过考虑这三大指标来设计。

11.4.3.2　注意媒体战略与营销计划、广告计划的一致性

媒体战略实施结果得到评价后，又会反馈到营销计划、广告计划中去，接受营销计划、广告计划的检验与调整，以使媒体战略更好地与营销计划、广告计划相一致。

11.4.4　影响广告媒体选择的因素

生产经营者在选择广告媒体时，会受到各种因素的影响，了解这些因素，才能使广告宣传减少浪费，取得较好的效果：

11.4.4.1　媒体的基本特性

了解媒体的基本特性，可以知道某种媒体对某个消费群体所产生影响的强弱程度和适宜程度，从而可以使广告主在决策时根据择优的原则，选用适当媒体。

11.4.4.2　商品的特性

要使广告获得成功，仅靠了解媒体的基本特性是不够的，还必须分析广告的商品特性，其目的是为了弄清媒体能触及的商品及其服务的领域，并能突出商品的优点，让消费者得以充分了解。

11.4.4.3　市场和消费者特性

研究市场和消费者特性，掌握不同地区、不同职业的消费者需要什么样的商品，需要多少，以及各市场上消费者的构成、收入状况、消费习惯等特点。

11.4.4.4　企业支付能力

不同的广告媒体，收取登载广告的费用是不一样的，要根据企业的财务状况和支付广告费用的能力，并经过对各媒体的分析与权衡，最后选择花钱少而效果好的广告媒体。

11.4.5　广告媒体选择的原则

面对众多的广告媒体，如何选择恰当的媒体以取得最佳效果是广告主面临的一个重大问题，这个问题实际上也是在选择广告媒体时应遵循哪些指导思想和原则的问题。

11.4.5.1　根据商品性能、特点等有针对性地选择

针对销售商品本身的性质和消费者对商品的兴趣、爱好来进行宣传，广告主还应根据不同情况反复比较各种媒体的优越性及不利因素，选择最优媒体战略，以取得最佳广告效益。

11.4.5.2　依据广告媒体的传播数量和质量来确定

影响广告媒体传播数量和质量的因素是多方面的，每个地区或每个行业都有其特殊的因素，因此，广告主在选择媒体时应从媒体的质量和数量方面作出权衡与分析，选择最适宜的广告媒体。

11.4.5.3　根据媒体的传播速度进行选择

面对市场竞争日益激烈的广告宣传活动，一定要将媒体的传播速度作为媒体选择的一个重要因素来考虑，以适应现代人们工作和生活的节奏，尤其要注意考虑媒体的

生产周期。

11.4.5.4 根据市场调查和预测进行选择

广告主在选择广告媒体之前，必须对市场进行调研，通过研究消费者的爱好、习惯、购买方式、购买时间，以及市场商品的供求规律、竞争状况、市场行情、市场发展趋势等，最后决定采用何种广告媒体。

11.4.5.5 根据广告主本身的支付能力进行选择

在选用任何一种广告媒体时，都要分析媒体的价格，这样才能在比较中选择费用最低、效果最佳的广告媒体，同时在广告活动中，要采用媒体的组合方法，综合运用多种媒体。

本章小结

广告媒体指传播广告信息的中介物，是传递广告信息以达到广告目标的一种物质技术手段。或者说凡是能看到广告作品，并实现广告主与广告对象之间的联系的可视物体，均可称为广告媒体，它是信息的一种载体。

传统的四大媒体包括报纸、杂志、广播、电视。若将这四种传统广告媒体以消费者所能感受到的广告视觉冲击来划分，又可将其分为平面媒体和电波媒体两类。

现代自制媒体也在蓬勃发展，如店铺广告媒体、户外广告媒体、商业广告信函、网络广告和体验广告等。

广告媒体战略，指根据商品市场和广告对象等情况来选择适宜的广告媒体，并将其巧妙组合，以发挥最佳广告效果的重大计划和策略。制定广告媒体战略是一个复杂的决策判断过程，应充分体现出总体营销策略的思想，并且与其他营销策略密切配合。广告媒体战略的判断和实施要以总体营销规划和广告计划为依据，广告媒体战略又会影响广告计划的完成和企业目标的实现。

思考题

1. 什么是广告媒体？简述广告媒体的分类。
2. 什么是四大传统广告媒体？分析它们各自的优缺点。
3. 除四大媒体外，还有哪些主要的广告媒体？它们各自的特点如何？
4. 选择广告媒体时应考虑哪些因素？如何实施广告媒体战略？

本章参考文献

[1] 王桂德. 商业广告学 [M]. 杭州：浙江人民出版社，1990：26.

[2] 汤哲生. 现代广告学概论 [M]. 扬州：扬州大学出版社，1997：148.

12　广告效果评价

本章提要：

　　作为一种付费的传播活动，广告主投入大量广告费用，目的就是要获得理想的广告效果。然而，广告活动究竟能产生何种效果，这些效果是如何产生的，如何对广告效果进行测定检验并不是一件很容易的事。这不仅因为广告效果是潜在的、无形的和多元的，还在于必须运用现代化的检测方法科学、准确地进行广告效果的测评。本章主要围绕广告效果的内涵与特点、广告效果的测评标准、内容、步骤及方法等问题进行介绍，希望能为读者对如何提高广告效果、避免失败提供一点参考意见。

12.1　广告效果测评概述

12.1.1　广告效果的内涵与特点

　　广告效果，指所开展的广告活动通过广告媒体传播后所产生的影响或作用，或者说媒体受众接触广告后所产生的结果性反应。这种影响可以分为对媒体受众的心理影响、对广告受众消费观念的影响以及对产品销售的影响。广告作为促销的一种手段，必然可以用销售情况的好坏直接判断广告效果如何。在现实经济中，广告与销售额之间的关系并非绝对的正比关系，必须从多方面客观考虑，如广告传播后引起了多少人注意，广告受众是否对广告产生兴趣，对所广告的商品具有何种印象，广告能否激起受众想要商品的欲望等，只有全面周到地考虑各相关因素，才能精确地测定出广告的真正效果。

　　从以上对广告效果内涵的分析，我们不难看出广告效果是十分复杂的，这种复杂性决定了广告效果具有如下特点：

12.1.1.1　复合性

　　复合性是指广告效果的产生是各种复杂因素综合的结果。广告活动的最终效果和最明显的效果，就是促进产品的销售、市场环境的改善。然而，产品销售额的增长和市场占有率的提升绝不是单一地与广告活动形成函数关系，其影响因素应是复杂多样的。除了广告之外，还包括产品的价格、开发策略、消费者购买力、竞争环境、公关活动、新闻宣传等多种影响因素。

12.1.1.2　间接性

广告效果的间接性主要表现在两个方面：①接受广告宣传的受众在购买商品后的使用或消费过程中，会对商品的质量和功能有一个全面的认识，如果商品质量上乘并且价格合理，消费者就会对该品牌商品产生信任感，形成重复购买行为；②对某一品牌商品产生信任感的消费者会把该品牌推荐给亲朋好友，从而间接地扩大广告效果。

12.1.1.3　时间的滞后性

广告对媒体受众的影响程度由经济、文化、风俗、习惯等多种因素综合决定。有的媒体受众可能反应快一些，有的则慢一些；有的广告效果可能是即时的，有的则可能是迟效的。实际上，广告是短暂的，在这短暂的时间里，有的消费者被激起购买欲望，很快就购买了广告宣传的商品；有的则要等到时机成熟时才购买该商品。这就是广告效果时间上的滞后性。因此，评估广告宣传效果首先要把握广告产生作用的周期，确定效果发生的时间间隔，区别广告的即时性和迟效性。只有这样，才能准确地预测某次广告活动的效果。

12.1.1.4　效果的积累性

广告宣传活动往往是反复进行的。广告宣传中信息传输的偶然性，使其广告效果很难立竿见影，某一时点的广告效果都是该时点以前的多次广告宣传积累的结果。为此，广告主要进行广告宣传，突出广告的诉求点，以鲜明的特色来打动消费者，使他们产生购买欲望，最终产生交易行为。

12.1.2　广告效果的分类

根据不同的划分标准，可以将广告效果划分为不同的种类：

（1）按广告效果的性质，广告效果可分为广告心理效果、广告销售效果和广告社会效果。广告心理效果是指广告在消费者心理上引起反应的程度及其对购买行为的影响；广告销售效果是指广告对促进商品或劳务销售和利润增加的影响；广告社会效果是指广告对社会道德、习俗以及语言文字等其他方面的影响。

（2）根据广告活动的运行周期，广告效果可以划分为短期效果与长期效果。短期效果与长期效果的时间间隔，可根据广告宣传的时间长短以及具体要求确定。

（3）根据广告产品所处的生命周期，广告效果可以分为引入期效果、成长期效果、成熟期效果及衰退期效果。

（4）按接触广告的心理变化过程，广告效果可分为广告注意效果、广告兴趣效果、广告情绪效果、广告记忆效果、广告理解效果、广告动机效果和广告行为效果等。

12.1.3　测评广告效果应遵循的原则

广告效果测评是广告效果调研的重要组成部分，是指通过调查所得的具体资料，运用科学的技术和方法，对广告活动的结果进行分析与评估。广告效果的测评虽然难度大，准确度也很难估计，但随着调研科学和测评技术的发展，只要选择和运用正确的调研方法和测评技术，广告效果测评就可以尽可能地客观准确、真实有效。为了确保广告效果测评的科学、准确，应当遵循以下原则：

12.1.3.1　针对性原则

针对性原则是指测评广告效果时必须有明确而具体的目标。例如，测评广告效果的内容是短期效果还是长期效果、经济效果还是社会效果等。只有确定了具体的测评目标，才能选择相应的手段与方法，测评的结果也才准确、可信。

12.1.3.2　综合性原则

影响广告效果的因素多种多样，既有可控性因素，也有不可控因素。可控性因素是指广告主能够改变的因素，如广告预算、媒体的选择、广告播放的时间、广告播放的频率等；不可控因素是指广告主无法控制的外部宏观因素，如国家有关法规的颁布、消费者的风俗习惯、目标市场的文化水平等。对于不同的控制因素，在测评广告效果时要充分预测它们对企业广告宣传活动的影响程度。在测评广告效果时，除了要对影响因素进行综合分析外，还要考虑到媒体使用的并列性以及广告播放时间的交叉性。只有这样，才能取得客观的测评结果。

12.1.3.3　可靠性原则

广告效果只有真实、可靠，才有助于企业进行决策并提高经济效益。在测评广告效果的过程中，要求抽取的调查样本具有典型的代表意义；调查表的设计要合理，汇总分析的方法要科学、先进；考虑的影响因素要全面；测试要多次进行，反复验证。只有这样，才有可能取得可靠的测试结果。

12.1.3.4　经常性原则

由于广告效果具有间接性、时间上的滞后性及效果上的积累性等特征，就不能采取临时或依次测评的方式。本期的广告效果也许并不是本期广告宣传的结果，而是上期或者过去一段时间内企业广告促销活动的共同结果。因此，在测评广告效果时必须坚持经常性原则，作定期或不定期的测评。

例如联邦快递为了推出它的紧急快件服务项目，通过各种广告渠道反复重复"当它绝对必须连夜递送时"这句广告词，一场反复广告攻势加上这一项独特服务理念，推动联邦快递成为紧急快件投递业的世界领袖，如图12.1所示。

12.1.3.5　经济性原则

进行广告效果的测评，所选取的样本数量、测评模式、地点、方法以及相关指标等，既要有利于测评工作的展开，又要从广告主的经济实力出发，考虑测评费用的额度，充分利用有限的资源为广告主谋求效益。为此，需要搞好广告效果测评的经济核算工作，用较少的投入取得较高的广告效果测评产出，以提高广告主的经济效益，增强广告主的经营实力。

图 12.1 联邦快递紧急快件服务项目广告

资料来源：来自网络，经作者整理。

12.1.4 测评广告效果的程序

测评广告效果的程序大体上可以划分为确定测评问题、搜集有关资料、整理和分析资料、论证分析结果和撰写分析报告等。

12.1.4.1 确定效果测评的具体问题

根据广告效果的层次性特点，在广告效果测评时就应该事先决定研究的具体对象，同时确定从哪些方面对该问题进行剖析。这要求广告效果测评人员把广告宣传活动中存在的最关键的和最迫切需要了解的问题定为测评重点，设立正式测评目标，选定测评课题。

12.1.4.2 搜集相关资料

这一阶段主要包括制订计划、组建调查研究组、搜集资料和深入调查。

制订计划基于广告主与测评研究人员双方的洽谈协商，广告公司应该委派课题负责人写出与实际情况相符的测评广告效果的工作计划。计划内容应包括课题进度、步骤、调查范围与内容、人员组织等情况。

组建调查研究组应在确定广告效果测评课题并签订测评合同之后，测评研究部门根据广告主所提课题的要求和测评调查研究人员的构成情况综合考虑，由各类调查研究人员的优化组合群体来组建测评研究组。在组建课题组时，应选择好课题负责人，然后根据课题的要求分工负责进行课题研究。

搜集有关资料是在广告效果测评研究组成立之后，按照测评课题的要求搜集相关资料。需搜集的企业外部资料应包括：与企业广告促销活动有联系的政策、法规、计划及部分统计资料；企业所在地的经济状况、市场供求变化状况、主要媒体状况、目标市场上消费者的媒体习惯以及同行竞争企业的广告促销状况等。企业内部资料应包括企业近年来的销售、利润状况，广告预算状况，广告媒体选择情况等。

12.1.4.3　整理和分析资料

整理和分析资料，即对通过调查和其他方法所搜集的大量信息资料进行分类整理、综合分析和专题分析。资料归纳的基本方法有：按时间序列分类、按问题分类、按专题分类、按因素分类等。在分类整理资料的基础上进行初步分析，挑选出可以用于广告效果测评的资料。

12.1.4.4　论证分析结果

论证分析结果即召开分析结果论证会。论证会应由广告测评研究组负责召开，邀请社会上有关专家、学者参加，同时，广告主有关负责人也应出席。双方运用科学方法，对广告效果的测评结果进行全方位的评议论证，以便测评结果更科学、合理。

12.1.4.5　撰写测评分析报告

广告策划者要对经过分析讨论并征得广告主同意的分析结果进行认真的文字加工并写成分析报告。企业测评广告效果分析报告的内容主要包括：

（1）绪言，阐明广告效果测评的背景、目的与意义；

（2）广告主概况；

（3）广告效果测评的调查内容、范围与基本方法；

（4）广告效果测评的实际步骤；

（5）广告效果测评的具体结果；

（6）改善广告促销的具体意见。

12.1.5　测评广告效果的作用

12.1.5.1　广告效果测定可以检验广告决策是否正确

在某一项广告活动结束之后，可以检验广告定位、广告策划、广告目标是否准确；广告媒体的运用是否恰当；广告发布时间与频率是否适宜；投入的大量广告费用是否为企业带来了期望的经济效益等。通过这一测定，可以制定更加有效的广告策略，同时，进一步指导未来的广告活动。①

12.1.5.2　广告效果测定可以促进企业整体营销计划的实现

企业的整体营销作为一项大规模的行动，需要各有关部门和环节的协同配合才能付诸实现。广告作为一个重要的销售环节，必须有计划地配合其他营销环节的活动，促进整体营销计划的实现。而广告效果测定能够通过每次广告活动效果的积累，使系列广告活动形成累加效果，让新的广告活动在前项广告所取得的效果基础上进行，从而支持和促进整体营销活动。

---

① 赵宁．广告学［M］．大连：东北财经大学出版社，1996：233.

12.1.5.3 广告效果测定有利于广告公司积累经验，提高服务水平

广告公司为客户提供符合广告目标要求的创意与制作，是其服务的基本内容。通过广告效果测定，广告公司可以了解消费者对广告作品的接受程度，确定广告形象是否富有艺术感染力，鉴定广告主题是否突出、是否符合消费者心理需求等，从而总结经验，改进广告设计与制作，提高服务水平；同时，也为客户有针对性地选择广告公司提供科学依据。

12.1.6 广告效果成功和失败的广告案例

12.1.6.1 广告的正面效果

"百年润发"是重庆奥妮系列中的一个产品，在"百年润发"广告里，文化气息和商业气息结合得天衣无缝，融汇成体现中国情感的、中国式词汇的民族品牌。百年润发广告在京剧的音乐背景下，给观众讲述了一个青梅竹马、白头偕老的爱情故事：男女主人公相识、相恋、分别和结合，而白头偕老的情愫是借助于男主人公周润发一往情深地给"发妻"洗头浇水的镜头表现出来的。"青丝秀发，缘系百年"把中国夫妻从青丝到白发、相好百年的山盟海誓都融入了"100 年润发"中，如图 12.2 所示：

图 12.2 百年润发广告

资料来源：来自网络，经作者整理。

据当时一项调查显示，广告产生的所有感动几乎都来自这个情节，该广告为企业创造了近 8 亿元的销售收入。

12.1.6.2 广告的负面效果

2004 年第九期的《国际广告》杂志发表了一篇题为《7 + 的创意，持续的激情》的文章，介绍世界顶级广告公司——李奥·贝纳全球广告评审会的评选标准、操作规

程及创意管理。文章配发了一则由上海李奥·贝纳广告有限公司广州分公司创意的立邦漆《龙篇》作品，如图12.3所示。画面上亭子的两根立柱各盘着一条龙，但是左立柱色彩黯淡，龙紧紧地攀附在柱子上；而右立柱色彩光鲜，龙却滑落下来……作品的介绍说："因为涂抹了立邦漆，龙就滑了下来。立邦漆的特点非常戏剧化地表现出来。"

图12.3 立邦漆的《龙篇》广告

资料来源：2004年9月份的《国际广告》杂志第48页，经作者整理。

据悉，李奥·贝纳在全球70个国家拥有200个分支机构。每一个季度，世界各地的分支机构都会遴选1 200件左右的创意作品送至美国芝加哥全球创意作品评审委员会（GPC）评选。立邦漆《龙篇》就是参选作品之一。

GPC对这则广告创意的评价是："这是一个非常棒的创意……这种表现方式在同类产品的广告创作中是一种突破。结合周围环境进行贴切的广告创意，在这一点上这幅作品是非常完美的例子。"GPC给这则广告创意的等级评定为8.3分。

据记者了解，GPC的评分标准分为十个等级，分别是：

10——举世无双；9——广告界的新标准；8——同类广告的新高标准；7——优秀的执行；6——新鲜的点子；5——创新的策略；4——陈词滥调；3——无竞争性；2——具破坏性；1——糟透了。

经GPC评审得到8分以上的作品通常能在国际广告奖中赢得大奖。

另外，每年年底李奥·贝纳总部会把全年得到7分以上的作品制作成一张DVD，分送给全球各地的分支机构。"每个李奥·贝纳的员工都可以从中学习、被激发，并且从中改善客户作品的品质。"

但是，这则受到权威的GPC"高度评价"的广告创意还来不及让创作人员过多地陶醉，就被公众尤其是网友的"口水"淹没了。

记者登录了一些网站，看到关于这则广告创意的评价在不少BBS中都成了"热贴"。浏览这些帖子可以看到，多数网友认为这则广告创意戏弄了中华民族的图腾。而广告所表现的产品立邦漆，其生产企业有日资背景，部分网友对此表示愤慨，认为这是继"丰田霸道"广告事件之后又一起利用广告"辱华"的事件。

著名策划人叶茂中接受记者采访时显得有些激动："我对此感到非常厌恶！也许你的创意的确有独到之处，拿到国外去也能得奖，但是这种靠戏弄中华民族象征来取悦评委的行为是中国广告人的耻辱。"

立邦漆《龙篇》广告创意事件被曝光之后，李奥·贝纳以及《国际广告》杂志社分别发表声明，就此事带来的不良影响向公众表示道歉。同时记者也注意到，这两家单位都强调了一点，就是"《龙篇》不是广告"。

上海李奥·贝纳广告公司北京分公司总经理助理李冬巍对记者说："在创意过程中我们曾经尝试过很多方式，也问过不少公司以外的人的意见，都认为创意与产品功能性、相关性方面有相当高的吸引力，因而忽略了公众心理的差异，所以对于创意所产生的影响我们始料不及。对此我们深感抱歉。"

"《龙篇》的创意队伍全部都是中国人，所创广告从来没有在任何主流媒体上以任何形式发布过，将来也不会发布。这只是一个创意作品。"

《国际广告》杂志社随后发表的声明表示："我刊对于由作品《龙篇》引起一些读者的批评、质询、争议以及非本刊所期望的反应表示歉意。我刊决不会有意作出任何伤害读者情感的事。"

这则声明同时还强调，立邦漆《龙篇》是属于文章《7+的创意，持续的激情》所提及的作品，"不是本刊刊登的商业广告"。

对此，叶茂中认为，无论《龙篇》是不是一个正式发布的广告，但是既然已经刊登在《国际广告》杂志上，事实上也就已经产生了广泛传播的后果。[①]

从广告的角度来说，这则广告在没有获得中国广大受众称赞之前，由于特殊的历史原因，就注定了它的失败。

12.2　广告心理效果测评

12.2.1　广告心理效果测评的含义

广告心理效果是指广告作为刺激物，在其发布后，消费者对广告注意并产生兴趣、欲望、记忆与行动的程度。广告心理效果是广告的直接效果，也就是说如果没有广告心理效果，就不会产生广告的销售效果和社会效果等。

广告心理效果的测定，即测定广告经过特定的媒体传播之后对消费者心理活动的影响程度。广告心理效果测定的主要对象是消费者，测定其对广告作品的心理效果、对广告媒体的心理效果以及对广告促销的心理效果等。测定广告心理效果有助于改进产品设计，提高广告作品的心理作用；有助于择优选择广告媒体，增强广告媒体的传

---

① 选自新浪网．http://finance.sina.com.cn/b/20040929/08401055530.shtml．

递能力；有助于更好地针对广告受众的反应，促使消费者相关行为迅速出现。

12.2.2　测评广告心理效果的指标

12.2.2.1　广告心理效果测定的心理学指标

广告既然旨在影响消费者的心理活动与购买行为，就必须与消费者的心理过程发生联系，主要表现在对广告内容的感知反应、记忆巩固、思维活动、情感体验和态度倾向等几个方面，对这几个方面进行测定的指标就叫做广告心理效果测定的心理学指标。[①]

（1）感知程度的测定指标。该指标主要用于测定广告的知名度，即消费者对广告主及其商品、商标、品牌等的认识程度。感知程度的测定，一般宜在广告发布的同时或广告发布后的不久进行，以确保测定的准确性。该指标可分为阅读率和视听率两类。

阅读率指标包括：能辨认出过去曾看过该广告的读者比率；能够借该广告中厂商的名称或者商标而认得该广告的标题或插图所占的读者人数比率；能够记得该广告中50%以上内容的读者所占百分比等。

视听率指标包括：广告节目的视听户数占电视机（或其他媒体）所拥有户数的百分比；认知广告名称人数占广告节目视听户数的百分比等。

（2）思维状态的测定指标。思维状态的测定，就是测定消费者对广告观念的理解程度与信任程度。通过对理解程度和信任程度的测定，可以了解消费者能够回忆起的广告信息量和对商品、品牌、创意等内容的理解与联想能力，从而确认消费者对广告内容的信任程度。

（3）记忆效率的测定指标。该指标主要是指对广告的记忆度，即消费者对广告印象的深刻程度的测定，如观众是否能够记住广告内容中所含商品品牌、特性、商标系列的内容。记忆效率指标可表现消费者对广告的重点诉求保持或回忆的能力与水平，从而反映出广告策划的水平及影响力。

（4）情感激发程度的测定指标。测定情感激发程度的主要指标是消费者对该广告的好感度，其主要是指人们对广告所引起的兴趣如何，对广告的商品有无好感。而好感的程度又包括消费者对广告商品的忠实度、偏爱度以及品牌印象等。

例如："威力洗衣机，献给母亲的爱"的电视广告，画面里一位老大娘与几位村姑在山村的小溪旁洗衣服，老大娘一边洗衣服，一边停下来捶打酸痛的腰背。这时画外音放出轻柔、清新而深情的女声："妈妈，我又梦见了您；妈妈，我送给您一件礼物！"紧接着，画面切换成老大娘见到洗衣机，欢喜地挪动着迈不开的双脚……

12.2.2.2　广告心理效果测定的客观性指标

消费者在接触广告之后产生的心理效应，同时客观地引起人体一系列的生理变化。人们把运用各种精密仪器测定的这些生理变化作为衡量广告心理效果的指标，并把这种指标称为广告心理效果的客观性指标。

---

① 赵宁. 广告学［M］. 大连：东北财经大学出版社，1996：238.

（1）脑电波图的变化。人们在观看广告时，大脑会自发地活动，这种活动通过脑电波图的变化而表现出来。当消费者完全被广告画面所吸引时，就会出现 14~25 赫兹的低幅快波；而不感兴趣时，大脑中会出现一种 8~13 赫兹的高幅慢波。因此，通过脑电波图的变化，可以测定消费者接触广告以后所产生的心理感应。

（2）瞬时记忆广度。这可以利用速示器以极为短暂的时间向消费者呈现一幅广告，在广告刚刚消失时有选择地要求消费者立即报告刚才所看的广告中某些对象的内容，从而得出消费者在观察广告时的瞬时记忆广度。消费者在瞬间所能看到的东西越多，意味着瞬时记忆广度越大，从而表明广告主题明确、创意新颖、策划成功。

（3）眼动轨迹描记图。研究表明，人们在观看广告时眼睛对广告画面处在一种不断扫描的运动中。如果把这种运动轨迹描记下来就形成了眼动轨迹图。通过观察眼动轨迹图，研究人员可以清楚地了解消费者在观看广告画面时的注视次序和重点部位，从而为广告的设计制作提供科学依据。

（4）视觉反应时。视觉反应时是指消费者观察或看清广告对象所需的时间，这也是一项广告效果测定的客观性指标。消费者对广告的视觉反应时越短，说明广告越简洁明了，主题也更突出，效果反应更好。

12.2.3　广告心理效果测定的要求

广告心理效果测定的要求包括：

（1）参加测试的人员应有一定的代表性。

（2）要考虑测定时的环境因素。因为人们对广告信息的反应除受个体心理因素影响外，还受当时的社会环境因素的影响。

（3）不应有任何引导性、暗示性的启示，以免导致错误的结论。

（4）为了取得被测试者的积极合作，有必要给予一定的物质奖励。

12.2.4　测定广告心理效果的方法

根据安排时间的不同，测定广告心理效果可以分为事前测定和事后测定。事前测定是在广告正式发布前对广告效果进行预测；事后测定则是在广告正式发布后对广告效果进行测定。

12.2.4.1　广告心理效果的事前测定

事前测定的基本思路是在广告正式发布之前，采用一定的方法，收集消费者对广告的反映，对广告作品和广告媒体组合的效果进行测定。根据测评的结果，及时调整广告促销策略，修正广告作品，突出广告的诉求点，提高广告的成功率。广告心理效果事前测定常用的方法主要有以下几种：

（1）专家意见综合法。所谓专家意见综合法，是指在广告作品及媒体组合计划完成之后，拿出几种备选的方案，请专家予以审评，然后综合专家的意见，作为预测广告效果的基础，并决定最后的广告方案。

运用此法要注意所邀请的专家应能代表不同的广告创意趋势，以确保所提供意见的全面性和权威性。一般说来，聘请的专家人数以 10 ~ 15 人为宜，少了不能全面反映问题，多了则花费时间。

（2）消费者判定法。这种方法是指把供选择的广告展示给一组消费者，并请他们对这些广告进行评比、打分。虽然这种测评广告实际效果的方法还不够完善，但一则广告如果得分较高，也可说明该广告可能有效。运用消费者判定法，可视具体情况，采取不同的方式：

一是座谈判定式，即邀请消费者参加座谈讨论，请他们对几种广告方案进行评价，看他们对哪种方案最感兴趣、主要优点是什么，对哪一种方案不太满意或不感兴趣、主要问题是什么。最后把他们的意见综合、归类，作为修订或确定广告方案的参考依据。

二是分组判定式，即把几种方案两个一组地分开，请消费者在每组中选取一个自己感兴趣的，然后将第一轮选出的广告方案再两个一组地分开，请消费者再从中择优，依次下去，直到消费者选中一种最满意的广告为止，最后将每位消费者的选择结果综合起来。

三是列表判定式，即把广告方案中的各要素分条立项，列出表来，请消费者以百分制评分，总分越高，说明广告方案的可行性越大，然后将这些态度汇总，进行统计分析，作为广告方案是否可行的依据。

采用消费者判定法，要注意被邀请的消费者应具有一定的代表性，能够代表一定层次的消费者的心态。

（3）试销验证法。所谓试销验证法，就是在广告正式发布之前，运用几种广告方案来试销同一商品，以此验证广告效果，确定广告方案的可行性。试销验证法可采取以下两种方式：

一是让业务员在商场里或走家串户宣读、发送广告，并试销商品，看哪一种能导致最大的销售量，便可确定其为最佳广告方案。

二是在一定场合下，向消费者播放广告录音、录像，看哪一种广告更能吸引消费者来购买试销商品，便可认为哪一种广告方案可行。

12.2.4.2 广告心理效果的事后测定

事后测定可以全面、准确地对已做广告的宣传效果进行评价，衡量本次广告促销活动的业绩，以及评价企业广告策略的得失，积累经验，以指导今后的广告策划。具体测定方法如下：

（1）采分法。具体做法是请消费者给已经刊播的广告稿打分，以此来测定其对各个广告原稿的印象程度。

（2）基本电视广告测验法。此方法是日本电通广告公司为评价和判断电视广告的优劣和进行电视广告测验的标准化作业而研究设计的。这个电视广告测验的方法是：选择 100 名测验对象，集中在实验室观看电视广告影片，利用集体反映测定机，记录测试对象观看影片时所反映的心理活动变化，隔壁的电子计算机立即统计出结果，并输出过去的统计资料加以对比分析。

"白加黑"以"白片 + 黑片"的形象推出，并提炼出"治疗感冒，黑白分明"的广告口号，其广告核心信息是"白天服白片，不瞌睡；晚上服黑片，睡得香"，这使得白加黑这一产品和广告诉求具有一致性，迅速地建立了该产品的知名度，如图12.4所示：

图12.4　黑加白广告

资料来源：来自网络，经作者整理。

在后来的调查中发现，消费者认为"白加黑"的名称耳目一新，且产品性能满足大众的实际生活需求，从而使其成为人们在感冒时的主要候选产品之一。"白加黑"能在感冒药市场上占据强势地位，与它针对消费者心理需求进行简明有效的广告传播活动是分不开的。

12.3　广告的促销效果测评

12.3.1　广告促销效果测评的含义

测评广告促销效果，指测评在投入一定广告费及广告刊登或播放后的产品销售额与利润的变化状况。另外，需要明确该概念中的"产品销售额与利润变化状况"所包含的两层含义：一是指一定时期的广告促销所导致的广告产品销售额以及利润额的绝对增加量，这是一种最直观的衡量标准；二是指一定时期广告促销活动所引起的相对量的变化，它是广告投入与产出的比较，是一种更深入、更全面了解广告效果的指标，这种投入产出指标对提高企业经济效益具有重大的意义。

虽然销售量的增减变化是各种销售手段综合作用的结果，但以销售量的增减变化来衡量广告效果的大小是不准确、不客观的。广告的促销效果是广告活动最佳效果的体现，它集中反映了企业在广告促销活动中的营销业绩，而且这种广告效果测定比较简易直观，深受广告主欢迎，所以广告销售效果测定运用较为普遍。

12.3.2　广告销售效果测评的方法

12.3.2.1　统计法

统计法是运用有关统计原理和运算方法，推算广告费与商品销售的比率，以测定广告的销售效果的一种方法。在此列举三种该类方法：

（1）广告费用比率法

广告费用比率指一定时期内广告费用在商品销售额中所占的比率，它表明广告费用支出与销售额之间的对比关系。其计算公式如下：

广告费用率＝本期广告费用总额/本期广告后销售总额×100%

可见广告费比率越低，广告的销售效果越大；反之，表明广告销售效果越小。

（2）广告效果比率法

广告效果比率的计算公式如下：

广告销售效果比率＝本期销售额增长率/本期广告费增加率×100%

（3）市场占有率法

市场占有率是指某品牌在一定时期、一定市场上的销售额占同类产品销售总额的比率。其计算公式如下：

市场占有率＝（某品牌产品销售额/同类产品销售总额）×100%

市场扩大率＝（本期广告后的市场占有率/本期广告前的市场占有率）×100%

12.3.2.2 市场实验法

市场实验法是通过有计划地进行实地广告试验来考察广告效果的方法，因而又称为现实销售效果测定法。实验法一般是在进行大规模广告活动前，通过不同试验手段测定和比较销售状况的变化，从而决定广告费投入规模大小、如何进行媒介选择的一种广告效果测定方法。[①]

（1）区域比较法。这是选择两个条件类似的地区，一个地区安排广告，另一个地区不安排广告，通过比较两个地区销售额的变化来检验广告销售效果的方法。

（2）费用比较法。这是通过对不同现场安排不同的广告投资，以测定不同现场的销售差异，从而确定销售效果与广告费用之间关系的一种方法。测定目的是确定广告费的投入规模。

（3）媒体组合法。这是通过选定几个条件类似的地区，在不同地区安排不同媒体组合的广告，以测定广告销售效果的方法，测定目的是对媒体组合方案选优。如果各地区不同媒体组合广告花费相差悬殊，那么在分析销售增长情况后，还必须借助广告销售效果的统计测定法进一步计算，比较不同地区不同媒体组合的广告效益，然后对广告媒体组合进行选优。

12.3.2.3 促销法

促销法指首先选定两个地区，其中一个地区只发布广告而停止其他任何促销活动，另一个地区则既发布广告又进行其他促销活动，然后通过比较两地区销售量的变化来测定广告销售效果的一种方法。

促销法可用于测定广告在整个促销组合中的销售效果，也可以用于测定不同促销组合的销售效果。运用促销法时要注意，所选择的两地区销售效果必须有可比性而且

---

① 马广海，杨善明. 广告学概论［M］. 济南：山东大学出版社，1999：273.

市场条件相近。

12.3.3　广告销售效果测评的要求

12.3.3.1　综合、全面地考虑、测定广告销售效果

一个企业的商品销售量增减情况是多方面因素综合作用的结果，如商品的质量、价格、货源供应情况、消费者购买力、市场竞争状况等都会直接或间接地影响商品的销售量，而广告只是众多影响因素中的一种。因此，在测定广告销售效果时，必须从企业环境与市场环境整体考虑，全面分析广告的影响力，客观、合理地评价广告所产生的作用。

12.3.3.2　运用多种测定方法对广告销售效果进行测定

企业的广告一般都采用了多种广告媒体组合形式，因此，在广告期内广告的效果是多种媒体共同作用的结果。同时，广告的发布是有计划、持续并反复进行的，近期反映出来的销售效果可能是过去广告长期积累的结果。在测定广告销售效果时，应采取多种方式同时测定各种媒体广告的影响，并注意何种媒体的广告影响力最强，以便合理地使用广告预算。

12.3.3.3　测定广告销售效果的两面性

广告销售效果包括广告活动开展后促使商品销售增加或减缓销售下降速度两种结果。在多数情况下，广告对商品能起到促销作用；但在特殊情况下，广告仅减缓销售下降速度，这也是广告的积极作用。因此，在测定广告销售效果时，应依据市场的变化，明确此次广告销售效果是以测定商品增销为主，还是以是否减缓销售下降速度为主。

王老吉凉茶就是通过不断的广告宣传带来400%的销量增长。下面来回顾一下王老吉广告带来的销售神话：

王老吉作为一个具有上百年历史的凉茶品牌，是一种有药效的饮用品，它根据产品的独特性创造出了"怕上火，喝王老吉"这句经典广告语，并以此介绍了它的产品属性及功能，成功地创造出凉茶这一产品的销售市场，如图12.5所示。

为更好地唤起消费者的需求，电视广告选用了消费者认为日常生活中最易上火的五个场景：吃火锅、通宵看球赛、吃油炸食品、烧烤和夏日阳光浴。画面中人们在开心地享受上述活动的同时，纷纷畅饮红色王老吉。结合时尚、动感十足的广告歌反复吟唱"不用害怕什么，尽情享受生活，怕上火，喝王老吉"，促使消费者在吃火锅、烧烤时，自然联想到红色王老吉，从而产生购买行为。

针对红色王老吉的品牌定位和市场目标，"预防上火"的宣传口号在当时取得了很不错的宣传效果。并且，红色王老吉的电视媒体选择从一开始就主要锁定覆盖全国的中央电视台，保证了红色王老吉在短期内迅速进入人们头脑，给人留下了深刻印象，并迅速红遍全国。

2002年，王老吉饮料年销量1.8亿元；

图 12.5　王老吉的广告图片

资料来源：来自网络，经作者整理。

2003 年，王老吉饮料年销量 6 亿元；

2004 年，王老吉饮料年销量近 15 亿元；

2005 年，王老吉饮料年销量超过 25 亿元（包括盒装）；

2006 年，王老吉饮料年销量近 40 亿元（包括盒装）。

12.4　广告的社会效果测评

广告社会效果是指广告刊播以后对社会产生的影响，包括正面影响和负面影响。这种影响不同于广告的心理效果或经济效果，它是意识形态领域的内容，涉及社会伦理道德、风俗习惯、宗教信仰等问题。这些内容很难用确定的量化指标对其进行衡量，只能依靠社会公众长期建立起来的价值观念来评判它。

12.4.1　测评广告的社会效果应该遵循的原则

12.4.1.1　真实性原则

真实性原则，即广告宣传的内容必须客观真实地反映商品的功能与特性，实事求是地向媒体受众传输有关广告产品或企业的信息。广告是社会文化的重要组成部分，随着市场经济的发展，广告成为一种无时不在的文化艺术形式，这就要求广告内容必须客观真实地反映产品、服务、企业形象等各种信息，并且全面真实地介绍产品。只有诚实可信的广告信息，才能赢得消费者的好感。

2004 年 3 月，上海林赛娇生物科技发展有限公司利用报纸发布虚假违法保健食品广告，宣传"肠清茶"保健食品，该广告超出了批准的保健功能范围，称能使消费者

"毛孔变小、皮肤细腻，失眠得到改善"。经食品药品监管局及工商部门调查，该广告违反了保健食品广告真实性原则，责令其停止发布该违法广告并处罚款 24 000 元。

12.4.1.2 社会道德规范性原则

广告画面、语言、文字、人物形象要给人以精神的提高与满足，能对人的精神文明建设起促进作用，对人的思想道德、高尚情操及良好风俗等起潜移默化的影响作用。因此，广告策划者在测评某一广告的社会效果时，要以一定的社会规范为评判标准来衡量广告的正面社会效果。

比如现在很多公益广告或商业广告都以提升受众的社会道德标准为目标，使广告成为人们精神文明建设的又一重要工具，如图 12.6 所示的公益广告：

图 12.6 关注流浪儿童的公益广告

资料来源：来自网络，经作者整理。

12.4.1.3 民族性原则

广告创作与表现必须继承民族文化，尊重民族感情，讲求民族风格。在创作和表现上力求风格明快、文字言简意赅，切忌朦胧晦涩、使用不易理解和不易接受的表现手法。

再来看几则有关振兴民族工业的广告案例：

例 1：20 多年前，双星就提出在市场商战中发扬民族精神，振兴民族工业。创造民族广告是双星企业最大的爱国的理论和目标，并由此确立了双星在市场经济中的航向。20 多年来，双星员工通过艰苦奋斗，使双星广告成为民族广告的一面旗帜，更让双星人认识到名牌是企业的形象和代表，民族广告是一个国家实力的象征。这种爱国情怀感召着双星人，也更激励着双星人在壮大民族广告的道路上不断创新超越。

例2：联想集团用振兴民族科技为己任的理想，营造振兴民族品牌的浓厚氛围，并提出"希望制定有利于民族工业发展的行业采购政策，在性能价格比相同的前提下，优先购买国产商品"的策略。随后，联想集团凭借惊人的廉价优势及民族品牌热浪的助推，使联想经济型电脑席卷全国，市场份额节节攀升。

例3：由军工厂转型的长虹，是国内最早从日本松下引进彩电生产线的企业，该企业的使命是"以产业报国、民族昌盛为己任"，高喊"用我们品牌筑起我们新的长城"，"长虹以民族昌盛为己任，献给你——长虹红太阳"等广告宣传口号，一时间激起了强烈的民族感情。

12.4.2 测评广告社会效果应包含的具体内容

测评广告社会效果应包含的具体内容有以下几点：

（1）是否有利于树立正确的价值观念。

（2）是否有利于树立正确的消费观念。正确的消费观念是宏观经济健康发展的思想基础，也是确保正常经济秩序的基础。

（3）是否有利于培育良好的社会风气。

2006年中秋时，雕牌洗衣粉策划了这样一则亲情广告：画面上，只身到外地工作的女儿中秋想家，想念爸爸的红烧肉，想念妈妈用雕牌洗衣粉洗衣服的样子，于是给父母打电话，如图12.7所示。而后画面转到父母从家乡到女儿所在的城市的家里，父亲在做红烧肉，妈妈在洗衣服，女儿热泪盈眶地叫"爸，妈！"爸爸腼腆不好意思地说"你妈非要来……"一家人含泪而笑。广告很温馨、很感人，女儿的思念、母亲的慈爱、父亲的关切，全都映在眼里。

图12.7 雕牌洗衣粉饱含亲情的广告

资料来源：来自网络，经作者整理。

广告已成为我们生活中不可或缺的一种文化现象，好的广告能给人以美的享受，让人记忆深刻。"雕牌，愿家家团圆"的中秋广告正是因为它表达出了万千观众的感情和心理诉求而被观众牢牢地记住，并给予好评。

本章小结

　　广告效果，指所开展的广告活动通过广告媒体传播后所产生的影响或作用，或者说媒体受众接触广告后所产生的结果性反应。这种影响可以分为对媒体受众的心理影响、对广告受众消费观念的影响以及对产品销售的影响。广告作为促销的一种手段，必然可以用销售情况的好坏直接判断广告效果如何。

　　广告心理效果的测定，即测定广告经过特定的媒体传播之后对消费者心理活动的影响程度。广告心理效果测定的主要对象是消费者，测定其对广告作品的心理效果、对广告媒体的心理效果以及对广告促销的心理效果等。

　　测评广告促销效果，指测评在投入一定广告费及广告刊登或播放后的产品销售额与利润的变化状况。广告社会效果是指广告刊播以后对社会产生的影响，包括正面影响和负面影响，这种影响不同于广告的心理效果或经济效果，它是意识形态领域的内容，涉及社会伦理道德、风俗习惯、宗教信仰等问题。

思考题

1. 简述广告效果的特点。
2. 测评广告效果应遵循的原则有哪些？
3. 了解广告效果测评的程序。
4. 请列举关于测评广告心理效果的方法。
5. 掌握广告销售效果测定的要求。
6. 了解广告的社会效果测评。

本章参考文献

［1］赵宁. 广告学［M］. 大连：东北财经大学出版社，1996：233.

［2］马广海，杨善明. 广告学概论［M］. 济南：山东大学出版社，1999：273.

［3］新浪网. http://finance. sina. com. cn/b/20040929/08401055530. shtml.

13 广告的制作

本章提要：

广告制作是一则广告整个创作过程中的最后一道工序，广告制作的完成也就意味着整个广告作品的完工。广告作品制作的好坏和制作水平的高低直接影响着广告面世后的传播效果，因而任何一家广告公司都不会轻视广告制作这最后一步工作。广告制作首先是广告创意的实际体现过程，任何一则优秀的广告创意都必须由制作人员经过一系列工序的制作后才能变成现实的作品。而不同的广告媒体作品，其制作方式和制作环节也大不一样。本章简单介绍一下平面媒体、电子媒体以及其他媒体的广告制作程序，以期让读者对广告制作有一个大致的了解，在今后的工作中更好地进行广告创意及设计制作。

13.1 平面印刷广告的制作

平面广告主要指以印刷方式表现的广告，如报纸、杂志、招贴等。对广告设计制作人员来说，各类平面广告作品是在经过严格的设计制作程序后最终完成的。平面广告在一些构成要素、表现手法上有很多共性，我们将简单说明并介绍报纸和杂志广告的制作。

13.1.1 平面广告设计的基本要求

13.1.1.1 简洁明快、通俗易懂

因为广告是一种快速集中的信息传递，因此广告设计首先要做到产品或品牌诉求简洁明快、通俗易懂，要在极短的时间内给人以强烈的冲击与震撼，而不要去设计那些长篇大论、好长时间也看不完、半天也看不懂的广告，这样只会浪费受众时间，并且极少有受众会被这样的广告吸引。

13.1.1.2 突出主题、新颖独特

当今的商品经济社会早已成为广告的汪洋大海，如果所设计的平面广告作品未能做到新颖独特，主题未能鲜明突出，将难以引起消费者的注意，从而被淹没在广告的汪洋大海中。因此，必须用新颖独特的设计来突出广告主题，吸引消费者的注意。如在第七届中国广告节获金奖的平面公益广告"帮助山区失学儿童"，就别出心裁地用一

卷行李和一个书包来突出失学儿童背不起书包而只得去背沉重的行李外出打工的主题，这一新颖独特的设计紧紧抓住了人们的同情心理，其宣传效果非常理想。

13.1.1.3　讲究和谐统一，设计构图要有均衡感

广告设计时应强调各要素间的配合与协调，尤其对于各种平面广告更是如此。和谐统一的具体意思是要求构成广告的各部分既各自变化又在总体设计布局上求得统一。广告设计的各部分如果没有变化，会给人一种单调乏味的感觉，让人觉得这样的作品不耐看；总体设计布局不讲究完整统一则又令人觉得该作品杂乱无章、冗繁难懂。因此，广告设计必须努力做到各部分在变化的同时求得整体的统一，在整体统一的同时讲求变化，这样才能设计出诉求准确、赏心悦目的广告作品来。

13.1.2　平面广告制作的主要程序

13.1.2.1　构思准备与创意

这是设计的准备阶段。这一步要做的主要工作是了解相关资料，进行作品构思与创意。在这个阶段要初步确定广告的表现形式以及诉求重点，领会广告文案的重点和核心部分，并形成初步的广告创意表现。

13.1.2.2　草创阶段

进入实际设计过程后，平面广告设计人员应设计出广告草图，并将草图交由广告策划人员和广告客户审查，在听取各方面的意见后，对草图不断进行修改，直至通过。在这一阶段应该不厌其烦、精益求精。

13.1.2.3　定稿完成

设计出的草图方案一经审定后，即开始正式设计、绘制、拍摄照片与剪辑组合，直到完成整个作品。这最后一步工作尤其需要细心，决不可因草稿已经通过了审定而草率行事，出现不应有的毛病，要保证最终定稿后排版印刷。

13.1.3　报纸广告的设计制作

报纸是最先出现的大众传播媒体，也是广告传播应用最早、历史最长的载体。在传播媒体高度发达的今天，报纸仍然不失为提供广告信息服务的优良工具。精心设计报纸广告，对于更加有效地发挥报纸的传播功能是十分重要的。

13.1.3.1　报纸广告的表现形式

报纸主要运用文字、图像、色彩以及空白等版面语言表现广告内容，这些版面语言的不同组合，构成不同类型的报纸广告，主要有以下几种类型：

（1）纯文字型。广告的内容全用文字表现，没有任何图片。适宜于表现信息内容比较抽象、庄重而又严谨、时效性较强的广告，制作简单，发布方便。

（2）图文并茂型。广告由多种视觉要素构成，既有文字，又有图片。通过图片，能直观地展现商品的形状、特征等，而文字则能对商品作进一步的说明或解释，这样，

既刺激消费者的感官，又有助于加深消费者对广告对象的理解。

从色彩表现的角度看，报纸广告又可分为：

（1）黑白广告。在相当长的一段时间内，黑白广告是我国报纸广告的主要形式。一般以纯文字为主，也有图文结合的，色调为黑灰色。目前我国报纸大都已实现彩色印刷，广告彩色化已普及。

（2）套色或彩色广告。不同的颜色会对读者产生不同的心理震荡。报纸采用彩色、套色等方法来刊登广告，其效果会更好。调查显示，比起黑白广告，彩色广告的注目率要高10%～20%，回忆率高5%～10%。因此，报纸采用彩色印刷广告，能得到比较理想的传播效果。

（3）空白广告。利用大面积的版面空白，通过虚实的强烈对比，突出广告主题。此处无字胜有字，反而使广告内容更突出、更醒目，产生更好的视觉效果。但这种手法只能根据广告主题表现的要求，偶尔采用。适宜于版面较大的广告，或者系列报纸广告为制造悬念而运用。

图13.1是一个获奖广告。《现代广告》杂志社社长兼主编陈永对此广告的评语是：《空白报纸篇》是一件非常优秀的电信类广告作品，是在第十六届全国报纸优秀广告奖广州日报杯参赛作品中能够让评委眼前一亮的作品。报纸是传递信息的载体，一份份反常态的空白报纸在报摊上引起了受众的极大关注，报纸上的文字哪去了？如图13.1所示。这时广告告诉你3G时代将从根本上改变人们的阅读方式和生活形态。它的创意来源于生活，看似平淡，却又极具震撼力。文案准确精练，构图和版面处理都恰到好处，反映出创作者的深厚功底。最为出色的创意卖点是它采用了特殊媒体表现形式，把空白的报纸出人意料地摆在了报摊上，在眼花缭乱的报刊中，引发了受众的关注，从而达到广告的诉求目的，预告一种全新的阅读方式随着3G时代的到来而来临。

13.1.3.2　如何提高报纸广告的注目率

注目率指接触报纸广告的人数与阅读报纸的人数的比率，是评价报刊广告阅读效果的一项重要指标。注目率越高，说明广告的传播效果越好。设计制作报纸广告，要为提高报纸广告的注目率服务。因此，在广告设计制作过程中，除了充分利用各种视觉要素外，还要讲求设计技巧，可以从以下几方面着手：

（1）版面大小的安排。报纸广告的版面大致可分为全版广告、半版广告、半版以内广告如1/4通栏、小广告等。小广告多是分类广告栏中的广告。广告版面空间的大小，对广告注目率有直接的影响。一般情况下，版面越大，注目率就会越高。在国外，报纸广告大型化已成为一种发展趋势。整版广告的运用率已越来越高，甚至两连版广告也经常出现。但版面越大，所付出的购买费用也越高。一方面有广告客户的财务状况问题，另一方面也有成本效益的问题。在某些情况下，版面与表现手法等有机地结合起来，即使版面较小的广告，也可能得到较高的注目率。

（2）版面位置的选择。报纸广告的版面位置包含两个方面：一是版序，即广告安排在哪一版；二是指广告位于某一版面的空间位置。

一般来说，报纸的正版（第一版或要闻版）更引人注目，其他各版，可因版面安

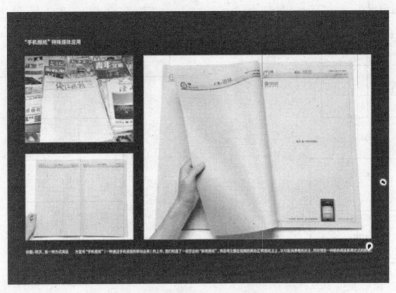

图 13.1   空白广告——《空白报纸篇》
资料来源：来自网络，经作者整理。

排的内容而各有侧重。按照一般的翻阅习惯，在横排版的报纸，右边版要优于左边版。但随着报纸版面的增多，读者往往对某些版面形成定读性，因而广告的目标消费者与形成定读性的读者联系越紧密，其注目率就可能越高。根据这样的规律，选择与目标消费者一致的某一版可能会获得较高的注目率，但实际上可能会因广告价格和有关规定等问题而放弃选择，更多的是考虑如何选择广告的目标消费者与读者接近的版序。

另外，在同一版面上，读者视线扫描的顺序，一般首先是上半版，然后是下半版。在上半版，读者视线首先注意的是左上区，然后是右下区。因此，在同一版面上的广告，读者的注目率通常是左半版优于右半版，上半版优于下半版。如果按版面的四个区间来划分，其注目率依次是左上版区、右上版区、右下版区、左下版区，如图 13.2 所示。

由此可以看出，同一版面的不同位置，读者的注目率是不一样的。要尽可能地依从读者的阅读顺序，在适当的版面位置安排刊载广告。

（3）注意研究读者的阅读方式。读者有时会出现跳读，把整版或半版的报纸广告跳跃过去，从而影响注目率。这需要对读者的阅读方式和习惯进行研究，善于抓住广告内容和表现形式与报纸版面的联系，"强迫"读者阅读。如把半版及半版以下的广告安排在与其内容相近的版面上，或把整版广告安排在相邻的版面等。使广告的形状、编排方式发生变化，不一定"四方形"一律化，也可六边形、圆形、三角形，适当予以横排、竖排、横竖结合等。

（4）充分运用各种表现方式。为了提高广告的注目率，更要注意巧妙地运用各种表现方式如图画、色彩、文字、装饰等，并予以有机的组合和布局，加大刺激，吸引读者的视线。

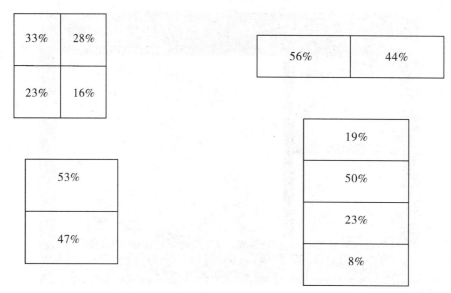

图13.2 同一版面内报纸广告的注意率分布

13.1.3.3 报纸广告的制作程序

报纸广告的设计制作一般有如下几个过程:

(1) 确定构思。在创作会议中统一创作方针,分析所选定的报纸媒体的读者层构成,选择适合的广告对象,按投其所好的创作指导思想确定创作技法和风格。

(2) 绘制草图。在统一的创作思想指导下,广告创作人员充分考虑与其他媒体广告的衔接和风格的统一,将构思表现为黑白墨稿草图和语言文字设计方案,即成为报纸广告小样。

(3) 确定终稿。创作人员将报纸广告小样送交广告创作会议讨论。创作人员根据会议的意见进行修改,直至最后通过。经广告客户认可,即可按照小样制版。

(4) 制版处理。制版工作通常由报社印刷厂进行,一些有能力的广告公司也可以自行制版。当今国内的报纸都已采用激光照排技术来排版制版。激光照排系统是由微机终端机、主机、照排监控机、校样机、激光照排机及其相关软件组成的一个完整的排版制版系统,最后经由激光照排机在照相底版上形成文字,用底片来制版印刷。

(5) 最终印刷。广告创作人员了解印刷的工艺,才能做好印刷的准备工作,对印刷效果提出切实可行的要求。

13.1.4 杂志广告的设计制作

杂志广告的设计制作与报纸广告有许多相同之处,但杂志因其所具有的独特传播特点,在表现形式和稿件安排上有一定的差异。

杂志种类繁多,总发行量大,读者对象稳定且又有很强的针对性,适宜于对不同类别的目标消费者进行广告信息传播。其传播优势近年来越来越被认识,杂志广告的收入,呈逐年上升之势。这样的客观环境对设计制作好杂志广告也提出了更高的要求。

13.1.4.1　形式的开发利用

杂志的开发相对于报纸要小得多，就杂志本身的版面形式来说，不如报纸。但杂志的空间却可以伸展，使得杂志广告的表现形式多样化。如全页（版）广告是经常采用的最基本的形式；跨页广告是一则广告印在同一平面的两个页面上，比全页广告的面积扩大了一倍；折页广告分为一折、双折、三折等形式，以扩大杂志的页面；插页广告是插在杂志中，可以分开、独立的广告。特殊形式的广告，如立体广告，就是把广告的形状做成立体型；有声广告能够发出声音；香味广告能散发与商品有关的香味等。

13.1.4.2　版面的选择安排

和报纸广告相近，杂志广告的版面选择也分版序和版位两种情况。版序主要有封面、封底（这两版在杂志的所有版面中注目率最高）；封二、封三、扉页（这三版的注目率次之）；正中内页、底扉（注目率再次之）；一般内页（注目率最低）。版位即指广告在版面的位置。在上下版中，上版比下版的位置好，而左右版，则右版比左版的位置要好。

13.1.4.3　广告与正文的互动

要引起读者的注意，利用杂志正文内容和广告信息的关联，形成互动，是一种有效的设计思路。比如在一个全页或二连版上，一部分介绍酒的知识，另一部分刊载一种酒的广告。

13.1.4.4　视觉要素的整合

杂志广告的印制一般要比报纸广告更精美。为了增强表现力，杂志广告应多以图片为主，注意图文的有机组合；色彩的运用也非常重要。

13.1.4.5　杂志广告的制作程序

杂志广告大多数是商品的照片广告，具体制作过程如下：先把照片扫描到微机里，如果是使用数码相机拍摄的产品照片，那就可以直接将照片存储到电脑桌面，随后对照片进行仔细修正；同时为了能更好地突出品牌特色的创意点，需要再把这一修正过的商品照片和杂志同一页上的其他内容进行组合，输出分色软件，再用软件制版，最后进行印刷。

除了报纸和杂志以外，还有大量的平面印刷广告，如海报、DM 广告、夹报广告等。它们的设计制作要求和方法，与报纸或杂志广告几乎是一致的，此处不再另外介绍。

13.2　电子媒体广告的制作

运用电子手段传送广告信息的媒体有很多，其中，电视广告和广播是主要的。了解设计与制作电视广告及广播广告的要求和方法，也就能够对设计与制作一般电子广告的规律有所认识和把握。因此这里重点介绍电视广告及广播广告的设计与制作。

13.2.1　电视广告的设计制作

电视广告由于具有视、听双重信息传递效果，因此自从 20 世纪 60 年代以后一直是最具吸引力、传播效果最好的一种广告形式，虽因播出时间的限制，电视广告一般制作得都很短小，但从其制作程序来讲，和电影、电视剧一样要经过如下工序方可完成：

13.2.1.1　撰写脚本

影视广告拍摄制作的第一步就是要把经过审定送来的创意效果图撰写成分镜头脚本。在撰写时要遵循以下原则：

（1）一定要尊重创意人员的创意成果，不要轻易在脚本文稿中改动原创意图。因为每一条创意，尤其是被企业主和广告公司决策后共同认可的创意，都是浸透了创意人员全部心血的成功之作，其中的品牌诉求、画面表现、语言、音响提示等体现出了广告主的设想意图和商品诉求意图，所以在写脚本时应尽量按照效果图来撰写。

（2）由于国内的电视广告一般以 30 秒的片子为主，因而在写分镜头脚本时应控制在 14 个镜头以内（极个别的特殊产品除外），因为当每个镜头的长度不足 2 秒时，画面很难充分表现出应有的诉求意义。从通常的经验来看，一条 30 秒钟的电视广告其画面以 8~12 个最好。

13.2.1.2　选择模特

写好分镜头脚本后，就要根据广告宣传的品牌特点来选择表演模特。模特既可以聘请专业演员，也可以选用非专业人员；近些年来，国内的广告主们纷纷效仿国外影视广告的做法，青睐于高价邀请各类明星作广告模特，请明星为品牌做宣传。由于明星的知名度高，会使一部分消费者，尤其是这些明星的"粉丝"们购买该商品。但同时也应看到这样做会有两个不容忽视的负面效应：一是尽管该明星的"粉丝"们会蜂拥而至购买该产品，但会有相当一部分原本拿不定主意是否买该商品的消费者会因为对这一明星的不喜欢而作出不买这一产品的决定；二是明星亮相的价码往往太高，少则几十万元，高则上百万元甚至几百万元；因而请明星的结果必将大大增加广告制作成本。制作成本的加大，无疑会降低媒介播出的时限，这样可能会导致不少消费者错过或减少收看机会，使品牌宣传的渗透面缩小，因而在聘请明星做广告时应持谨慎态度。

13.2.1.3　筹备并组成拍摄组

在影视广告正式拍摄前，广告公司应先聘请一位导演，由导演选定摄影师、照明师、录音师、美工、布景、化妆师等和模特一起组成拍摄组。拍摄组成立后，导演要对成员进行分工，并提前"说戏"，使大家尽早进入角色。同时，导演还应在正式拍摄前进行几次试拍，以便拍摄组所有成员都能尽快找到感觉。

13.2.1.4 正式拍摄

当所有准备工作完成后，影视广告即可进入正式拍摄程序。目前各广告公司普遍采用的是用数码电子摄像设备来拍摄。这类电子摄像机的主要类型有两种，即广播影视用摄像机和特殊用途摄像机，拍摄影视广告主要用广播影视用摄像机。除了拍摄设备的选用外，最为重要的一项工作就是具体的拍摄过程了。在整个拍摄过程中，导演一方面要不断提示模特的表演逼真到位，另一方面要同时协调好摄像、录音、照明等部门的人员各司其职。此外，摄影师应充分调动起各种拍摄技巧与拍摄手段，如长镜头、变焦距镜头、广角与超广角镜头；推、拉、移、摇等拍摄手段；应讲求变幻、丰富的画面感觉，力争拍摄出最佳的表现效果来。同时，摄影师还应有意识地运用静感表现动感的摄影技术，巧用结构空间、时间修饰的技巧和特技。最后，还应有意识地运用特写、定格等技巧来突出品牌形象，最大可能地吸引消费者的注意。

13.2.1.5 后期剪辑

剪辑一词源于法语，意思是组接、连接，主要是对已经拍摄好全部镜头的胶片进行组接。剪辑一般分为对广告片画面剪辑和声带剪辑两个部分。画面剪辑的主要任务是去掉多余部分，使画面连贯地排列起来，形象地表现出品牌独具之特点。同时，声音与画画的合成要做到浑然一体、天然合成。声音剪辑工作应和画面剪辑同时进行。在剪辑时要精确控制广告片的规定长度。我们国内播放的广告片一般以 30 秒、15 秒、10 秒、5 秒四种规格为主，只有少数广告片为 20 秒或 60 秒；国外的广告片则有 120 秒和更长的，在剪辑时要严格把准秒数，不可长也不要短。

13.2.1.6 配音

配音主要是指为画面表现配上相应的旁白、独白、对话、解说词、歌词、画外背景音乐的一系列音响效果工作。配音对广告播放效果有着直接影响，配音技巧运用得当可明显增强广告作品的艺术感染力，打动消费者的心。因此，应该力求选用有独特音质的播音员来为广告配音。此外，好的广告音乐也可调动起消费者的欣赏激情，促使他们去喜爱广告所宣传的商品，因而在配制广告音乐时应力求使音乐在广告片中起到烘托的作用。

13.2.1.7 试播

广告制作完毕后，应组织广告主和广告公司有关人员进行试播检验，必要时还可请一些普通群众来观看并提出意见。如果该广告片经几方人员试看后，大家一致认为已达到了预期创意目的，方可制成母带。此后可用该母带拷贝，到了这时，一个电视广告作品才算正式完工。

当前，由于信息技术的飞速发展，运用数码摄像技术来拍摄影视广告能将前期拍摄与后期制作以及播出合为一体，后期制作与播出可在计算机中一次完成，同时亦省去了胶片多次使用后的磨损现象，制作与播出十分方便。

13.2.2 广播广告的设计制作

广播广告主要靠语言、音乐和音响来传播广告信息，因为这一媒体的接收特点是依靠听觉。因此，在制作广播广告时的主要工序应该放在如何才能获得最佳声音效果上来。广播广告的录制，相对于电视广告要简单一些。但首先仍然要写出广播广告的脚本，在得到有关方面认可后，方可进入广告制作阶段。

13.2.2.1 准备过程

在准备过程阶段，主要应进行的工作有广播文稿的构思、创意与文案写作，导演的聘请，播音员、音响师的选定，音乐背景素材的准备等等。在创意写作广播广告文案时，要依据品牌特性、消费者对品牌的喜爱度等撰写出集中、明确，又能抓住消费者心理的文案。写作的同时还应考虑根据文案的创意选用何种音乐表现形式，配以什么音乐和音响效果等。此外，在撰写广播广告文案时，还应遵循以下原则：

（1）对话语言尽量简短。

（2）解说语言中尽量避免使用程度副词，以免给消费者造成一种夸大、不真实的感觉。

（3）注意解说语言句子间的押韵，尽量增强语言的节奏感，多给听众带去一些听觉上的审美感受。

13.2.2.2 实地录制

广播广告的制作是在演播室内完成的。一般在录制的前一天，演播室要做好各种器材准备，同时提前将广告脚本送交各位演员。在实地录音时，要进行下面几项工作：

（1）对台词。广告演员在广告导演的指导下，阅读脚本，对台词。

（2）进行预排。把演员的演播同音乐、音响等放在一起预排，看配合效果如何，从中发现在脚本写作过程中还没有意识到的问题，进一步修订完善。

（3）正式录音。经过几次排练后，就可以开始正式录音。

13.2.2.3 试听阶段

广播广告制作完成后，要送交广告主和广告公司有关人员审听、试听，必要时还应邀请部分消费者前来审听、试听，充分听取各方面意见并进行修改后，方可进行正式播出。

13.3 其他媒体广告的制作

除了传统的四大广告媒体之外，现代社会已出现越来越多的新媒体，如户外媒体、手机、电脑、电梯等，在此简单介绍一些户外媒体广告的制作。

13.3.1　灯箱广告的制作

灯箱广告是户外广告的一种主要形式。灯箱广告是把广告制作成灯箱固定在店铺门面外和马路上显眼之处，起品牌宣传的作用。目前我们国内的灯箱广告主要有喷绘和写真两种。灯箱广告的制作程序是：先将所要做广告的商品在电脑中进行设计，设计好后放大成要实际制作的标准尺寸，随后喷绘或写真在专用的防雨布上，贴在灯箱有机透明塑料外壳的内壁上，再置以一定瓦数的照明灯管，把外壳制成形状各异的灯箱，固定在户外的某一固定位置，如我们常见的公交站牌、门头等位置即可。

电脑喷绘是一种在电脑控制下进行的绘画，是一种新型电脑图画制作方法。其组成部分主要有彩色扫描仪、主机系统、彩色绘制机三大部分。其工作流程大致为：图像及文字扫描输入——主机（进行编辑、处理）——专业分色处理＼彩色绘制机——喷绘输出。其喷绘适用的材质多种多样，如可在各种纸张、板材、玻璃、瓷砖、墙壁、布匹、百叶窗等多种材质上进行喷绘。它喷绘出的广告作品，具有色彩鲜艳、不易褪色、复制逼真、生产效率高、应用范围广、广告效果好等各种优点，因而电脑喷绘被广泛应用在广告牌、灯箱、展厅布置、影剧院等各种广告宣传品的制作上。

随着计算机技术的革新，会有新的软件不断应用到广告设计中来，还会有新的设计方法被开发出来，广告创制人员应随时了解科技成果的最新动态，保持先进的设计制作水平。

由于灯箱广告表现出的品牌形象逼真诱人，因而近年来已普遍为广告主所采用，成为户外广告的主要形式。

13.3.2　霓虹灯广告的制作

霓虹灯广告尽管已有100多年的历史，但真正被人们视做品牌表现的广告媒介物却是20世纪30年代以后的事情。由于它能在漆黑的夜晚用独具的耀眼光亮，用闪烁、变幻、色彩鲜艳的灯光诉求引起消费者的注意，因而在很短的时间里就发展成了户外广告的一种主要形式。

霓虹灯广告由于其制作成本较之灯箱广告要高得多，因而在一般情况下只能占据很少的空间，所以它所表现的广告文字与图案要尽量简化，力争用品牌或信息的某一代表点来表现出整个诉求意图。

霓虹灯广告由于一般都安装在户外，因风吹日晒和人为的因素，很容易发生破损现象。近年来有关科研机构经过努力，已研制出有机高透明度防损玻璃灯管，并用来制作霓虹灯管。这一科研成果的研制成功是霓虹灯广告的一个重要技术革命，现在这一新技术成果已开始被用到了霓虹灯管的制作中。

13.3.3　车身广告的制作

车身广告主要指在公交汽车、地铁列车以及其他交通车辆车身上制作的广告。它分为两种，一种是车体外部广告，如图13.3所示。这种广告的制作先要由有关创作人员画好品牌效果图，按车身尺寸进行放大，随后把放大样勾画在车身上，再对轮廓图进行细致的美术绘制。绘制时要依照亮艳、夺目的原则调配颜色，绘制完毕后再喷上一层防护漆即可。而现在更多的是利用写真将广告画面贴在车身上，这样可以节省很多的时间去绘制。另一种是车厢悬挂式广告。车厢悬挂式广告的制作则相对简单，绝大多数这类广告都是把各种商品的招贴画贴在车厢里旅客视觉容易接触的地方而已。只有少数商品广告是把图形和文字放在一起，绘制好后再悬挂在车厢里。

图 13.3　公交车车身广告

资料来源：来自网络，经作者整理。

本章小结

　　对广告设计制作人员来说，各类平面广告作品是在经过严格的设计制作程序后，才最终完成的。平面广告在构成要素、表现手法等方面有很多共性，如平面广告制作的基本要求包括：简洁明快、通俗易懂，突出主题、新颖独特，讲究和谐统一，设计构图要有均衡感等。而平面广告制作的主要程序则包括以下三个阶段：构思准备与创意、草创阶段和定稿完成。根据报纸和杂志媒体具体的特点，其制作要求也有所不同。而对于电子媒体来说，由于广播只要求声效，因此和电视媒体的视听相结合要求不同，各自的制作程序及要求也不相同。相对来说，电视广告制作更为复杂一些。除了传统的四大广告媒体之外，现代社会已出现越来越多的新媒体，如户外媒体、手机、电脑、电梯等，其各自的广告制作要求也相差很大。

思考题

1. 简述平面广告制作的基本要求。
2. 报纸广告的制作程序有哪些?
3. 电视广告的制作程序有哪些?
4. 尝试利用一些软件设计电脑喷绘的广告。

本章参考文献

[1] 何修猛. 现代广告学 [M]. 4 版. 上海: 复旦大学出版社, 2002: 206 - 210.

[2] 李苗, 等. 新广告学 [M]. 广州: 暨南大学出版社, 2002: 229 - 275.

[3] 李军波. 现代广告理论与实践 [M]. 长沙: 中南大学出版社, 2002: 201 - 252.

[4] 李东进. 现代广告: 原理与探索 [M]. 北京: 企业管理出版社, 2000: 221 - 248.

[5] 傅汉章, 祁铁军. 广告学 [M]. 广州: 广东高等教育出版社, 1997: 308 - 325.

[6] 袁米丽, 李亚男. 现代广告学教程 [M]. 长沙: 中南工业大学出版社, 1996: 238 - 254.

14　广告与整合营销传播

本章提要：

通过本章的学习，要求了解整合营销传播理论的发展背景，理解整合营销传播理论的内涵，掌握整合营销传播的特征、整合营销传播与传统营销传播的区别，并了解整合营销传播的模式、整合营销传播成功的基础，理解整合营销传播与广告的关系、广告与其他传播要素的组合以及整合营销传播对广告提出的新要求。

14.1　整合营销传播理论

关于广告的营销理论，目前最流行、最具代表性的就是整合营销传播（Integrated Marketing Communication，IMC）理论。整合营销传播这一观点是在 20 世纪 80 年代中期由美国营销大师丹·E. 舒尔茨（D. E. Schultz）提出的。整合营销传播作为营销传播的战略概念，自 20 世纪 90 年代以来，成为营销界的热门理论，近几年对全世界的广告界形成了较大影响，被看做是进入 21 世纪的大趋势。

14.1.1　整合营销传播理论的发展背景[①]

14.1.1.1　传播媒介与传播环境的重大变化

首先是媒介种类和数量的增加，随着传播科技迅速发展，传播媒介在数量、种类、规模等方面有了迅速的发展。其次是传播媒介由"大众化"向"小众化"发展，受众被不断细分。一方面，受众有了信息选择的自主权，倾向于接受自己感兴趣、对自己有用的信息；另一方面，媒介需要适应受众自主性增强和媒介竞争加剧的环境，调整信息传播的思路和方式，发挥自身优势，避免不足，建立特色，找到自己的生存空间。传播媒介由"大众化"向"小众化"发展的结果是：媒介种类和数量的增加，导致受众注意力的稀缺和受众群的分散，进而导致企业营销传播的费用上升和效果的下降。信息传播内容的丰富化、信息符号的多元化和传播渠道及传播方式的多样化，使广大受众有机会接触大量信息。信息量的增加，使受众对信息的认识模糊化、无差别化，这导致了利用单一媒介发送信息的可信度下降。企业需要增加营销传播的费用来实现

---

① 胡晓云，张健康. 现代广告学［M］. 杭州：浙江大学出版社，2007：178 – 179.

营销目标。为此，企业不得不采用更多的传播手段来包围受众。

14.1.1.2 传统的营销传播受到严重挑战

随着生产技术的进步和社会化大生产的成熟，市场中产品同质化程度越来越高，产品的质量、功能、包装、价格、流通渠道等越来越相似。消费者的消费主观认知加强。也就是说，消费者作购买决定时越来越依赖主观认知而不是客观事实。按照传统营销传播理论的观点，消费者主要根据通过各种传播渠道接触的大量消费信息，经过筛选过滤、认真理性思考后，获得认知，从而采取一定的购买行动。但由于信息爆炸，处于信息超载的消费者接触消费信息的广度有了极大的增加，但深度却大大降低。消费者没有时间去仔细对各种信息进行处理，只能蜻蜓点水，把有意或无意中获取的零零碎碎的信息组合起来，形成某种知识，然后根据这种知识对产品作出判断。他们只能很浅层地处理他们所获得的信息。一旦消费者认为已经获得足够的产品信息来作购买决策，就会很自然地忽视和他们已知相冲突的信息。

在传统的营销传播受到严重挑战的背景下，单一的传播手段是远远不够的，必须使消费者有多个信息接触点，进行系统、持续而统一的传播。针对以前广告理论中营销与传播分离的现状，营销界提出了"整合营销传播"的观点，真正将营销与传播结合起来，把它们融为一体，成为广告理论发展的一大进步。

14.1.2 整合营销传播理论的内涵

美国广告业协会对整合营销传播的定义是：整合营销传播是一个营销传播计划的概念，要求充分认识用来制订综合计划时所使用的各种带来附加值的传播手段——如普通广告、直接反应广告、销售促进和公共关系——并将之结合，提供具有良好清晰度、连贯性的信息，使传播影响力最大化。[①]

丹·E. 舒尔茨教授认为：整合营销是一种适用于所有企业中信息传播及内部沟通的管理体制，而这种传播与沟通就是尽可能与其潜在的客户和其他一些公共群体（雇员、立法者、媒体和金融团体）保持一种良好的、积极的关系。其主要强调在众多媒体、不同消费者接触点保持信息的一致性，遵循"用同一种声音说话"（speak with one voice）的营销传播原则[②]。在其《整合营销传播》一书中，详细阐述了企业整合营销传播的策略、整合营销传播的方法以及整合营销传播的效果评估等。

美国科罗拉多大学整合营销传播专家汤姆·邓肯认为：简单地说，整合营销传播就是一个运用品牌价值管理客户关系的过程。他引入了"关系利益人"的概念来解释整合营销传播，整合营销传播指企业或品牌通过发展与协调战略传播活动，使自己借助各种媒介或其他接触方式与员工、顾客、投资者、普通公众等关系利益人建立建设性的关系，从而建立和加强与他们之间的互利关系的过程。

---

① 乔治·E. 贝尔齐，等. 广告与促销：整合传播展望［M］. 张红霞，等，译. 大连：东北财经大学出版社，2000：13.

② 江波. 广告心理新论［M］. 广州：暨南大学出版社，2002：27.

14.1.3　整合营销传播的特征

整合营销传播最重要的基础是顾客关系,其核心思想就是:运用和协调各种传播手段,整合企业内外部所有资源以达到统一的传播目标,最终强化品牌的整体传播力度和一致性,与消费者建立长期、双向、牢固的合作关系。具体而言,整合营销传播的特征包括:

14.1.3.1　以消费者为传播中心,进行双向沟通传播

在整合营销中消费者处于中心地位,因此企业必须在了解消费者所拥有的信息形态及内容的基础上,通过某种方式深入了解消费者的传播媒介接触习惯、信息需求等,以满足这些需求,实现企业与消费者的有效沟通。

14.1.3.2　以消费者资料库为基础

对消费者深刻全面的了解,是以建立资料库为基础的。厂商在长期营销传播过程中,必须对消费者的基本概况有所记录。资料库应记录消费者方方面面的信息,包括人口统计特征、心理统计特征、购买历史、使用行为、其他的一些习惯等。整合营销传播的资料库应是动态的,尽可能利用消费者及潜在消费者的行为资讯,并从消费者反应的分析判断中,分析走向、趋势变化和消费者的关心点。

14.1.3.3　以建立消费者和品牌之间的关系为目的[1]

整合营销传播的一个核心是培养真正的"消费者价值",与那些最有价值的消费者保持长久的紧密的联系。这就意味着从消费者第一次接触品牌到品牌不能再为其服务为止,企业必须整合运用各种传播手段,使其与品牌的关系越来越密切,相互获利。

14.1.3.4　以"一种声音"为内在支持点

现在的企业能相当程度地控制消费者对其产品资讯的接触。企业凭借付费和非付费的媒体搭配,控制资讯流动。随着资讯激增,资讯取得越来越容易。消费者因自身的需求主动接触信息,而不是经过现行的由企业主导和控制的信息流通系统。因此,企业不管用什么媒体,其中品牌的信息一定得清楚一致。如果经过多种媒体传递的信息互相矛盾的话,就一定会被消费者所忽视。

14.1.3.5　以各种传播媒体的整合为手段

整合营销传播是复杂的系统工程,以各种传播媒介的整合运用为手段,强调各种传播手段和方法的一体化运用,使消费者在不同的场合、以不同的方式接触到同一主题内容的信息。

要了解传播媒介的整合运用的重要性,必须理解"接触"这个概念在整合营销传播中的意义。在这里,接触指凡是能够将品牌、产品类别和任何与市场相关的信息,传递到消费者或潜在消费者的"过程与体验"。消费者可以通过各种各样的媒体接受各

---

① 杨群祥. 现代广告学 [M]. 广州:中山大学出版社,2005:237-239.

种形式、不同来源、种类各异的信息。所以，这些信息只有保持"一种声音"才能发挥最大的作用，因此，企业对各种传播媒介的整合运用便显得十分重要了。

14.1.4　整合营销传播与传统营销传播的区别

在整合营销传播中，传统的营销组合4Ps发展成新的营销组合4Cs，4Cs理论由1990年美国广告学教授罗伯特·E. 劳特朋（Robert E. Lautelborn）教授提出。4Cs是指顾客（Consumer）、成本（Cost）、方便性（Convenience）和沟通（Communications）。传统的营销观念以生产者和产品为中心，强调4Ps，是一种由内向外的思考。整合营销以消费者为核心，重在沟通，强调4Cs，是一种由外而内的思考。

关于传统营销和整合营销传播的区别，舒尔茨教授用了一句非常生动的话来表述：前者是"消费者请注意"，后者是"请注意消费者"。

整合营销传播与传统营销传播的最大不同，在于整合营销传播是将整个企划的焦点置于现实与潜在的消费者身上，而不只是放在公司的目标利润上。具体体现为以下几个方面：

（1）要研究和关心消费者的需要与欲求（Consumer Wants and Needs），而不是仅把注意力集中在自己所提供的产品或服务上。

（2）要了解消费者要满足其需要与欲求所需付出的成本（Cost），不能只关心产品定价策略。

（3）要考虑如何给消费者方便（Convenience）并购得商品，而不是单方面考虑渠道策略。

（4）进行企业、品牌与消费者之间的双向沟通（Communications），而不仅仅强调促销。

14.1.5　整合营销传播的模式

胡晓云等人在参照舒尔茨等人的基础上，将整合营销传播的模式描述为[①]：

14.1.5.1　资料库的建立

这是整合营销组合策划的第一步，资料库的建设是了解市场外部需求和消费者需求的关键。资料库建设需要明确搜集资料的目的和需要得到的相关内容，健全的资料库信息主要涉及产品用户（目标消费者）信息的搜集与组合。在我国很多企业对于资料库的建设不够重视，但最近越来越多的企业注意到了建立消费者档案的重要性，市场上已有专门进行消费者信息搜集的专业公司。

14.1.5.2　消费者的细分

在资料库的基础上，根据不同情况将消费者加以细分，建立消费者档案。进行消费者细分，首先需要进行消费者市场分析，形成细分化数据，包括人口统计数据、消费心理数据、过去购买数据等；然后，在此基础上，根据不同类型的消费者制订不同

---

① 胡晓云，张健康. 现代广告学［M］. 杭州：浙江大学出版社，2007：186－187.

的营销计划。

14.1.5.3 接触管理

接触管理是营销人员决定在什么时间、地点、场合与现实客户或潜在客户进行沟通的过程。接触管理需要在营销传播组合的各个要素的关联中把握决定。

14.1.5.4 传播沟通战略和目标

在这个阶段，营销传播者借助消费者的资料库，充分了解现实的或潜在的消费者的价值观念、消费需求，营销人员对传播要点、传播将导致消费者采取何种行动进行宏观上的把握，确立传播沟通战略。在战略的基础上，确定传播沟通的目标。

14.1.5.5 营销工具

在这个阶段，营销传播者需要考虑如何使用营销组合作为营销传播工具，以实施传播战略，达到预定的营销目标。需要注意的是，在运用不同的营销工具对各传播要素进行组合时，其传播的信息要保持一致性。

14.1.5.6 营销传播战术

在这个阶段，营销传播人员在营销传播战略的指导下，选择广告活动、公共关系、直接营销、销售促进等各种战术，来实施传播战略并实现营销目标。

在实际的整合营销传播中，企业需要根据实际情况对以上模型进行调整、修正，以符合实际需要。

14.1.6 整合营销传播成功的基础[①]

传播就是营销，营销就是传播。从这个意义上讲，信息传播是整合营销传播的主体。整合营销传播涵盖了信息传播、信息交流、互相接触、保护关系等。因此，整合营销传播存在于企业的各方面经营活动之中。整合营销传播的成功有赖于以下几方面：

14.1.6.1 信息传播必须是统一的

无论是大型企业还是中小型企业，在实施整合营销时，必须注意统一企业对内、对外的信息传播。企业下属的各个机构在信息传播时，可以有各自的个性，但大前提必须统一。只有这样才能产生整合传播的力量。

14.1.6.2 信息传播必须是精确的

统一传播信息能够产生整合的信息传播力量。但仅仅统一是不够的，传播的信息还必须精确。所有传播的信息环环相扣、有根有据，而不是自相矛盾、互相冲突。

14.1.6.3 选择恰当的媒体将信息传递给特定消费者

百事可乐的消费人群锁定为年轻人，因此百事可乐选择的沟通媒介都是与年轻人有密切关系的媒介，比如运动场、体育节目、创新的广告、热情奔放的人群等。

---

① 吴友富，陈霓. 整合营销［M］. 上海：上海外语教育出版社，2006：10 - 14.

14.1.6.4 传播的信息必须是经过处理的

企业传播的一切信息必须要与特定消费者的文化、习俗、认知、理念和需求一致；否则，消费者会放弃接受信息。传播的信息一定要经过处理，使消费者容易接受、乐于接受。

14.1.6.5 建立有效的传播反馈系统

建立有效的传播反馈系统包括建立特定的消费者资料库、开展各种营销传播活动、储存消费者的反馈信息、对消费者的反应信息作出应答、鼓励消费者对企业的应答再次作出反应等。

14.1.6.6 加强与各类消费者的接触

现代企业可以运用多种手段保持与消费者的接触，这种接触包括报纸，电视新闻，产品包装，营销语言技巧，售前、售中、售后服务，请老顾客向新顾客推荐本企业的产品和服务等。整合营销传播要求现代企业，即使消费者已采取了购买行为，接触仍将进行，其中包括处理投诉、提供产品信息、邀请参加企业活动等。通过经年累月的努力，在消费者心目中牢固树立企业品牌的形象。

14.2 广告与整合营销传播的关系

14.2.1 现代广告进入新的时代——整合传播时代[①]

现代广告的发展根据广告公司在不同时期为广告主提供的服务的涵盖面可以划分为不同的阶段。欧美等发达国家的广告发展，已经经过广告分离期、广告全面服务期、传播分离期而进入一个全新的阶段——整合传播期。

14.2.1.1 广告分离期

在这一阶段，广告主负责广告制作，广告公司负责媒介购买，两者各自独立进行，在运作上是完全分离的，因此被称为"广告分离期"。

14.2.1.2 全面服务期

在这一阶段，广告公司受广告主的全面委托，负责包括广告调查、策划、制作、媒体购买在内的全部广告业务，提供全面的广告服务。

14.2.1.3 传播分离期

在这一阶段，与广告主营销活动有关的所有传播活动分别由不同的机构负责：广告公司负责广告和促销业务；广告主或公共关系公司负责公共关系业务；CI 设计公司

---

① 陈乙. 广告策划 [M]. 成都：西南财经大学出版社，2002：287 - 288.

负责 CI 设计；包装公司负责包装设计；直接邮寄公司负责直接邮寄业务……专业化分工的态势非常鲜明。

14.2.1.4 整合分离期

在这一阶段，与广告主营销活动有关的所有传播活动统一运作，在广告主内部由产品经理和整合传播部门负责，在外部由整合传播公司或者整合传播集团负责。整合传播公司往往由广告、公共、促销、CI 等专门部门和各专业公司构成，整合传播以专业化分工基础上的整合运作来进行。整合营销传播理论正是为广告主提供的信息传播服务发展到这一阶段的强有力的助推剂。

信息时代的到来，使营销特别是广告信息服务行业需要重新审视其市场定位。许多广告代理公司逐渐认识到广告传播与企业其他信息传播活动分离的不足，逐步将自己的业务重点放在整合营销传播上，更加重视和发挥广告信息沟通与其他信息传播手段的整合。这些职能的转变，表明整合营销传播新时代的到来。

14.2.2 广告与其他传播要素组合

广告是整合营销传播中的一种重要工具，实践证明，广告必须与其他传播要素进行整合，才能发挥整体效益。直接营销、人员销售、销售促进活动、公共关系、口碑传播等，在实现企业营销目标中有着不可替代的作用。

14.2.2.1 直接营销

直接营销是指"利用一种或多种广告媒介在任何场所引起可测量的反应和（或）交易，并将该活动存入数据库的一大套营销体系"。直接营销有直接销售和直接反应广告两大类。直接销售由销售者（代表）直接上门或到消费者的工作场所进行推销，又分人员直接销售和电话营销两种。人员直接销售也称为人员销售，是在固定零售场所之外，个人对个人或个人对群体的面对面销售。电话营销是通过电话向消费者推销推荐产品，回答咨询，提供与销售有关的服务。直接反应广告就是利用各种媒介，将受众如读者、观众、听众等的意见直接反馈给广告主的广告。

在直接营销中，人员销售是最富人性化的媒介。人员销售是一种人际传播过程，销售人员不仅满足消费对象的需求，而且使双方建立起一种长远的互利关系。面对面的交流容易沟通，可以现场演示产品，能够进行谈判，可以及时调整策略，更重要的是关系的建立。但需要注意的是，人员销售要与广告等传播活动相契合，销售人员的形象与表现，要能推动广告的传播。

14.2.2.2 销售促进

美国市场营销协会对销售促进的定义是：销售促进是为了刺激消费者购买，产生经销效果的除了人员销售、广告、公关活动之外的市场营销活动。销售促进实际上就是通过提供短期性的诱因，以中间商、推销员和最重要的消费者为激励对象，为鼓励其对某产品或劳务的购买和销售所开展的活动。销售促进的方式很多，如赠品、竞赛、积分券、现场演示、样品、试用品、价值包、折扣券、抽奖、特价及打折等。

　　广告的目的是培养消费者的品牌忠诚，而销售促进活动的目的是促进短期销售量的提升。两者之间必须紧密配合，才能产生良好效果。在投放广告的同时，开展销售促进活动能够在短时间内很好地提升产品销售量，但是销售促进过度不利于广告对品牌形象的建立。

14.2.2.3　公共关系

　　公共关系是企业或组织针对受企业或组织影响的群体所进行的，为了促使其对企业或组织产生好感所做的一切活动或态度。公共关系活动往往从维护企业与社会公众的关系来认知工作价值，着眼点在企业的整体传播，起到塑造和提升企业与品牌形象、彰显企业文化、消除突发危机等作用。

　　作为一种营销工具，公共关系可以应用到许多方面，其中策划举办事件活动是一个重要的内容。事件活动是为适应目标消费者的社会参与欲望的心理需求而举办的相关活动，把销售促进活动、广告活动包装成为新闻事件来做，利用公共关系发布新闻，借以提升企业与品牌形象，达到企业沟通社会的目的的综合性营销活动。事件活动能够弥补大众传播媒介的传播效果的不足，引起社会的关注，加深目标公众（消费者）对企业、品牌的认识，取得广告、公共关系、销售促进三者的综合效果。

14.2.2.4　口碑

　　口碑是指人们口口相传的传播方式，是企业和团体实施沟通战略的要素。口碑是具有深远影响力的传播工具和传播要素。也就是说，口碑是根据广告、宣传、商品沟通等沟通活动在惯性法则下所发生的沟通状态。口碑具有加速渗透的作用，企业与团体使用该方法进行沟通称为口碑战略。

　　口碑战略包括利用商品销售的主要手段、与大众传播媒体合作或对应大众媒体所带来的负面效果等手段。只用口碑传播销售商品时，拥有较多生产线的品牌销售效果好。因为企业形象已渗透进新产品并使其具有了话题性。只要陈列于货架上，让消费者发现，新产品经由口碑传播就能得到销售。[①]

14.2.2.5　网络营销

　　网络营销是伴随着互联网的发展而产生的一种新型营销方式，是借助于互联网络、计算机通信技术和数字交互技术来实现营销目标的一种营销方式。相比传统的营销方式，网络营销具有交互性、个性化、多媒体、跨时空、高效性和经济性等特点。在大众媒体逐渐衰微并为许许多多的公众媒体所取代的过程中，互联网最终会成为最具影响的营销传播渠道。现在众多的商家在选择广告投放媒体时往往都不会忽略网络这一平台。

　　在未来，广告将和各种营销工具、传播要素融合在一起，将越来越难以分出明确的界限。

---

　　① 胡晓云，张健康. 现代广告学 ［M］. 杭州：浙江大学出版社，2007：188 – 192.

14.2.3　整合营销传播对广告提出新的要求

在整合营销传播的时代，广告是整合营销传播的重要组成部分，更是整合营销传播成功的关键。正如上节所述，消费者可以从各种接触方式获得信息，可由各种各样的媒体接受各种形式、不同来源、种类各异的信息，这些信息必须保持"一种声音"才能获得最大限度的认知。在现代的商业社会中，广告的内涵和功能正发生变异。传统的广告的主要功能是传递产品信息。新形态的广告是进行双向沟通传播，在广告中力求与消费者"共谋"。在整合营销传播下，广告将和各种营销工具融合在一起。

整合营销传播的核心是使消费者对品牌产生信任，并且要不断维系这种信任，与消费者建立良好的信任关系，使其长久存在消费者心中。整合营销传播的广告力求避免的是传统传播方式造成的传播无效和浪费。

整合营销要求广告的传播必须找到将各种媒体整合到当前传播计划的方法，同时要求实施一个以数据库为导向、对消费者进行细分的传播策略，即制订一个互动的整合营销传播计划，与消费者进行持续的、互动的对话和交流，传达产品、服务和品牌信息，这样才能在激烈的竞争环境中抢占消费者，以赢得持续的独特的竞争优势。

整合营销传播主张把一切企业的营销和传播活动，如广告、促销、公关、新闻、直销、CI、包装、产品开发进行一元化的整合重组，让消费者从不同的信息渠道获得对某一品牌的一致信息，以增强品牌诉求的一致性和完整性。对信息资源实行统一配置、统一使用，提高资源利用率。这使得一切营销活动和传播活动有了更加广阔的空间，可以运用的传播方式大大增加了，这一理论对中国企业具有较大的借鉴意义。

应该指出的是，虽然整合营销传播近年来已成为广告界的时髦词汇，可是其所倡导的宣传策略并非那么深不可测，另外整合营销传播也并非是一种万能的营销策略。即便是推翻了传统的营销理论所倡导的4Ps营销组合思想，提出更为合理的4Cs理论，也并不是说整合营销传播一定就能成功，在具体实施过程中仍会受到许多因素的制约，比如受到企业文化、传播历史、传播阶段的影响。因此企业不能盲目随大流赶时髦，不针对具体情况就上马立项开始实施整合营销传播策略。此外，整合营销传播不只是如许多人所说的"传达同一个声音，树立鲜明的形象"这么简单，在实施过程中还要结合管理科学、消费者行为学、统计学等其他学科进行分析和决策，所以整合营销传播的具体执行过程是一门科学而绝非只是一个概念。

要真正实现整合营销传播，就必须和企业的长远战略结合起来考虑。要以消费者的需求为导向，设定自己的发展方向，逐步建立自己的核心管理能力和技术能力，将企业的使命和市场需要对接，整合传播企业。总之，实现整合营销传播是一个永远值得追求的、艰难的目标，是一个长远的，与企业战略、与企业日常经营休戚相关的事业。

由于在执行中，理论上的整合营销传播与现实中广告公司作为独立法人（独立经营单位）存在的现实，有效合理地整合存在很多困难。对于发展历程相对较短的中国广告界来说，整合营销传播过程中的障碍和冲突更加明显。对于中国广告界来说，广告公司在进行战略思考与策划时，应把整合广告传播看成是整合营销传播的一个子系统，先明确整合广告传播这一子系统内的整合，然后在此基础上再考虑这一子系统与其他营销传播功能相整合。①

14.2.4　整合营销传播的成功案例

14.2.4.1　惠普电脑②

惠普对企业市场实行整合营销传播。它利用一套充分协调好的广告、事件营销、直销和人员销售的组合把计算机智能终端销售给大企业。在最广的层面上，企业形象广告（电视形象广告）和行业杂志上的定向广告把惠普定位成一个给顾客的智能终端问题提供高质量解决办法的供应商。在广告的大伞下，惠普还利用直接营销来给它的形象润色，注意更新自己的客户数据库，并推动其直销队伍来开发销售发端。最后，公司的推销员接着会完成销售并建立客户关系。

惠普开展的"互动有声电话会议"计划极其成功，显示它已经熟练掌握了整合交流。这种电信会议就像大型电话会议一样，在会上，惠普的销售代表与实际的和潜在的客户讨论重大的行业问题及惠普的做法。为了吸引更多的人参与该计划，惠普采用了一个长达五星期、分七步走的"登记过程"。首先，在会议召开的四周前，惠普寄出一个介绍性质的直接邮件，里面有一个800号码和商业回复卡。在对方收到邮件两天后，惠普的电话营销人员给可能参与的人打电话，让他们登记参加会议，登记将立即用直接邮件确认。会议前一周，惠普寄出详细的介绍资料；会议前三天，惠普会再次打电话确认他们是否会参加。电信会议的前一天还会打一个最后的确认电话。最后，会议召开后一周，惠普利用后续直接邮件和电话营销来为销售代表建立生意轮廓图。

这项一体化营销宣传工作的结果如何呢？回复率高达12%，而使用传统邮件和电话营销得到的回复率仅为1.5%。而且，那些说要参加的人之中有82%的人确实到会，相比之下，过去非同步的会议仅有40%的人参加。这项计划取得了比预计水平高出200%的合格的销售发端，平均的智能终端销售额则增长了500%。

不用感到奇怪，惠普就是靠整合营销传播来进行销售的。然而，惠普的经理们却告诫说，整合营销需要投入巨大的精力，在实际操作中要十分严谨。要取得成功，最严峻的挑战可能是对公司的许多部门的工作进行认真而又周密的协调。为了做好协调工作，惠普指定一个由销售、广告、营销、生产和信息系统的代表组成的具有交叉职能的队伍来监督和指导它的整合交流工作。

14.2.4.2　柒牌男装③

柒牌男装从20世纪90年代就开始塑造品牌，倡导"立民族志气，创世界名牌"的品牌战略，演绎柒牌"比肩世界男装"的品牌形象。2003年，柒牌集团与李连杰成功签约。柒牌希望通过与李连杰签约代言人作为契机，争取在2008年打造成中国男装

---

① 何辉. 当代广告学教程［M］. 北京：北京广播学院出版社，2004：115.

② 选自第一营销网. http：//www. cmmo. cn/space. php? uid＝3545&id＝16213&do＝blog。

③ 选自中国服装网. http：//www. efu. com. cn/forum/blogView. aspx? username＝lzh__1982&id＝74061。

第一品牌。

然而，国内男装市场竞争相当激烈，新品牌不断涌现，同质化竞争日趋严重。经过深入的调查研究，柒牌发现，立领服装是一个大有可为的产品开发方向，并最终决定以中式立领服装作为主打产品，计划在 2004 年秋冬季正式上市，希望以"中式立领"作为产品概念进行推广。

广州市时空视点公关顾问有限公司经过研究和分析后认为，中式仅仅是一个品类概念，无法承载品牌的内涵，在竞争对手跟风后，难于形成认知上的有效区隔，而"中华"具有浓厚的文化内涵，这才是关键词与突破点，也更吻合柒牌的价值观和企业使命，因此建议采用"中华立领"作为产品品牌进行整合营销传播推广。服装消费是一种文化消费，是一种生活方式和价值观念的表达。在推出"中华立领"之前，先为柒牌注入"中华立领"所表现的"时尚中华"的品牌理念，把柒牌品牌形象拔高，进而为"中华立领"的上市作铺垫。

在传播手段上，柒牌采取以公关为核心的策略进行整合传播。"中华立领"本身作为一个产品品牌，其营销推广必须通过公关事件活动在消费者的不同的接触点传播信息，才能切实促使消费者购买、支持终端销售。同时，公关更多的是对心智的占领，公信力较强，有效地弥补广告相应的不足。

根据上述战略考虑，围绕中华立领的核心传播主题，时空视点公关顾问有限公司在战术上分四个阶段策划多起紧密衔接的公关事件，并全程在媒体新闻传播上进行有效配合，从而全面塑造中华立领产品品牌。

（1）理念提升：推出时尚中华品牌理念，分概念的导入和演绎两个环节推进。

首次亮相中国国际服装服饰博览会（CHIC），"时尚中华"产品概念的导入关键在于导入时机的把握。2004 年 3 月 30 日，一年一度的中国国际服装服饰博览会召开。柒牌首度参展，借此契机将中华立领系列服装正式亮相，并代表柒牌男装全面亮出了"时尚中华"大旗。

冠名赞助"相约名人坊"——演绎"时尚中华"。2004 年 5 月 22 日，柒牌赞助"相约东南，柒牌相约名人坊"晚会，说服著名歌手姜育恒、著名导演张纪中、著名旅美画家李自健穿上柒牌中华立领出席包括晚会在内的各大场合。这是名人与柒牌之间最好的契合点，让参会嘉宾成为柒牌的演员，演绎中华立领所表现的"时尚中华"理念，引得各大报纸、网络、电视台争相报道，"中华立领"一夜之间红遍大江南北。

（2）闪电出击：产品上市，推拉配合。

厦门订货会——前期时尚中华理念的导入和演绎已经为中华立领产品的上市做好了充分的铺垫，而 2004 年 6 月举行的秋冬订货会无疑是中华立领产品成功上市的关键环节。中华立领新货在各地上市后，立刻在市场上引起强烈的反响，柒牌专柜的中华立领断货现象屡见不鲜。

（3）重点突破：重点目标市场精准传播，推动产品销售。

球迷市场——"每一位男人都应该有一件中华立领"。2004 年 6 月，欧洲杯在即，必将引发新一轮足球狂潮，而中华立领的目标受众当中很多都是球迷，公司最后决定以足球为传播载体，引进 2001 年世界足球先生——菲戈作为中华立领形象大使，与李连杰共同演绎"时尚中华"。在 2004 年六七月期间围绕"每一位男人都应该有一件中华立领"这一核心信息，对柒牌"中华立领"产品概念进行全方位、多层面的传播推广。

在长达一个月的欧洲杯期间，与全国最出名的两家足球报纸——《体坛周报》和《足球报》进行合作，策划"柒牌球迷吧"专栏，邀请体育界知名评论家用"虚拟酒吧"的形式进行评球，引起广大球迷的关注；同时举办"柒牌男装，有球必赢"欧洲杯有奖竞猜活动，提高球迷的参与度。

婚庆市场——"重要时刻，我只穿中华立领"。婚庆市场是男装的一个重要目标市场。柒牌专为新郎们打造特色婚庆礼服，既具有时代特征，又不乏民族特色。围绕金秋国庆，从 2004 年 9 月 6 日至 2004 年 11 月 30 日，配合销售，推出一系列报道，重点传播"重要时刻，我只穿中华立领"的观念。

（4）形象深化：通过体育赞助或公益活动辅以企业形象层面的传播，使"时尚中华"在柒牌"立民族志气，创世界名牌"的品牌理念中得到进一步升华。

企业形象提升——"中华立领"与中华武术共迎奥运。在北京中华世纪坛举办一场"柒牌中华武术迎奥运暨万人太极拳表演"大型活动。通过这次活动，将柒牌"立民族志气，创世界名牌"的品牌理念进行推广。这是国内首例由服装企业发起并与官方共同主办的最高规格的大型迎奥运活动，并在社会新闻、体育新闻、服装行业新闻等领域产生了极大的影响。

配合上述公关事件，2004 年度，时空视点公关顾问有限公司共向全国 30 多个省市地区近 200 家媒体（平面、网络、电视台、电台）发送了中华立领相关新闻，收集到来自全国共约 60 万字的报道，达 1 000 余篇，在著名搜索引擎 Google 中，约有 2 750 000 项符合中华立领的查询结果，传播效果非常理想。

成功的推广带动了市场销售的飞速增长。从 2004 年 3 月亮相中国国际服装服饰博览会开始，一年内，中华立领品牌便创造了从 0 到 3 亿元的掘金神话。

基于中华立领的优秀表现，柒牌 2005 年度连获两项品牌大奖：一是以 21.58 亿元品牌价值获得了 2005 年"中国 500 最具价值品牌"称号；二是荣获中国服装协会举办的"2003—2004 中国服装品牌年度大奖"的十项大奖中的价值大奖、公众大奖、策划大奖三个大奖的提名奖。

14.2.4.3　蒙牛超级女声的整合互动

2005 年 2 月 24 日，国内最具活力的电视娱乐频道——湖南卫视与国内乳业巨头——蒙牛乳业集团在长沙联合宣布，双方将共同打造"2005 快乐中国蒙牛酸酸乳超级女声"年度赛事活动。这意味着 2004 年内地最有轰动效应和影响力的大众娱乐活动——"超级女声"卷土重来。专业人士认为，这是一次典型的整合营销传播事件，整个营销传播事件也是近年来商业运营和媒体炒作结合比较完美的一次。

蒙牛乳业集团为了突破在纯牛奶市场的价格竞争，推出"蒙牛酸酸乳"系列新品时，不遗余力地打造"蒙牛酸酸乳"品牌，这一品牌定位于青少年消费群，塑造年轻而又充满活力的品牌形象。家庭消费价格是绝对重要的因素之一，所以纯牛奶市场一直以来价格战不断，而青少年消费价格因素并非是第一位的，而且潜在市场也非常庞大，这也是蒙牛花巨资打造"蒙牛酸酸乳"品牌、进行本次整合营销传播活动的原因。

国内权威的收视率调查机构——央视—索福瑞媒介调查公司的数据显示，"超级女声"赛事在湖南卫视播出时，同时段收视率仅次于中央电视台一套，排名全国第二。在各大电视媒体上，蒙牛投播 2004 年的"超级女声"张含韵代言的"蒙牛酸酸乳"TVC 广告片；蒙牛还专门开办了"蒙牛酸酸乳超级女声"网站，进行互动宣传；在赛区超市外，"蒙牛酸酸乳"进行的路演宣传活动，比任何一场商业路演都更为火爆；在超市内，"蒙牛酸酸乳"正在进行买六赠一的促销活动，堆头上整齐地陈列着本次活动的宣传单页，连"蒙牛酸酸乳"包装上也印有本次"超级女声"活动的介绍。

蒙牛在赞助推广"超级女声"活动时动用了全方位的整合营销传播手段，以"超级女声"为核心，进行全面整合营销传播；制作"超级女声"相关的灯箱、公交车体、DM、媒体广告、包装，蒙牛几万名销售人员都成为"超级女声"的义务宣传员，而蒙牛遍布全国的几十万个销售终端与几十亿包蒙牛酸酸乳产品，都成为宣传"超级女声"，倡导青少年饮奶，发扬健康、阳光的"超女精神"的舞台。蒙牛仅投入一个亿的推广费用却收获了 30 亿元的单品销售额，蒙牛在"超级女声"活动中获得极大成功，并使蒙牛品牌一举成为行业知名品牌，实现了品牌战略升级。

互联网的互动性是其他媒体无可比拟的优势。无论是电视，还是报纸，主要都是一种"我说你看（听）"的传播形式，即使实行了反馈机制和问卷调查的形式，滞后也相当明显。但是互联网一开始就是以互动的形式出现的，网络平台更是绝佳的互动广告平台。

作为中国第一网络门户和互联网发展的领导者，新浪的网络平台优势更是明显。除了每天近 3 亿的访问量，在新浪网全球一亿多注册用户中，各种付费常用用户超过 1 200 万，通过和国内外 1 000 多家内容供应商达成合作关系，新浪提供了 40 多个在线频道和 100 多个子频道，在门户网站中内容最为丰富，而且各个频道已经渗透到大众生活当中。AC 尼尔森 2004 年 11 月的调查数据显示，新浪从整体到新闻、体育、娱乐、生活及时尚等频道的竞争力和忠诚度都占有明显的优势。

对于蒙牛而言，在新浪进行互动行销，就相当于是直接面对目标消费群，从而直达终端。根据详细的调查和新浪的建议，蒙牛为"超级女声"在新浪投放的广告主要包括首页、新闻中心、娱乐频道、娱乐新闻内页、聊天首页、视频频道、短信频道、星座频道等。投放的内容，主要采用通栏和视频广告的形式，辅助以浮标、对联和全屏广告等。蒙牛在新浪投放的网络广告中，新闻中心和娱乐频道都采用了视频广告的形式，在娱乐频道甚至投放了三种不同的视频广告。在首页、聊天、短信、视频等频道都采用了不同的通栏广告形式。此外，娱乐频道的画中画、首页的全屏广告和对联广告以及适当的浮动广告，起到了抢夺眼球和吸引人气的作用。科学的广告形式搭配，自然达到了理想的传播效果。

和"超级女声"的合作，使得"蒙牛酸酸乳超级女声"成为一次经典的整合营销，品牌影响力、社会效应、商业效应均达到了一个新的顶峰。而"蒙牛酸酸乳超级女声"和新浪的互动合作，更是借助新浪的平台优势和频道优势，使行销效果和品牌传播得到了质的飞跃。

本章小结

整合营销传播在 20 世纪 80 年代中期由美国营销大师丹·E. 舒尔茨（D. E. Suhltz）提出，整合营销传播作为营销传播的战略概念，自 20 世纪 90 年代以来，成为营销界的热门理论。

整合营销传播就是运用和协调各种传播手段，整合企业内外部所有资源以达到统一的传播目标，最终强化品牌的整体传播力度和一致性，与消费者建立长期、双向、牢固的合作关系。

在整合营销传播的时代，广告是整合营销传播的重要组成部分，更是整合营销传播成功的关键。在现代的商业社会中，广告的内涵和功能正发生变异。传统的广告主要功能是传递产品信息。新形态的广告是进行双向沟通传播，在广告中力求与消费者"共谋"。在整合营销传播下，广告将和各种营销工具融合在一起。

思考题

1. 简述整合营销传播理论的发展背景。
2. 简述整合营销传播的特征。
3. 简述整合营销传播与传统营销传播的区别。
4. 简述整合营销传播对广告提出了什么新的要求。
5. 谈谈"蒙牛酸酸乳超级女声"是如何做到整合营销传播的。

本章参考文献

［1］胡晓云，张健康. 现代广告学［M］. 杭州：浙江大学出版社，2007：178 - 179，186 - 187.

［2］乔治·E. 贝尔齐，等. 广告与促销：整合传播展望［M］. 张红霞，等，译. 大连：东北财经大学出版社，2000：13.

［3］江波. 广告心理新论［M］. 广州：暨南大学出版社，2002：27.

［4］杨群祥. 现代广告学［M］. 广州：中山大学出版社，2005：237 - 239.

［5］吴友富，陈霓. 整合营销［M］. 上海：上海外语教育出版社，2006：10 - 14.

［6］陈乙. 广告策划［M］. 成都：西南财经大学出版社，2002：278 - 288.

［7］何辉. 当代广告学教程［M］. 北京：北京广播学院出版社，2004：115.

［8］第一营销网. http：//www. cmmo. cn/space. php？uid = 3545&id = 16213&do = blog.

［9］中国服装网. http：//www. efu. com. cn/forum/blogView. aspx？username = lzh __ 1982&id = 74061.

15 广告法规管理

本章提要：

所谓广告法规管理是指工商行政部门和其他部门依据《中华人民共和国广告法》（以下简称《广告法》）、《广告管理条例》、《中华人民共和国消费者权益保护法》（以下简称《消费者权益保护法》）及其他政策、法规，对广告活动的参与者进行监督、检查、控制和协调、指导的过程。本章将从广告法规管理的基础知识入手，分析我国广告法规管理的现状，比较国内外广告法规的异同，围绕国内广告法规管理中的问题进行探讨。

开篇案例：

"科诺克咒语"与保健品广告

法国著名剧作家于乐·罗曼 1923 年创作的《科诺克或医学的胜利》讲述了这样一个故事：20 世纪初有个医生，名叫科诺克，他的行医生涯始于一个叫圣莫里斯的山村。然而当地居民个个身强体壮，根本不必看医生，科诺克要是坐等病人，恐怕只能是活活饿死。那么新医生要怎么做，才能吸引活力旺盛的居民来他的诊所？要开什么药给健康的村民呢？科诺克灵机一动，决定拉拢村里的老师办几场演讲，向村民夸大微生物的危险。他还买通村里通报消息的鼓手，公告民众新医生要帮大家免费义诊，义诊目的是要"防止各种近年来不断侵袭我们这个健康地区的所有疾病的大范围传播"。于是候诊室挤满了人。

诊疗室里，没病没痛的村民被科诺克诊断出大病大症，还被再三叮咛要来定期诊治。许多人从此卧病在床，顶多喝水而已。最后整个村子简直成了一间大医院。药店老板和科诺克密谋，合计让村民购买价格高昂的药材。于是科诺克和药店老板成了有钱人，小旅店也大发横财，因为它的客房都成了急诊室，总是随时爆满。就这样，科诺克创造了一个只有病人的世界。"其实世界上没有健康的人，只是他还不知道自己有病而已"。这就是科诺克咒语。可 21 世纪的今天，这个故事仍在延续，只不过"科诺克"已然变成了制药企业、医生和媒体广告商了。

如今，各种各样的保健品包围着我们，"脑白金"、"美葆媛减肥茶"、"21 金维他"、"增高术"、"美白霜"、"养乐多"等等，这些广告无一不是通过夸大产品功效、误导消费者来达到增加销量的目的。这样的做法，已经违反了我国有关商品广告的法律法规。

思考：面对屡禁不止的"科诺克咒语"，如何才能规范广告市场，营造公平竞争的广告秩序，维护好像圣莫里斯村民那样的消费者的权益呢？

15.1 广告法规管理的含义与必要性

广告业是市场经济不可分割的一部分，对活跃经济、促进国民经济发展有着重要作用，然而由于市场经济的自发性、盲目性、滞后性等局限，有必要对广告业活动进行监督管理。而在广告管理体系中，居于首要位置的就是广告法规管理。学习本节之后，我们将会了解什么是广告法规管理、为什么国家要进行广告法规管理。

15.1.1 广告法规管理的含义

广告的法规管理是指广告管理机关，主要是工商行政管理局按照有关的法律、法规和相关政策，对广告行业和广告活动进行监督、检查、指导的行为。它是一种运用法规和政策对广告进行管理的方法和手段，是我国现阶段进行广告管理的一种主要方法。

15.1.2 广告法规管理的必要性

（1）规范广告业市场行为

广告活动作为一种市场行为，是社会经济生活的重要组成部分。由于市场经济本身的局限性，必须对广告活动进行有效管理，规范广告活动，才能维持正常的广告活动秩序，保障广告活动各相关方的利益。规范广告活动具体包括以下几方面：规范广告活动参与主体资格；规范广告活动内容；规范广告活动进行过程；规范广告活动涉及的法律法规。

（2）保证广告业健康发展

1979年以来，我国广告业恢复并迅猛发展，目前已经成为经济领域一种不可或缺的新兴产业，在发展过程中，国务院及全国人大常务委员会等相关部门根据实际需要进行了广告管理必需的立法工作，只有通过广告立法对广告活动进行管理，才可能防止广告业的发展步入歧途，保证广告业健康发展。

（3）保护消费者合法权益

广告立法和广告管理的最终目的是保护消费者合法权益。广告是企业传递信息给消费者的重要纽带，对消费者的决策、购买都有着重大影响。广告真实度、合法性以及广告内容是否健康直接关系着消费者的合法权益。某些人或组织为获取非法利润，散布虚假广告信息，欺骗广大消费者，对消费者造成物质精神损害，必须对这些违法广告行为严加管理。

15.2　我国广告管理的法规和机构

学习本节前，我们先看一个案例。某消费者向工商局投诉，某报上发布了一则保健食品广告，声称该保健品有抗癌治癌的功能。经工商局调查，某广告公司和某报在未查验有关广告证明的情况下，为保健食品生产企业刊登了广告，该广告虚构该保健食品具有抗癌治癌的功能，违反了禁止虚假广告以及禁止保健食品使用与药品相混淆用语的规定。为此，工商局拟做出行政处罚。此时，工商局内部对适用《广告法》，还是适用《广告管理条例》或《消费者权益保护法》或《反不正当竞争法》等法规进行处罚以及是对该保健食品生产企业进行处罚，还是对某药品生产企业、某广告公司和某报一并进行处罚，意见很大。要解决这个问题，就有必要了解我国的广告法规管理体系。

15.2.1　我国广告管理的法规

1982 年，国务院颁布了《广告管理暂行条例》，1987 年又颁布了《广告管理条例》，同时制定了大量的配套规定，将我国广告纳入法制的轨道。1994 年 10 月 27 日，第八届全国人大常委会第十次会议通过了《广告法》，并于 1995 年 2 月 1 日起开始实行。

15.2.1.1　我国广告管理的法规体系

现阶段，我国已基本形成了以《广告法》为核心、以《广告管理条例》为必要补充、以国家工商行政管理总局单独或会同有关部门制定的行政规章和规定为具体操作依据，以地方行政规定为实际针对性措施的多层次的法规体系（图 15.1）。

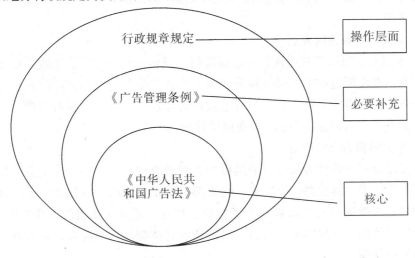

我国广告法规体系

图 15.1　我国广告法规体系

图片来源：作者整理所得

具体来说，《广告法》是我国广告法制建设中第一次以法的形式创制的部门法，是广告法律体系中的基本法。《广告法》规定，《广告管理条例》等广告管理法规，在《广告法》颁布后与之不抵触的规定仍有法律效力，即仍可以适用。国家工商行政管理总局、卫生部等国务院部、委及直属机构还依据广告法律和行政法规颁布了众多的部门规章和行政解释。同时涉及广告法律规范的《民法通则》、《合同法》以及《产品质量法》、《商标法》、《反不正当竞争法》、《消费者权益保护法》、《药品管理法》、《食品安全法》、《烟草专卖法》、《国旗法》、《人民币管理条例》等等，构成了我国广告法规的专门法律体系。

15.2.1.2　广告法规的特点

广告法规是国家广告管理当局进行广告管理的依据，是我国法律制度的一个重要组成部分。它具有以下特点：

（1）利益性

不同的法规是为不同的社会制度服务的。在我国社会主义制度下，广告立法和执法的目的在于维护最广大人民群众即消费者的合法权益。

（2）概括性

广告法规制约的对象是抽象的、高度概括的，而不是针对具体的人、单位或事情而提出的行为准则。我国广告法规的约束对象包括我国所有广告活动主体，因此，所有从事广告活动的人都要遵循广告法规。

（3）强制性

广告法规和国家其他法律规章一样，具有强制性，在国家广告管理当局对广告活动的管理中，体现了国家的强制力，所有广告活动主体必须依法从事广告活动。

（4）规范性

广告法规的规范性一方面体现在明确广告活动主体的行为准则，告诉人们可以做什么、不可以做什么，广告法规发挥指引和评估人们行为的标准作用；另一方面，广告法规必须按法定程序进行制定或修改，广告法规的内容要经过表决同意后方才生效。

（5）稳定性

广告法规同其他法律一样具有稳定性的特点。广告法规是国家对广告业行为在未来一段较长时间内进行管理的法则，只有当情况发生重大变化时，国家才会按照法定程序修改法规。

广告法律法规的特点如图 15.2 所示。

15.2.2　《广告法》概述

在我国各部广告法律法规中，《广告法》作为我国广告法规体系的核心，值得我们重点学习和掌握。

15.2.2.1　《广告法》的立法宗旨

《广告法》第一条就明确规定了《广告法》的立法宗旨："为了规范广告活动，促进广告业的健康发展，保护消费者的合法权益，维护社会经济秩序，发挥广告在社会

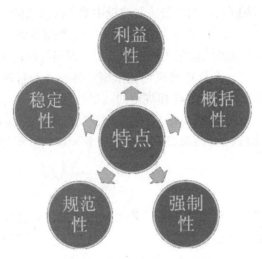

图 15.2　广告法律法规的特点

图片来源：作者整理所得。

主义市场经济中的积极作用，制定本法。"

　　具体来讲，其包括以下几个方面：

　　（1）规范广告活动

　　规范广告活动中设计、制作、发布、代理经营等行为。规范广告内容，即使广告活动主体的权利、义务更加明确。

　　（2）促进广告业的健康发展

　　广告业按其行业归属，划分在知识密集、技术密集、智力密集、人才密集的现代服务业，具体地说，属于与意识形态紧密相关的文化产业。1979 年至今，我国的广告服务质量有了明显的提高，广告设计从告白、公式化、雷同化的模式向创新的艺术表现的方向发展；广告的制作及设计水平与国际新技术和新材料接轨；广告业朝着以创意为主要诉求点、以广告公司全面策划为主导、以情感共鸣打动受众的方向健康快速发展。但是，我国广告业水平相比于欧美发达国家，还相距甚远。由于广告业片面强调服务水平，而不增强广告业的社会诚信，虚假广告、欺诈广告横行于市场，导致国内广告不得民心，正所谓"皮之不存，毛将焉附？"失去受众，广告业将遭到毁灭性的打击。因此，制定《广告法》对非法广告行为进行界定与监管，有利于促进广告业的健康发展。

　　（3）维护消费者合法权益

　　广告的主要功能是传递信息、引导消费、发挥企业与消费者之间的纽带作用。按照市场营销理论，广告应以消费者需求为导向，才能为消费者传递更有价值的信息；根据《消费者权益保护法》的规定，消费者享有安全权、知情权、自主选择权、公平交易权、求偿权、结社权、获得有关知识权、人格尊严和民族风俗习惯受尊重权、监督权、知情权等权利。因此，广告必须保护消费者合法权益，使企业、消费者都得益，而不是一味追求企业利润，"忽悠"消费者。只有消费者的合法权益受到保护，广告才能取信于受众,更加高效地发挥自己的纽带作用。

(4)维护社会主义市场经济秩序

广告是市场经济发展的产物,也是市场经济的重要组成部分,对市场经济的健康发展起着重要作用。可以说,广告业的发展水平就是一个国家市场经济发展水平的缩影。我国广告业的发展水平与我国的改革开放、经济建设相辅相成、紧密相连,广告为社会创造了经济效益和社会效益,促进了产品的销售,促进了体育、文化、出版、广播、电视事业的发展;同时我国社会经济发展水平又反作用于广告,直接影响到其发展水平。如果广告虚假,存在不正当竞争行为,将会导致市场经济秩序混乱、功能低下,甚至破坏国民经济的健康有序发展。因此必须规范广告活动,从而维护社会主义市场经济秩序。

15.2.2.2 发挥广告的积极作用

广告的积极作用可以概括为以下5点:活跃经济、促进竞争、指导消费、增加销售、丰富生活。

(1)活跃经济

传播功能是广告的基本功能。广告的价值体现在传递信息的过程中,好的广告能够有效沟通产、供、销三方,提高经济效益。

(2)促进竞争

广告活动能促进新产品和新技术的涌现。广告在传递新产品、新技术的信息时,能将新产品、新技术更好地推向市场,加速商品生命周期进入成长成熟期,也就能推动市场正当竞争,激励企业提高产品质量,充分发挥市场的优胜劣汰机制。

(3)指导消费

广告向消费者介绍各种商品的商标、性能、用途、使用和保养方法、购买地点和购买方法以及价格等内容,从而起到传递信息、沟通产销的作用。广告能较好地介绍产品知识,起到指导消费的作用。

[案例]凭借"中国好声音",加多宝凉茶销量同比增长50%(图15.3)

2012年7月开始播出的综艺节目——"中国好声音",在很短时间内红遍大江南北,成为人们茶余饭后的热点话题。而作为"中国好声音"背后的厂商——加多宝,其凉茶销量呈现50%的大幅同比增长。由此可见,好的广告对商品销量会起着非常巨大的作用。

问题:试分析好的广告为什么能拉动商品销量。

(4)增加销售

企业通过广告宣传品牌,提高知名度,增强市场竞争力,将产品及时销售出去。一则好的广告,能有效引起消费者的兴趣和情感共鸣,激起消费者购买该商品的欲望,甚至促进消费者的购买行动。

(5)丰富生活

广告是一门艺术,优秀的广告作品往往运用艺术表现手法,给消费者以精神上的享受,并在潜移默化之中,帮助消费者树立正确的道德观、人生观、价值观,陶冶人

图15.3　"中国好声音"第二季宣传海报

图片来源：昵图网。

们的情操，丰富人们的物质文明和精神文明生活。

［案例］Lavida 家族 Teaser Video 手指篇广告（图15.4、图15.5）

图15.4　Lavida 家族 Teaser Video 手指篇广告截图一

图片来源：优酷截图。

该广告是 DDB 中国为上海大众 LAVIDA 上市推出的创意广告，广告极具创意地使用手指为主角，充满了欢乐愉悦的氛围，体现了 LAVIDA "乐享生活" 的理念，从而引起目标受众强烈的情感共鸣。

综上，我国广告法立法目的在于依法保护正当广告活动，防止和打击虚假广告，充分发挥广告的积极作用，保护消费者权益，促进我国广告业的健康发展。

图 15.5　Lavida 家族 Teaser Video 手指篇广告截图二

图片来源：优酷截图。

15.2.2.3　《广告法》的调整对象

划分法律部门的主要标准是法律所调整的对象。根据调整的不同对象，也就制定相适应的不同法律。而所谓法律调整的对象，就是法律规范所调整的社会关系。

（1）《广告法》以商业广告为调整对象。商业广告，指商品经营者或者服务提供者承担费用，通过一定媒介和形式直接或者间接地介绍自己所推销的商品或者所提供的服务的广告。

（2）《广告法》以商业广告为专门调整对象，不包括非营利性的社会广告等活动。其中商业广告的三个基本特征包括：

①广告的目的是为了介绍自己所推销的商品或者所提供的服务，以直接介绍或间接介绍的方式均可。"介绍自己所推销的商品或者所提供的服务"是商业广告区别于其他非商业广告的本质特征。

②商业广告是通过一定的媒介或者形式来介绍自己所推销的商品或者所提供的服务；广告宣传必须有媒介载体或一定的形式，如电视、广播、户外、现场展示等。

③商业广告明显区别于非商业广告的地方，在于商业广告是有偿的，广告的费用必须由介绍自己的商品或者服务的商品经营者或者服务提供者承担。

15.2.3　《广告法》基本原则

15.2.3.1　真实性原则

广告的真实性原则，就是指广告内容必须真实地传播有关商品或者服务的客观情况，而不能以虚假、夸大的宣传欺骗消费者。

广告的真实性就像广告的"生命"，是广告法基本原则中最根本的一条原则。之所以这样说，是因为商业广告的目的是向消费者推荐商品或者服务，要正确指导消费。如果广告不真实，消费者就受到误导甚至欺诈，合法权益遭到侵犯。

具体说来，广告的真实性原则体现在以下两个方面：

（1）产品或服务客观存在

广告法中的真实性原则，应首先表现为广告所指向的产品、劳务与服务整体上的客观存在性。按照现代市场营销理论，产品包括三个层次，即：核心产品层次，表现为产品的有用性；形式产品层次，表现为产品的用料、规格、品牌、包装、款式、造型、色泽等；扩大产品层次，表现为围绕产品的所有附加服务的综合，包括售前服务、售中服务与售后服务。

例如把一个本不具有某种功能、不能满足消费者某种需求的产品说成具有某种功效、能满足消费者某种需要都属于虚假宣传行为。以减肥茶产品为例，很多产品都声称具有助人减肥的功效，将帮助消费者获得完美的"S"曲线，然而几乎所有减肥茶产品都无法满足消费者瘦身的需要，甚至大部分产品具有较大副作用，体重反弹明显。这样的广告行为就是虚假广告行为。

又例如在广告中故意夸大产品的某样功效，用无法证明的时间指标、数字指标诱导消费者进行购买的行为，也都属于虚假广告行为。

（2）广告艺术表现的真实性

尽管广告表现可以具有艺术性及创意，而且优秀的广告作品通常是艺术表现力强的作品，但在广告宣传中，不仅产品或服务本身应该是真实的，选择用艺术表现方式（包括文字、图形、音效等）、方法等，所造成的实际效果以及给消费者的实际感受也应该是真实的。

从消费者接受信息的角度认识广告的真实性，涉及的一个十分重要的问题，就是如何处理广告真实性与艺术性的关系问题。广告真实性的要求，不是对广告艺术表现的限制，而是要求广告艺术表现充分地展示出产品或服务本身的美，即产品或服务真实存在的美，而非虚构或夸大的美，从而给人以美的感受。在这里举一个合理运用广告艺术性的例子，供读者比较理解（图15.6）。

图15.6　果汁广告

图片来源：昵图网。

例子中的果汁广告运用了通感的艺术表现手法，以视觉刺激带动消费者的味觉感受，从而达到引导消费者购买的作用。

总之，广告法中的广告真实性原则，一方面有其质的规定性，对此应有科学的认识，同时从法的实践合理性角度上看，应随着实践的发展，及时提出新的详细的法律规定，从而使广告真实性原则更具针对性；另一方面它在广告法中又有其核心地位，认识这一地位，是我们在执法实践中准确执法的基本前提。

另外，虚假广告必然导致广告社会诚信度下降，失去受众的信任，那么广告的基本功能——传播功能也就无法正常发挥了。因此，作为产销纽带的广告，真实性是其生存的根本。

15.2.3.2　合法性原则

广告的合法性，是指广告行为必须符合法律的规定，合法性是广告应遵循的首要原则，它与真实性原则在广告行为与广告内容两个方面起到准则作用。真实性是事实，合法性是法律事实。真实性原则是对广告内容的要求，而合法性原则是既对内容又对行为的要求。

合法性原则主要体现在以下几个方面：

（1）遵守广告相关法律

广告主、广告经营者、广告发布者、其他广告人在进行广告活动时，必须遵守国家制定的《广告法》及相关的法律、法规，如《广告管理条例》、《民法通则》、《反不正当竞争法》、《商标法》、《著作权法》、《专利法》、《消费者权益法》、《公司法》、《食品安全法》等；还应遵守地方人大及其常委会相关的法律、法规制定的地方性法规。

广告活动中涉及大量的版权问题，广告主、广告经营者、广告发布者在进行广告活动时，必须遵守《著作权法》规定，尊重他人广告设计作品、图片、文案、广告语、策划书等版权。

（2）主体资格合法

广告主、广告经营者、广告发布者应当具备《民法通则》、《公司法》、《广告法》规定的权利能力与行为能力，广告主应有政府批准设立的资格证书或工商局核发的营业执照，广告经营者应有工商局核发的营业执照，广告发布者应有政府批准设立的资格证书或工商局核发的营业执照及广告经营许可证。

（3）广告所介绍的商品或者提供的服务合法

商品既具有物质属性及市场价值，又具有法律属性，企业生产制造、销售的商品应当是合法的，凡不合法商品，如枪支弹药、有害有毒食品、国家明令淘汰的商品等不得作广告。同样，服务项目也应当是合法的，凡不合法服务项目及内容，如色情服务业本身就被禁止，当然就更没有做广告一说。

（4）广告的内容及表现方式合法

广告的内容应当遵守《广告法》及相关的法律、法规规定，既不能虚假失实，也不能违反禁止规定，如不得违法使用国旗、国歌等。广告的表现形式也应当遵守《广告法》及相关的法律法规规定，如不得违法采用新闻报道形式发布广告（图15.7）、人体彩绘发布广告（图15.8）等。

图15.7　以新闻报道形式发布广告

图片来源：我图网。

图15.8　大唐无双2游戏广告

图片来源：百度图片。

（5）广告经营行为合法、发布程序合法

广告设计、制作、发布、代理的经营行为应当遵守《民法通则》、《公司法》、《广告法》及相关的法律法规规定，合法经营，不得不正当竞争等。广告发布程序也应当遵守法律法规规定，如广告经营者、广告发布者在设计、制作、发布、代理广告时应审查广告内容，特别是在发布前应当履行法定审查程序，如药品、医疗广告等均应经审查机关审查后方可发布，且审查后的广告在发布时须与审查时保持一致。

［案例练习］珍视明涉嫌违规篡改广告内容

在珍视明的视频广告中，广告代言人的一段话让人印象深刻："学习，天天向上；视力，却天天下降，珍视明滴眼液，天然配方，调节眼肌，要想视力好，天天珍视明。"在珍视明推出的图片广告中，也总会出现这样的标志性"诉求"：要想视力好，天天珍视明。

值得关注的是，国家食品药品监督管理总局网站上查到的珍视明的批准文号，仅有"用珍视明"字样，并无"天天珍视明"字样的有效批号。也就是说，珍视明公司在上报审批的内容与实际播放广告时的内容不符。

根据《药品广告审查办法》第十六条："经批准的药品广告，在发布时不得更改广告内容。药品广告内容需要改动的，应当重新申请药品广告批准文号。"如果珍视明修改了广告内容，应当重新申请一个药品广告批准文号。

分析：篡改批准文号的后果会怎样？《药品广告审查办法》第二十条指出：篡改经批准的药品广告内容进行虚假宣传的，由药品监督管理部门责令立即停止该药品广告的发布，撤销该品种药品广告批准文号，1年内不受理该品种的广告审批申请。

15.2.3.3　精神文明原则

广告必须符合社会主义精神文明建设的要求，就是指广告必须符合社会主义思想道德建设和教育科学文化建设的要求。

（1）思想道德建设

广告不仅传播商业信息，同时也传播文化信息，反映意识形态，在生活方式、消费观念、人生观、价值观、社会风气等方面起到导向和劝说的作用。因此，广告必须尊重社会主义的社会公德和社会公共利益，禁止宣扬损人利己、损公肥私、金钱至上、以权谋私、封建迷信、淫秽、恐怖、暴力、丑恶的内容。应倡导科学、文明、健康向上、良好风尚和公共秩序，为建设社会主义和谐社会尽到社会责任。

例如广告发布赌博用具、超级牌术包教会之类的广告，都是属于违背社会主义思想道德建设要求的广告行为。

（2）教育科学文化建设

教育科学文化建设是精神文明建设不可缺少的基本方面，它既是物质文明建设的重要条件，也是提高人民群众思想道德水平的重要条件。

①发展社会主义教育事业。社会主义教育事业是实现社会主义现代化建设的基础。广告具有教育大众的功能。

②发展社会主义科学事业。广告具有推动科技发展的功能。

③发展卫生事业和体育事业。卫生和体育事业的发展水平，标志着一个国家和社会的文明进步程度。广告不仅传播卫生和体育信息，而且还为卫生和体育事业提供经费来源。

④发展文学艺术和其他文化事业。广告具有推动艺术创造发展的功能。

15.2.3.4　禁止虚假广告原则

《广告法》第四条规定："广告不得含有虚假的内容，不得欺骗和误导消费者。"

1. 虚假广告概念

我国现行法律法规没有明确解释虚假广告概念。从《广告法》、《反不正当竞争法》、《消费者权益保护法》规定中可以归纳，虚假广告的实质就是欺骗和误导消费者，以达到促进商品销售的目的。

所谓虚假广告，是指通过一定的媒体或形式，以欺骗和误导的方式进行不真实、不客观、不准确的广告宣传。

2. 虚假广告的主要类型及表现

（1）虚假广告的主要类型分为欺诈性虚假广告和误导性虚假广告两大类。

一类是欺诈性虚假广告，通常称为欺骗性虚假广告。这类广告以非法牟利为目的，利用编造事实等手段进行宣传，主观上故意制造虚假信息，欺骗消费者。具体表现为虚构、说谎、伪造、空许诺等，谎称产品优质、历史悠久或是名牌；未取得专利谎称取得专利；对商品的性能、产地、数量、质量、价格、生产者、允诺的表示或对服务的内容、形式、质量、价格的表示与实际不符；使用不科学的表示功效的断言和保证，诸如"包治百病"、"一次见效"、"永不复发"等。对欺诈性虚假广告的认定，1993年6月21日国家工商行政管理总局在《关于认定处理虚假广告问题的批复》中明确规定："一般应从以下两个方面认定：一是广告所宣传的产品和服务本身是否客观、真实；二是广告所宣传的产品和服务的主要内容是否属实。凡利用广告捏造事实，以并不存在的产品和服务进行欺诈宣传，或广告所宣传的产品和服务的主要内容与事实不符的，均应认定为虚假广告。"只要把广告与事实对照，不一致的，即可认定为欺诈性虚假广告。

另一类是误导性虚假广告，亦称不实广告。误导性虚假广告所宣传的产品或服务本身可能是真实的，产品的性能质量也无问题，但是，广告中利用公众对特定对象产生的错误理解，使公众对产品或服务产生不切实际的期望，故意玩弄所谓文字游戏，通过模棱两可或含糊不清的语言误导消费者，这种误导超出了作为一般消费者应有的判断识别能力，致使消费者可能产生误认、误购；其手法往往是夸大、歪曲事实，刻意取巧，使用模棱两可的、含糊不清的语言、文字、图像，使消费者产生误解，如促销广告中"买一送一"、"亏本大甩卖"等用语。只要广告表述不准确、不清楚、不明白地介绍客观事实，即可认定为误导性虚假广告。

最高人民法院《关于审理不正当竞争民事案件应用法律若干问题的解释》规定，经营者有以下行为之一，足已造成相关公众误解的，可以认定为引人误解的虚假宣传行为：①对商品做片面的宣传或者对比的；②科学上未定论的观点、现象等当做定论的事实用于商品宣传的；③以歧义性的语言或者其他引人误解的方式进行商品宣传的。人民法院将根据日常生活经验、相关公众一般注意力、发生误解的事实和被宣传对象的实际情况等因素，对引人误解的虚假宣传行为进行认定。

（2）虚假广告的主要表现有实质虚假、夸大失实、歧义误导等。

①实质虚假的广告

广告所宣传的产品本身是不客观、不真实的，即广告宣传的产品与实际产品不符，甚至所宣传的商品或者服务根本不存在。广告介绍的商品、服务本身是虚假的，欺骗、误导消费者。

②夸大事实的广告

一般是经营者对自己生产、销售的产品的质量制作成分、性能、用途、生产者、有效期限、产地来源等情况，或对所提供的劳务、技术服务的质量规模、技术标准、价格等资料进行夸大的宣传。广告所宣传产品的主要内容（包括产品所能达到的品质和功能、效用、标准及产品的生产企业，产品的价格，产品的标志、标识及为宣传产品适用的证明、检测报告、文摘、引用语和宣传手段等）不准确、不清楚、不明白，即广告宣传的内容具有不合理夸张、欺骗误导性的内容。

③语言文字歧义、令人误解的广告

此类广告内容也许是真的或者大部分是真实的，但是经营者在措词上使用歧义性语言的技巧明示或者暗示，省略或含糊使得消费者对真实情况产生误解，并影响其购买决策，导致受骗。

常见的有医疗、药品广告中夸大疗效，以专家、教授的名誉和患者的形象做宣传；保健品、减肥广告往往夸大效果，混淆概念，把保健品当做药品来宣传，误导消费者，甚至请来某某明星为其产品代言，而这些明星根本没有使用过该产品。

［案例分析］辨认广告

图 15.9　澳兰姿三肽胶原蛋白广告

图片来源：昵图网。

广告语：甄选原生态海岛鲷类新鲜鱼鳞为原料，采用世界领先的定向底纹纹酶解技术，定向截取胶原蛋白中最适宜人体吸收的有效氨基酸片段，分子量控制在 2000－3000 道尔顿，产品保证 0 污染，0 添加，100% 安全承诺，并由中国人民财产保险公司承诺。

澳兰姿三肽胶原蛋白不但可以美容，养眼，同时还促进人体新陈代谢，提高免疫力，增强血管弹性，提升骨密度，改善肠胃功能等；从人体结构上彻底预防，缓解衰老，给身体注入年轻活力。

问题：上述广告是否属于虚假广告？如果是，请具体分析该广告中的哪些内容属于虚假广告行为。

15.2.4　我国广告法规管理机构

为了对全国各地进行有效的广告管理，我国建立了各级各类的广告管理机构。

1. 国家广告管理机关

国家广告管理机关是广告管理行政行为的发出者，是广告管理的主体。我国的广告管理机关是工商行政管理机关。我国《广告法》明确规定："县级以上人民政府工商行政管理部门是广告监督管理机关。"国家工商行政管理总局和地方各级工商行政管理局代表国家行使广告管理的职能，是国家的方针政策落实于广告活动的执行者，是广告活动的直接监督者。工商行政管理机关的广告管理职能，由其内设的职能部门具体负责。国家工商行政管理总局内设广告监督司，负责广告监督管理工作。其主要职能是：研究拟定广告业监督管理规章制度及具体措施、办法；组织实施对广告发布及其他各类广告活动的监督管理；组织实施广告经营审批以及依法查处虚假广告；指导广告审查机构和广告行业组织的工作。各省、自治区、直辖市、计划单列市工商行政管理局内设广告监督处，地、市、县工商行政管理局设广告科，它们既接受相应的各级政府领导，也接受上级工商行政管理局的业务领导。各级工商行政管理机构都有一批懂业务会管理的专职或兼职广告管理人员，进而形成了较为完整的广告管理组织体系。

2. 广告协会、广告学会

广告协会、广告学会虽不是广告管理机关，但依据广告管理的有关规定，可对广告业进行组织、协调和指导，进行行业自律；对广告理论、广告业发展过程中出现的新情况、新问题进行研究和探讨。各级广告协会、广告学会在协助广告管理机关改进和加强广告管理工作方面发挥了巨大的作用。

（1）中国广告协会

中国广告协会成立于 1983 年，是国家工商行政管理总局直属事业单位，是经民政部注册登记的全国性社会团体。经过 20 多年的发展，中国广告协会组织结构日益健全、组织力量日益壮大。目前，已有全国各省、自治区、直辖市等地方广告协会单位会员 51 家，单位会员 1 700 余家（广告公司、媒体、广告主、教学研究机构、市场调查公司等），个人会员 400 余名（学术委员和法律委员），以及 15 个专业领域的分支机构。

中国广告协会始终紧密围绕"为行业建设与发展提供服务"的宗旨，切实履行"提供服务、反映诉求、规范行为"的基本职责，积极开展工作。协会的主要职能有以下几方面。

一是加强行业自律、大力推动行业诚信建设，规范会员行为，加强自我监管。协会组织制定并实施了广告行业自律规范，积极开展对违法广告的劝诫、点评工作，广告发布前法律咨询工作以及全国广告行业精神文明先进单位评选表彰活动。

二是以优化产业结构、提升企业核心竞争力、推动产业升级为出发点，积极开展中国广告业企业资质认定工作，赢得业界和社会的支持和认同。

三是以提升广告从业人员素质，维护广告行业人才市场秩序为宗旨，努力推动建立全国广告专业技术人员职业水平评价体系，使广告专业技术人员纳入全国专业技术人员职业资格证书制度统一规划。

四是积极开展反映诉求和维权工作，为行业发展创造良好的政策环境。积极参与推动相关立法和政策制定，参与了《中华人民共和国广告法》等法律法规的制定修订工作，协助国家工商总局、国家发改委研究制定《关于促进广告业发展指导意见》、广告业发展"十二五"规划等；2001 年有效协调广告费税前抵扣问题，使企业广告费税前扣除标准由 2% 调整至 8%；2009 年进一步使化妆品制造、医药制造和饮料制造（不含酒类制造）企业发生的广告费和业务宣传费支出税前扣除比例从 15% 放宽到 30%。2006 年组织开展《中国户外广告业生态和整治问题的调研》，使我国户外广告管理逐步纳入规范化、法制化的轨道。

五是开展行业培训、交流活动，实施多层次人才培养计划，提升行业整体服务水平。

六是广泛开展调查研究和信息服务工作，利用行业网站、工作通讯和电子刊物等形式为会员和行业提供优质服务。

七是搭建学习展示、商务交流的平台，帮助广告企业提高业务素质、拓展业务领域、改进业务能力，"中国国际广告节"、"中国广告论坛"等重要展会已经成为业界颇有影响力的服务品牌。

八是加强学术研究，为提高广告从业人员专业素质和理论研究水平拓宽了领域。使主办的《现代广告》等专业杂志和所属学术分会成为行业思想舆论和学术理论建设的重要平台和阵地。

九是积极开展国际交流，促进中国广告业与国际广告业的接轨和融合。非常值得肯定的是 2004 年在北京成功举办第 39 届世界广告大会，标志着中国广告业进入国际化发展的新时期。

（2）中国广告产业学会

中国广告产业学会（China Advertisement Industry Association，CAIA）创立于 1989 年 10 月 27 日，是经主管部门批准登记的具有社团法人资格的全国性广告行业组织。

中国广告产业学会的宗旨：坚持四项基本原则，贯彻执行改革、开放的方针，代表和维护会员的正当权益，团结全国广告工作者，抓自律，促发展，为建设社会主义物质文明和精神文明服务。

中国广告产业学会的职能：在国家主管部门的指导下，按照国家有关方针、政策和法规，对行业进行指导、协调、服务、监督。

中国广告产业学会设置的办事机构和专业委员会：办事机构由综合事务部、会员管理部、学术培训部、对外联络部、信息咨询与技术开发部五个部门组成；专业委员会设有广告主委员会、报纸委员会、广播委员会、电视委员会、广告公司委员会、铁路委员会、公交委员会、学术委员会。

中国广告产业学会的主要任务：

——宣传贯彻有关广告管理法规、政策，协助政府搞好行业管理；反映会员单位的意见和要求，就有关广告管理、行业规划向政府提出建议。

——开发信息资源、建立信息网络，为会员单位和工商企业提供经济、技术、市场、行业等方面的信息咨询服务。

——开展境内外人员培训和学术理论研究，提高广告从业队伍的思想水平、理论水平、政策水平和业务能力。

——组织开发、引进和推广国内外先进技术、设备、材料和工艺，举办本行业的全国性和国际性展览会、展销会，促进广告设计、制作、发布水平的提高。

——建立广告发展基金会，为促进广告行业健康发展提供资金支持。

——开展国际交流与合作，代表和统一组织中国广告界参加国际广告组织及活动。

——开展行业资质检评活动，向社会推荐资质优秀的单位，促进会员单位不断提高经营管理水平。

——加强行业自律，建立和维护良好的广告经营秩序，反对不正当竞争，坚持广告的真实性，提高广告的思想性、科学性和艺术性；向社会提供广告行业法律咨询服务，调解行业内外部纠纷。

中国广告产业学会的最高权力机构是会员代表大会，在代表大会闭会期间理事会和执行理事会执行大会决议，行使大会职权，领导办事机构开展工作。

15.3 广告法规管理的主要内容[①]

15.3.1 对广告内容的法规管理

广告法规的主要内容之一是对各种类型广告的内容及表现形式的管理规定。

15.3.1.1 对各类广告主通用的一般准则

各种类型的商品广告主，在开展广告宣传的过程中，必须遵守最基本的法律规定和准则。关于这方面的具体内容，主要有以下两方面：

（1）广告宣传内容的要求。总体而言，广告宣传内容必须真实、合法、健康。《广告法》第三条规定："广告应当真实、合法、符合社会主义精神文明建设的要求。"《广告法》第四条规定："广告不得含有虚假的内容，不得欺骗和误导消费者。"

（2）广告宣传的基本准则。这是指广告法律、法规规定的广告内容和形式应当符合的基本要求。我国的《广告法》从广告的内容和形式两个方面对广告内容的导向、广告禁止的内容、广告的可识别性、广告内容的组织等做了明确的规定，这方面的内容主要在第七条至第十三条中体现。

15.3.1.2 对特殊广告主的法律准则

有些商品由于比较特殊，与人民健康和生命密切相关，比如药品、医疗器械、农药、烟草、食品、化妆品等一些特殊商品以及其他法律、行政法规中规定的应当进行特殊管理的商品，对这些商品，广告法规中一般有比较明确的特殊规定（具体规定请查阅《广告法》）。

15.3.2 对广告活动的法规管理

15.3.2.1 关于广告经营者、广告发布者资格的认定

（1）广告经营者资格认定。申请经营广告业务的企业，除符合《公司法》、《公司

---

① 李景东. 现代广告学［M］. 广州：中山大学出版社，2010：50－52.

登记管理条例》、《企业法人登记条例》及有关规定之外，还要具有特殊的业务专项条件。根据广告经营业务的不同，广告公司应当具备的条件又有不同的规定。

（2）广告发布者资格认定。根据《广告法》规定，广告发布者主要是指兼营广告业务的媒介单位，如电台、电视台、报社、杂志社、出版社等。这些单位的主要职能是政策宣传和出版业务，是党的喉舌和国家的舆论工具，同时兼营广告业务。而发布广告属于一种广告经营行为，所以必须对其实行专门管理。关于广告发布者的资格认定，在我国的《广告法》第二十六条有明确规定。

15.3.2.2　关于广告经营活动的规定

广告经营活动是广告宣传活动的基础。如果经营行为不合法、不合格、不科学，就可能创作出损害公众利益的广告作品。因此，各国的广告法规对经营活动都有比较详细的规定。我国关于广告经营活动的相关规定，请查阅我国的《广告法》，这里不一一赘述。

15.3.2.3　关于户外广告活动的规范

我国的《广告法》规定有下列情形之一的，不得设置户外广告：利用交通安全措施、交通标志的；影响市政公共设施、交通安全设施、交通标志使用的；妨碍生产或者人民生活、损害市容市貌的；国家机关、文物保护单位和风景名胜景点的建筑控制地带；当地县城以上地方人民政府禁止设置户外广告的区域。户外广告的设置规划和管理办法，由当地县级以上地方人民政府组织广告监督管理、城市建设、环境保护、公安等有关部门制定。

15.3.2.4　网络广告活动的规范

一般来讲，只要是发布广告，就要遵守《广告法》，但有关在网络媒体上发布广告的规定，《广告法》却未提及。对于管理部门而言，除了规定网络公司承接广告业务必须对其经营范围进行变更登记外，如何界定网络广告经营资格，监测和打击虚假违法广告，取证违法事实，规范通过电子邮件发送的商业信息，对域外网络广告行使管辖权等一系列新的课题，都尚待探讨。但网络广告接受法律监督势在必行。2000年5月29日全国20家知名度较高的网络公司在北京首次获得国家工商行政管理总局颁发的经营广告业务的通行证——广告经营许可证。2000年9月25日，国务院颁布了《因特网信息服务管理办法》。这些都标志着国家对网络信息传播管理的重视。

15.3.2.5　关于广告合同的规定

《广告法》规定："广告主、广告经营者、广告发布者之间在广告活动中应当依法订立书面合同，明确各方的权利和义务。"广告主和广告经营单位在签订书面合同之前，广告主应出示符合广告管理法规要求的证明文件。若齐全无误，广告经营单位可以代理和发布；反之，则不然。倘若双方不能严格履行验证手续而出现重大事故，将由工商行政管理机关视情节轻重追究责任。验证手续完毕后，方可签订书面合同，以明确双方的责任。双方按规定及相互协议的结果形成书面合同后，必须严格遵守，不得单方面撕毁，否则就要向对方支付违约金。

15.3.3 对广告违法行为的法规管理

广告违法行为是指广告主、广告经营者、广告发布者违反《广告法》和有关法律、法规的行为。在广告活动中，凡是违反了上述有关法律、法规的，必须承担相应的法律责任，接受相应的处罚，直至刑事制裁。

我国现行的《广告法》，对广告活动中的各种违法行为规定了严格的法律责任，主要有以下3个方面：

（1）民事责任。《广告法》第三十八条和第四十七条规定了发布虚假广告对消费者的侵权行为及其他侵权行为应承担的民事责任。

（2）行政责任。广告当事人违反《广告法》，应当承担的行政责任主要有两个方面，即行政处罚和行政处分。

（3）刑事责任。《广告法》对发布虚假广告、违反《广告法》关于广告内容的基本要求及广告禁止的情形，伪造、变造广告审查决定文件，以及广告监督管理机关和广告审查机关工作人员的渎职行为构成犯罪的，按规定依法追究刑事责任。

15.4 中外广告法规管理

15.4.1 美国的广告法规管理

在发达国家，广告法规已有较长历史，并在不断推出新的法规。世界第一部广告法于1907年在英国颁布，对广告发布的范围进行了规定，1927年进一步加以完善。其主要内容包括：禁止发布妨碍公园、娱乐场所或风景地带自然美的广告；禁止损害乡村风景、公路、铁路、水道、公共场所、历史文物地的广告；禁止在车辆上进行广告，并对医药广告做出了严格规定。

美国的广告法规比较完善。政府通过联邦、州和地方的法律和各种政府代理机构的规章来进行广告的管理。1911年美国制定了《普令泰因克广告法案》，并在1938年和1975年进一步完善。该法案对广告活动中各方的权利、义务、行为规范以及反垄断方面都有明确的规定。1914年美国国会通过《联邦贸易委员会法案》（FTC Act），产生了联邦贸易委员会这个代表联邦政府的专门机构对广告加以管理，在依法管理虚假和误导性广告方面起到了示范作用。除了联邦条例和规定外，各州和地方政府也颁布自己的法令管理广告。地方性的广告法规一般规定得比较详细，如纽约市关于旅游与旅馆业价格广告的法规；俄勒冈州和加利福尼亚州关于喷放烟雾的商品广告违法的规定；缅因州的法规则要求撤出商店以外的张贴广告和路牌广告并制定了具体的罚则。但各州在广告管理方面都采用了《Printers Ink 示范法令》作为广告管理的基础，这些法令由广告行业的主要贸易出版物 Printers Ink 起草，各州在此法令基础上修改最初的法令，并采纳了一些法律条款，这些条款类似于联邦贸易委员会用于处理虚假和误导性广告的法律。

美国广告业的营业额居世界第一位。其广告立法及广告管理也十分健全和完善，因此本节重点介绍美国的广告立法及广告管理。

1. 美国广告法规

美国广告法规相对比较健全、详细、具体，虚假广告认定十分准确，并且能有效利用法律进行处罚。美国最早在 1911 年就颁布了《普令泰因克广告法案》（又称《印刷物广告法案》）。还有成文商标法《兰哈姆法》（Lanham Act）。1975 年，美国广播事业协会订立了《美国电视广告规范》，为行业自律规范。美国广告法对不同产品如烟酒、食品、减肥保健品和药物的广告都有针对性的详尽规范，一旦接到消费者个人、消费者组织或广告企业竞争对手的投诉，就会对涉嫌虚假广告的产品或服务展开调查。

《印刷物广告法案》的主要内容包括：凡个人、商店、公司、社会欲直接或间接出卖或用其他方法处理其商品、证券、劳务或任何物品，或者欲增加这些物品的消费量，或用任何方法诱使公众就这些事物缔结契约、取得利益，或发生利益关系而制成广告，直接或间接刊载于本州各种报纸或其他刊物上，或作书籍、通告、传单、招贴、小册子、书信等分发的，如其中陈述的事实有不实、欺诈或使人误信者，治以轻罪。

美国不仅广告法规十分完善，广告业自律也很充分。在这些法律法规和管理条例中，值得注意的是，美国规定证人广告中的意见领袖，如明星、名人、专家必须是产品和服务的实际使用者，否则是虚假广告。

［案例练习］

图 15.10　MJ 代言百事可乐
图片来源：迈克尔杰克逊中国网。

流行天王迈克尔·杰克逊在 1988 年为百事可乐公司代言，并拍摄了系列广告，然而在此之后，由于媒体爆料杰克逊本人并不饮用可乐，导致该系列广告效用尽失。杰克逊本人也获称"美国年度最不受欢迎明星"。然而同样是为没有实际使用的产品代言，罗纳尔多为金嗓子代言则获得了完全不一样的待遇，该广告并没有受到国家广告监管部门的调查，也就没有被定性为虚假广告。

问题：试比较什么原因导致了迈克尔·杰克逊和罗纳尔多迥异的遭遇并尝试从中归纳出中美广告法规管理的差异。

图 15 - 15　罗纳尔多代言金嗓子喉宝

图片来源：百度图片

2. 美国广告管理

美国广告管理十分严格，虚假广告是监管重点。

（1）虚假广告

虚假广告（Deceptive Advertising）是美国广告管理的重点。美国联邦贸易委员会规定，凡是"广告的表述或由于未能透露有关信息而给理智的消费者造成错误印象的，这种错误影响有关系到所宣传的产品、服务实质性特点的，均属欺骗性广告"。无论是直接表述的还是暗示信息，广告发布者都要负法律责任。

美国把判定广告是否虚假的权利交给消费者，并由专业部门裁定。凡符合以下条件的广告视为虚假广告：

①不管广告本身是否真正虚假，只要广告的内容产生误导消费者，造成消费者认知错误的结果，就判定为虚假广告。

②判定广告虚假，不同的对象在合理的判断标准上会有所不同。一般合理的消费大众会相信广告内容为真。在判断一般合理的大众时，应考虑该广告是否针对老人、儿童等特定对象。如果是针对老人、儿童等特定对象，那么，判定广告虚假标准比针对其他成年人为对象的广告标准更为简单。

③广告向消费者诉求表述的重点内容为考量广告中虚伪成分的重点。这些重点包括涉及产品质量、效果、耐用度、保证以及有关健康、安全等方面的表述，还包括经营商品明示或者有意暗示的表述。

以上三点是评价虚假广告的条件及标准。如果一则广告内容虚假夸张，但不会使消费者产生误信，就不属于虚假广告，相反其有利于广告创意及艺术夸张表现手法的运用。

（2）不实广告

不实广告（False Advertising）是涉及食品、药品、装置及化妆品的虚假广告，由于食品、药品、装置及化妆品的虚假广告直接危害消费者的安全利益，所以把不实广告单列出来进行管制。

（3）不公平广告

不公平广告（Unfair Advertising）是指违反社会公序良俗，具有压制性和反道德性的广告。不公平广告的特点就是具有不公平性，侵害其他同业者。判断不公平广告的条件有三个：

①广告内容是否违反社会公序良俗；

②广告中所使用的方式是否含有压制性和不道德行为；

③同业者、消费者是否受到了实质的损害。

只要第三项成立，即使第一、二项不存在，也不影响不公平广告的成立，也就是不以表现为依据，而以损害结果为评判依据。

15.4.2　中外广告法规比较

中外广告法规有很大不同，最为明显的一点是，中国的广告不能把政府或官员这些元素应用在广告中，而外国广告则有很大的不同——基于充分的言论自由权，国外经常出现以知名政要或政府为主角的商业广告。除了广告题材的限制，中外广告法规还在立法、对虚假广告的管理方法和广告语规定等方面有着很大不同。下面我们将一一分析以上几点区别。

［案例一］

肯尼迪代言欧米茄手表

图 15.12　肯尼迪代言欧米茄
图片来源：共识网。

2009 年是人类登月 40 周年，而欧米茄 Speedmaster 是历史上第一只真正暴露在外层空间险恶环境中的手表。因此欧米茄选择了约翰·肯尼迪总统的形象为其代言，广告上面写着约翰·肯尼迪总统的一句话——"我们选择去月球"。约翰·肯尼迪总统的形象和名字归属约翰·F. 肯尼迪图书馆基金会，具体广告代言费用两方都没有透露。

（资料来源：共识网. http：//www. 21ccom. net）

1. 广告立法比较

中国涉及广告管理的专业法规中，时间最早的是 1982 年颁布的《广告管理暂行条例》。此后，1987 年国务院颁布了《广告管理条例》，1995 年 2 月 1 日全国人民代表大会常务委员会通过并颁布了《中华人民共和国广告法》。此外，《反不正当竞争法》、《商标法》、《食品管理法》、《药品管理法》以及《消费者权益保护法》等涉及与广告有关的法律法规，与上述几部专业法规，共同构成了我国的广告法规体系。国家工商行政管理总局为广告管理的主管机关。

英国广告业从 18 世纪开始一直到 20 世纪初都极度发达和繁荣，得益于此，英国的广告管理在欧洲也是最成功的。1712 年，英国议会通过了《印花税法》，即针对报纸和杂志广告的纳税法案，政府由此开征广告特税。1803 年英国广告管理当局将广告税提高到 315 先令，广告无论篇幅大小，见报就征税一次。1907 年世界上最早的"广告法典"在英国颁布。这部法典规定，禁止广告妨碍娱乐场所、风景地带的自然美，禁止广告妨碍公路、铁路、闹市等公共设施。1968 年的《交易表示法》中，禁止商品和服务广告中的不正当表示的条款出现，如虚伪陈述、诽谤言语、鼓励犯罪、广告侵权等等，英国的广告法规以商业部为实施机关。

2. 对虚假广告监管政策

我国目前对虚假广告的处理措施是：除行政处罚以外，外加广告费 1~5 倍的罚款，严重的要追究刑事责任。但是，我国广告法规对虚假广告的定义和虚假广告的危害程度并没有做出具体清楚的界定，而且《反不正当竞争法》中对虚假广告的罚款规定是 10 万~20 万元，这与《广告法》中的规定不一致，在具体使用中容易产生分歧。

虚假广告不仅是困扰中国广告管理界的问题，更是国外广告管理的首要问题。由于各国广告法规在虚假广告的定义和相关的监管政策上各有不同，在此对美国和日本两个国家的虚假广告监管政策进行分析。

（1）美国。美国广告法规对虚假广告的定义是："只要由于广告的表述未能透露有关信息而给理智的消费者造成错误印象的，这种错误印象关系到所宣传的产品、服务的实质性特点即虚假广告。"具体说，一般具备下述条件的广告即被视为虚假广告："①不管广告是否真正虚假，只要广告的内容产生误导消费者认知错误，就视做虚假广告；②一般合理的消费大众会相信广告内容为真，在判断一般合理的消费大众时，应该考虑到广告是否针对老人或儿童等特定对象，不同的对象在合理的判断标准上要有所差异；③广告中虚假的部分应属于广告向消费者表述的重点。这些包括涉及产品质量、效果、耐用度、保证以及有关健康、安全等方面的表述，还包括经营商品明示或有意暗示的表述。"可以看出，美国的广告法规对于虚假广告的定义较为详细，非常注重对消费者产生的实质影响。只要产生了误导消费者认知的结果，即可视为虚假广告。有趣的是，在美国的广告管理法规框架下，如果一则广告内容存在虚假或准备夸张的成分，但只要消费者观看后没有产生误解，就不属于虚假广告。

（2）日本。作为一个广告大国，日本政府主要是通过制定相关的法律法规来规范广告市场行为，监管虚假广告。早在 1908 年日本就颁布了与广告管理有关的《治安处罚条例》，紧接着在 1922 年又出台了《广告物品管理法》，该法规中有明确规定要废除夸大事实广告和虚假广告。经过长期发展演变，日本的广告监管政策也随着客观情况不断完善，目前日本在广告监管方面主要有《不正当竞争法》、《民法》、《户外广告法》、《药品法》、《食品法》、《不当赠送及不当表示防止法》、《消费者保护基本法》等几部法律法规。日本广告监管法规的特点在于，对虚假广告的监管政策和相关法规非常细化和具体，处罚的细节也能精确量化。比如《药品法》规定："食品或药品在推销过程中作了言过其实的夸大广告或虚假表示，分别处以三年以下的劳役或五十万日元的罚款。"

[案例二]

日本严防房地产虚假广告

日本的房地产广告很多，购房者的房地产信息也主要是通过各种形式的广告来获取。不过，日本的房地产商在报刊和电视等主流媒体上刊登售房广告的情况不多，绝大多数是通过印制房产广告传单夹带在报纸中送到各家各户。还有部分是贴在或者挂在房产项目周边的电线杆上。最近，记者就这些广告的可靠性以及如何识别虚假房产广告等问题采访了社团法人日本不动产研究所。

据介绍，日本采取了许多措施严厉打击房地产虚假广告，并通过各种方式指导消费者识别和预防虚假广告。首先，制定了严格的法律法规，限制虚假房地产广告的出现。如果开发商或者销售公司发布虚假广告，将受到严厉的惩罚。日本主要通过《房地产交易业法》、《不正当赠品以及不正当表述防止法》、《有关房地产表述的公正竞争规约》以及《建筑基准法》等法律和行规，严格限制虚假广告的出现。

这些法律法规和行规严格地规定了房地产广告不得使用的词语以及必须表明的各种事项。例如，不得使用"完全"、"完美"以及"绝对"等表示没有缺陷的词汇；不得使用"日本第一"、"最好"、"最高级"、"最便宜"、"最低价"等显示比别人更好、更便宜的词汇；价格必须标实价，不得采用降价20%、30%之类的表述形式。

另外，该表述的没有表述也不行。例如，必须标明房屋的所在地、楼层、朝向、交通状况、徒步到最近车站的距离、房间的采光和通风情况等都需标明。可以说，严格执行日本的种种规定，中国国内几乎所有的房地产广告都不合格。

购房者要是发现开发商或销售公司做虚假广告，可以要求赔偿。双方如果不能协商解决，可以由各地具有半官方性质的"房地产公平交易协议会"仲裁解决，根据广告的虚假程度及其造成的损失和影响，分别处罚50万至500万日元不等的违约金。例如，横滨有一家房产公司在广告中说车库可以并列停放两台车，但实际上停放不了两台标准轿车，结果被判罚100万日元。

其次，委托具有专业技术资格的中介公司购买住房，以免上当受骗，降低投资风险。在日本，许多购房者都委托有信誉的中介公司代理购房，开发商也很少自己直接售房，基本上都委托专门的售房公司销售。特别是二手房，几乎都由中介公司代理销售或购买。

在日本从事房地产营销，必须通过国家考试，拥有国家承认的"房地产销售主任者"资格，并不像国内那样随便从哪里找一个人就可以充当销售代表。"房地产销售主任者"具有丰富的房地产专业知识，能够向购房者推荐最适合的住宅，帮助购房者避免风险，一切购房的法律手续均由中介公司代为办理。如果在购房过程中发生纠纷，均由中介机构负责与开发商交涉。在这方面近似国内有些人委托以打房地产官司为专业的律师购买住房。

记者认识的一位铃木先生曾委托中介公司购买了一栋二层小楼，开发商是作为新房出售的。但中介公司经调查发现，这栋"新楼"建成已经过了两年多。按照日本的有关规定，建成一年后才出售的房就算"中古房"，可以要求开发商从一年以后开始计算折旧。此项就为铃木先生节约了近100万日元的购房费用。

（资料来源：经济参考报）

问题：试分析以上材料在哪些方面反映出了日本对虚假广告的严格监管政策。

正是由于美国和日本对虚假广告有明确界定，且广告法中对虚假广告的监管、处罚有明确、详细、可量化的规定，广告从业者才不敢轻易跨越雷池。而在中国的情况则不一样，1~5倍的行政处罚和广告带来的丰厚收入相比，根本不值一提。因此，违法成本小和行政监管不严导致了中国虚假广告泛滥，广告业社会信用度低。

3. 广告语使用比较

不同广告法在表述内容上也做了不同的规定。我国内地广告语大都注重与时代精神相结合，树立正面的广告形象；而境外广告注重直接宣传企业与产品。如钟表店广告，我国内地是"夺秒争分，须知创业艰难，时不我待，同心协力，事在人为"，还没购买，就给消费者上了一堂沉甸甸的课，而反观我国台湾，有一家钟表店的广告是"一表人才，一见钟情"，连用两个双关语，引起消费者情感价值上的共鸣，说明了产品可以带给人的效果，自然能激发消费者的购买欲望。

在广告语的表现形式上，国内广告语大都严谨、工整，喜欢引用典故。而海外广告语多趋向不拘一格的自由体，且善于使用比喻、夸张、拟人等修辞手法。如眼镜店广告，国内是"胸中存灼见，眼底辨秋毫"，分外工整，却给人过于死板的感觉。

海外广告则非对联式："眼睛是心灵的窗户，为了保护你的灵魂，请为你的窗户安上玻璃。"该广告使用了比拟的修辞手法，形象生动地说明了眼镜的作用。

在表述风格上，国内广告大都十分庄重、严肃、直白，而海外广告则善于使用幽默元素，含蓄、典雅地告白。以果奶广告为例，国内娃哈哈的广告内容，是一位可爱的小朋友在撒娇似地央求"妈妈，我要喝娃哈哈果奶"，严格说来，这种广告在美国等国家是不允许的广告式样，是不会被播出的；而海外的果奶广告则是"酸而甜的酸奶有初恋的味道"，则多了几份含蓄、俏皮，勾起消费者味蕾的反应和情感的共鸣。

［案例三］中外广告语区别

（一）芝华士平面广告

图 15.13　芝华士平面广告系列（一）

图片来源：百度图片。

图 15.14　芝华士平面广告系列（二）

图片来源：百度图片。

图 15.15　芝华士平面广告系列（三）

图片来源：百度图片。

图 15.16　芝华士平面广告系列（四）
图片来源：百度图片。

（二）青岛啤酒广告

图 15.17　青岛啤酒平面广告
图片来源：昵图网。

问题：试从以上两个案例，分析中外广告用语的差别。

15.5　我国广告法规管理的现状

我国的广告管理从以前的单一行政管理逐步形成到现阶段的多层次的管理架构，是一次重大的突破和转型，但是还是存在着诸多问题。中国广告协会会长杨培青女士曾做过这样的描述："在快速发展中，我国广告也存在比较突出的问题：一是社会对虚假广告的普遍认识不足。一些企业的法律意识十分淡薄，有的根本没有认识到发布广告应当承担相应的法律责任。有的企业，包括大中型企业，为了追求经济效益，在广告中采用虚假、欺骗的手段误导消费者；有的贬低竞争对手，进行不正当竞争；有的广告内容有悖社会善良习俗，损害社会公德；等等。二是广告活动不够规范。广告主、广告经营者、广告发布者各自的法律责任不明确，运作不合理，缺乏相应的制约机制。"这段描述基本表述了我国广告行业中存在的问题，也揭示了我国广告管理的现状。

我国广告法规管理存在的问题概括如下：①广告管理的法规不够健全，不够细化，衡量违法的具体标准不是很明确；②虽然我们采用多层次的监管方式，但是我们的行业自律是由广告协会半官方的机构负责执行，而消费者和社会的监督途径又不是很畅通；③对于新兴媒体的广告管理的法规条文很少，如网络广告的管理、电视购物这种广告和购物模式的管理中法律责任的分配和追究等问题；④执法力度不够，在每年的"3·15"日各大媒体会集中关注广告欺骗、消费品质等问题，而在一年的其他时间内，媒体关注度不够，执法部门的执法力度也不够；⑤根据加入 WTO 的规定，2005 年年底对我国的广告市场全面放开，这就使得我国的法律和国际化接轨不到位，在对国际性的广告监管方面有法律和执法缺陷。

本章小结

广告的法规管理，即国家通过制定有关的法律、法规和相关政策，并通过管理机关按照法规和政策对广告行业和广告活动进行监督、检查、指导的过程，是广告管理的重要组成部分，也是广告监管部门最主要的管理手段，对维护广告市场的公平竞争、广告业的健康发展起着巨大作用，然而，由于种种问题，我国广告法规管理的现状并不乐观，需要探讨和解决的问题还很多。

思考题

1. 试评价中国现行广告法规体系。
2. 试比较中美广告法规管理的优劣。

本章参考文献

[1] 中国广告协会学术委员会. 创新与开拓：中国广告理论探索三十年 [M]. 厦门：厦门大学出版社，2009.

[2] 李林清. 广告规范与管理 [M]. 北京：高等教育出版社，2009.

[3] 张龙德，姜智彬，王琴琴. 中外广告法规研究 [M]. 上海：上海交通大学出版社，2008.

[4] 李德成. 广告业前沿问题法律策略与案例 [M]. 北京：中国方正出版社，2005.

[5] 陈培爱. 广告学概论 [M]. 北京：高等教育出版社，2004.

[6] 陈宏军，徐豪. 广告学概论 [M]. 合肥：合肥工业大学出版社，2005.

图书在版编目(CIP)数据

广告管理/艾进主编. —成都:西南财经大学出版社,2014.3
ISBN 978 - 7 - 5504 - 1350 - 4

Ⅰ.①广… Ⅱ.①艾… Ⅲ.广告—经济管理 Ⅳ.①F713.82

中国版本图书馆 CIP 数据核字(2014)第 053039 号

广告管理

主 编:艾 进

责任编辑:张明星

助理编辑:李 才

封面设计:乔 羽

责任印制:封俊川

出版发行	西南财经大学出版社(四川省成都市光华村街55号)
网 址	http://www.bookcj.com
电子邮件	bookcj@foxmail.com
邮政编码	610074
电 话	028 - 87353785 87352368
照 排	四川胜翔数码印务设计有限公司
印 刷	四川森林印务有限责任公司
成品尺寸	185mm × 260mm
印 张	18.25
字 数	415 千字
版 次	2014 年 4 月第 1 版
印 次	2014 年 4 月第 1 次印刷
印 数	1— 2000 册
书 号	ISBN 978 - 7 - 5504 - 1350 - 4
定 价	32.80 元